Osho

LA EXPERIENCIA TÁNTRICA

Descubrir nuestros sentidos

Título original: THE TANTRA EXPERIENCE
Publicado originalmente en español con el título LA EXPERIENCIA TÁNTRICA.
Comentarios sobre la Canción Real de Saraja. 1997 Gaia Ediciones

© 1977 **OSHO** International Foundation, Switzerland www.osho.com
All rights reserved
© de la edición en castellano:
2008 by Editorial Kairós, S.A.

Editorial Kairós, S.A
Numancia, 117-121, 08029 Barcelona, España
www.editorialkairos.com

Nirvana Libros S.A. de C. V.
3.ª Cerrada de Minas, 501-8, CP 01280 México, D.F.
www.nirvanalibros.com.mx

© de la traducción del inglés: **OSHO** International Foundation
Revisión: Joaquim Martínez Piles

ISBN: 978-84-7245-679-2
Depósito legal: B-30.680/2008

Fotocomposición: Pacmer, S.A. Alcolea, 106-108, 1.º, 08014 Barcelona
Tipografía: Times, cuerpo 11, interlineado 12,8
Impresión y encuadernación: Romanyà-Valls. Verdaguer, 1. 08786 Capellades

El material de este libro es una transcripción de una serie de discursos originales titulados
The Tantric Experience dados por Osho ante una audiencia. Todos los discursos de Osho
han sido publicados en forma de libros y están también disponibles en audio.
Las grabaciones originales de audio y el archivo completo de textos se pueden encontrar
on-line en la biblioteca de la www.osho.com
OSHO® es una marca registrada de Osho International Foundation.

SUMARIO

1. APUNTANDO AL UNO

CANCIÓN REAL DE SARAHA

Me inclino ante el noble Manjusri,
me inclino ante el que ha
conquistado lo finito.

Igual que el agua mansa azotada por el viento
se convierte en olas y remolinos,
así piensa de Saraha el rey
de muchas maneras, aunque sólo sea un hombre.

Para un tonto bizco,
una lámpara es como dos,
cuando lo visto y el que ve no son dos,
¡ah!, la mente trabaja
sobre el objeto de ambos.

Aunque las lámparas de la casa
se hayan encendido,
el ciego vive en la oscuridad.
Aunque la espontaneidad
esta cerca y lo abarca todo,
para los ilusos permanece
siempre lejana.

Aunque pueda haber muchos ríos,
en el mar son uno.

Aunque pueda haber muchas mentiras,
una verdad las conquistará todas.
Cuando un sol aparece,
la oscuridad, por profunda que sea,
desaparece.

Gautama el Buda es el maestro más grande que haya caminado sobre la Tierra. Cristo, al igual que Krishna, Mahavira, Mahoma y muchos otros, son grandes maestros; pero Buda todavía sigue siendo el más grande de ellos. No es que la consecución de su iluminación sea mayor que la de los otros (la iluminación no es ni mayor ni menor); él ha alcanzado la misma calidad de consciencia que Mahavira, Cristo, Zaratustra o Lao Tzu. La cuestión no es que cualquier hombre iluminado esté más iluminado que cualquier otro. Pero en lo concerniente a ser maestro Buda es incomparable, porque a través de él miles de personas han alcanzado la iluminación.

Nunca ha ocurrido con ningún otro maestro. Su línea ha sido la más fructífera, su familia ha sido la más fructífera hasta ahora. Él es como un gran árbol con muchas ramas, y cada rama está cargada con muchos frutos. Mahavira se quedó en un fenómeno local. Krishna cayó en manos de los eruditos y se perdió. Cristo fue totalmente destruido por los sacerdotes. Muchas cosas pudieron haber ocurrido, pero no ocurrieron; Buda fue tremendamente afortunado en eso. No es que los sacerdotes no lo intentaran, no es que los eruditos no lo intentaran; hicieron todo lo que pudieron, pero de alguna forma las enseñanzas de Buda estaban ingeniadas de tal manera que no pudieron ser destruidas. Todavía están vivas. Aun después de veinticinco siglos en su árbol brotan algunas flores, todavía florece. Llega la primavera, y todavía emana fragancia, todavía da frutos.

Saraha también es un fruto del mismo árbol. Saraha nació alrededor de dos siglos después de Buda; él estaba en línea

directa por una rama diferente. Una línea que va desde Mahakashyapa hasta Bodhidharma, de la cual nació el zen; esa rama
todavía está llena de flores. Otra rama va desde Buda a su hijo,
Rahul Bhadra, y de Rahul Bhadra a Sri Kirti, y de Sri Kirti a
Saraha, y de Saraha a Nagarjuna; ésa es la rama del Tantra.
Dando frutos todavía en el Tíbet. El Tantra convirtió al Tíbet,
y Saraha es el fundador del Tantra al igual que Bodhidharma
es el fundador del zen. Bodhidharma conquistó China, Corea,
Japón; Saraha conquistó el Tíbet.

Estas canciones de Saraha tienen una gran belleza. Son la
mismísima base del Tantra. Primero tendrás que entender la actitud del Tantra ante la vida, la visión tántrica de la vida. La
visión básica del Tantra es ésta (muy radical, revolucionaria y
rebelde): Su visión básica es que el mundo no está dividido en
lo alto y lo bajo, sino que el mundo es una unidad. Lo alto y lo
bajo se dan la mano. Lo alto incluye lo bajo, y lo bajo incluye
lo alto. Lo alto se esconde en lo bajo; así que no hay que negar lo bajo, no hay que condenarlo, no tiene que ser destruido
o aniquilado. Lo bajo tiene que ser transformado. Hay que permitir que surja lo bajo... y lo bajo se convierte en lo alto. Entre
el diablo y Dios no hay una distancia insalvable: el diablo lleva a Dios en lo más profundo de su corazón. Una vez que el corazón empieza a funcionar el diablo se convierte en Dios.

Ésa es la razón por la que la misma raíz de la palabra diablo
significa lo mismo que divino. La palabra diablo viene de divino; es lo divino que todavía no ha evolucionado, eso es todo.
No es que el diablo esté en contra de lo divino, no es que el
diablo esté tratando de destruir lo divino; de hecho el diablo
esta tratando de encontrar lo divino. El diablo está en el camino hacia lo divino; no es el enemigo, es la semilla. Lo divino
es el árbol en pleno florecimiento, y el diablo es la semilla;
pero el árbol está escondido en la semilla. La semilla no está
en contra del árbol. De hecho el árbol no puede existir sin la

semilla. El árbol no está en contra de la semilla; son partícipes de una tremenda amistad; están juntos. El veneno y el néctar son dos fases de la misma energía, lo mismo pasa con la vida y la muerte, y con todas las cosas: día y noche, amor y odio, sexo y superconsciencia.

El Tantra dice: nunca condenes nada; la actitud de condenar es una actitud estúpida. Al condenar algo te niegas a ti mismo la posibilidad que se te habría abierto si hubieras transformado lo bajo. No condenes el lodo, porque en el lodo está escondida la flor del loto; utiliza el lodo para producir flores de loto. Por supuesto el lodo no es todavía la flor, pero puede serlo. Y la persona creativa, la persona religiosa, ayudará al lodo a liberar su flor de loto para que el loto pueda ser libre del lodo.

Saraha es el fundador de la visión tántrica. Esto tiene una tremenda importancia; y particularmente en el momento presente de la historia humana, porque un hombre nuevo está afanándose por nacer, una nueva consciencia está llamando a la puerta. El futuro será del Tantra, porque ahora las actitudes duales ya no pueden dominar la mente del hombre. Lo han intentado durante siglos (y han mutilado al hombre y han hecho al hombre culpable). No han hecho al hombre libre, le han aprisionado. Tampoco han hecho al hombre más feliz; le han hecho muy desgraciado. Lo han condenado todo: desde la comida hasta el sexo, han condenado todas las cosas, desde las relaciones hasta la amistad, lo han condenado todo. Se condena el amor, se condena el cuerpo, se condena la mente. No te han dejado ni siquiera unos centímetros donde afianzarte; se lo han llevado todo y el hombre está colgando, sencillamente colgando. Este estado del hombre no se puede tolerar más.

El Tantra puede darte una nueva perspectiva (por eso he escogido a Saraha). Saraha es una de mis personas más queridas, es mi viejo amor. Puede que tú ni siquiera hayas oído el nombre de Saraha, pero Saraha es uno de los mayores benefactores de la humanidad. Si tuviera que elegir diez benefactores de la humanidad con los dedos de mis manos Saraha sería uno de los diez. Si tuviera que elegir cinco, también tendría que contar con Saraha.

Antes de que entremos en estas canciones de Saraha, unas cuantas cosas acerca de su vida. Saraha nació en Vidarbha (Vidarbha es parte de Maharastra, muy cerca de Puna), durante el reinado del rey Mahapala. Era hijo de un sabio brahmín de la corte del rey Mahapala; el padre era cortesano, así que el joven también fue cortesano. Tenía cuatro hermanos; todos eran grandes eruditos, y él era el más joven y el más inteligente de todos ellos. Poco a poco su fama se extendió por todo el país, y el rey estaba casi embrujado por su soberbia inteligencia. Los cuatro hermanos también eran grandes eruditos, pero nada comparados con Saraha.

Al madurar, los cuatro se casaron. El rey estaba dispuesto a darle su propia hija a Saraha; pero Saraha quiso renunciar a todo, Saraha quiso convertirse en *sannyasin*. El rey se sintió herido; trató de persuadir a Saraha; él era un joven tan maravilloso, tan inteligente, tan guapo... Su fama se extendía por todo el país y gracias a él la corte de Mahapala se estaba haciendo famosa. El rey estaba preocupado, no quería que este joven se convirtiera en *sannyasin*. Quería protegerle, quería darle todas las comodidades posibles; estaba dispuesto a hacer cualquier cosa por él. Pero Saraha insistió y le tuvo que conceder el permiso: se convirtió en *sannyasin*, se hizo discípulo de Sri Kirti.

Sri Kirti es la línea directa de Buda; Gautama Buda, luego su hijo Rahul Bhadra, y después Sri Kirti. Tan sólo hay dos maestros entre Saraha y Buda; él no está muy lejos de Buda. El árbol debería estar todavía muy, muy verde; todavía las vibraciones debían estar muy, muy vivas. Buda acababa de irse; el ambiente debía de estar lleno de su fragancia.

El rey se sorprendió, porque Saraha era un brahmin. Si quería hacerse *sannyasin* debería haberse hecho *sannyasin* hindú, pero escogió un maestro budista. La familia de Saraha también estaba muy preocupada; de hecho todos se convirtieron en enemigos: eso no estaba bien. Y las cosas empeoraron aún más; pero ya llegaremos a eso.

El nombre original de Saraha era Rahul, el nombre que le puso su padre. Veamos cómo se convirtió en Saraha; es una preciosa historia. Cuando fue a ver a Sri Kirti, lo primero que Sri Kirti le dijo fue: «Olvida todos tus Vedas, todo lo que has aprendido y todas esas tonterías». Era muy difícil para Saraha, pero él estaba dispuesto a cualquier cosa. Había algo en la presencia de Sri Kirti que le atrajo; Sri Kirti era un gran imán. Abandonó todo lo que había aprendido y se volvió un analfabeto de nuevo.

Ésta es una de las mayores renuncias. Es fácil renunciar a la riqueza, es fácil renunciar a un gran reino, pero renunciar al conocimiento es lo más difícil del mundo. En primer lugar, ¿cómo renunciar a él?: está dentro de ti. Puedes escapar de tu reino, puedes distribuir tu riqueza pero, ¿cómo puedes renunciar a tu conocimiento? Y además es demasiado doloroso convertirse en un ignorante de nuevo. Es la mayor austeridad que existe, volverse ignorante de nuevo, volverse otra vez inocente como un niño.

Pero Saraha estaba dispuesto. Pasaron los años, y poco a poco borró todo lo que sabía. Se convirtió en un gran meditador. Igual que se había hecho muy famoso como sabio, ahora empezaba a extenderse su fama como meditador. Empezó a venir gente desde lugares muy lejanos tan sólo para estar un rato con este joven que se había vuelto tan inocente como una hoja fresca, o como las gotas de rocío sobre la hierba en la mañana.

Un día, mientras Saraha estaba meditando, de repente tuvo una visión: la visión de una mujer en el mercado que iba a ser su verdadera maestra. Sri Kirti tan sólo le puso en el camino, pero la verdadera enseñanza vendría de una mujer. También hay que comprender esto: el Tantra es lo único que nunca ha sido machista. De hecho para entrar en el Tantra necesitarás la cooperación de una mujer sabia; sin una mujer sabia no te será posible entrar en el complejo mundo del Tantra. Él tuvo una visión: una mujer en el mercado. Así que dos cosas: primero, una mujer; segundo, en el mercado. El Tantra se desarrolla en el mercado, en lo burdo de la vida. No es una actitud de negación, es una total positividad.

Saraha se levantó. Sri Kirti le preguntó: «¿A dónde vas?» Y el dijo: «Tú me has enseñado el camino. Tú me has quitado mis conocimientos. Tú has hecho la mitad del trabajo; has borrado mi pizarra. Ahora estoy preparado para hacer la otra mitad.» Con la bendición de Sri Kirti, que reía, se marchó. Fue al mercado; se sorprendió: realmente encontró a la mujer que había visto en su visión. La mujer estaba haciendo un arco; era una mujer arquera.

La tercera cosa que hay que recordar acerca de lo que el Tantra dice es: cuanta más cultura tenga una persona, cuanto más civilizada sea, menor es su posibilidad de transformación tántrica. Cuanto menos civilizada sea, cuanto más primitiva, más viva está una persona. Cuanto más civilizado te vuelves, más de plástico te vuelves; te vuelves artificial, te vuelves demasiado culto, pierdes tus raíces en la tierra. Tienes miedo del mundo embarrado. Empiezas a vivir lejos del mundo, empiezas a tomar una pose como si no fueras del mundo.

El Tantra dice: para encontrar a la verdadera persona tendrás que ir a las raíces.

También dice el Tantra: aquellos que todavía están sin civilizar, sin educar, sin cultura, están más vivos, tienen más vitalidad. Y ésta también es una observación de los psicólogos modernos. Un negro es más vital que un americano: ése es el miedo de los americanos. El americano tiene mucho miedo del negro. El miedo se debe a que el americano se ha vuelto muy de plástico, y el negro todavía es vital, todavía tiene los pies en el suelo.

El conflicto entre los blancos y los negros en América no es realmente el conflicto entre el blanco y el negro, es el conflicto entre el plástico y lo real. Y el americano, el hombre blanco, tiene mucho miedo: básicamente tiene miedo de que, si al negro se le permite, él perderá su mujer, el americano blanco perderá su mujer. El negro es más vital, sexualmente más vital, está más vivo; su energía todavía es salvaje. Y ése es uno de los mayores miedos de la gente civilizada: perder su mujer. Saben que si hay personas más vitales, ellos no podrán retener a sus mujeres.

El Tantra dice: en el mundo de aquellos que todavía son primitivos hay una posibilidad de empezar a crecer. Tú has crecido en una dirección equivocada; ellos todavía no han crecido, ellos aún pueden escoger la dirección correcta, tienen un mayor potencial. Y no tienen que deshacer nada, pueden proceder directamente.

Una arquera es una mujer de casta baja, y para Saraha (un brahmín culto, famoso, que puede pertenecer a la corte del rey) ir con una arquera es simbólico. El hombre culto tiene que ir a lo vital, el plástico tiene que ir a lo real. Él vio a aquella mujer (una mujer joven, muy viva, radiante de vitalidad) tallando una flecha, sin mirar ni a la derecha ni a la izquierda sino completamente absorta en hacer la flecha. Él inmediatamente sintió algo extraordinario en su presencia, algo que nunca antes había sentido. Hasta Sri Kirti, su maestro, palidecería ante la presencia de aquella mujer. Algo fresco, algo que procedía de la mismísima fuente...

Sri Kirti era un gran filósofo. Sí, le dijo a Saraha que abandonara todo lo que había aprendido, pero todavía era un hombre culto. Le dijo a Saraha que abandonara todos los Vedas y las escrituras, pero él tenía sus propios Vedas y sus propias escrituras. Aunque era antifilosófico, su antifilosofía era una clase de filosofía. Pues bien, he aquí una mujer que no es ni filosófica ni antifilosófica, que simplemente no sabe qué es la filosofía, que simplemente es feliz inconsciente del mundo de la filosofía, del mundo de los pensamientos. Ella es una mujer de acción y está completamente absorta en su acción.

Saraha observó cuidadosamente: la flecha preparada, la mujer (cerrando un ojo y abriendo el otro) tomó la postura de apuntar a una diana invisible. Saraha se acerco un poco más... No había diana, ella simplemente posaba. Saraha empezó a sentir algún mensaje. Aquella postura era simbólica, sintió algo, pero aún era muy sombrío y oscuro. Él pudo sentir algo, pero no sabía lo que era.

Así que le preguntó a la mujer si era una arquera profesional, la mujer se rió estruendosamente, una risa salvaje, y dijo: «¡Tú, estúpido brahmín! Has abandonado los Vedas, pero ahora adoras las palabras de Buda, el Dhammapada. ¿Qué diferencia hay? Has cambiado tus libros, has cambiado tu filosofía, pero sigues siendo siempre el mismo estúpido». Saraha se sorprendió. Nadie le había hablado así; sólo una mujer inculta puede hablar de esta manera. Y la forma en que se reía era tan incivilizada, tan primitiva... pero aún así, había algo muy vivo. Y se sintió atraído: ella era un gran imán y él no era otra cosa que un trozo de hierro.

Entonces ella dijo: «¿Tú te crees un budista?». Él debería llevar la túnica de los monjes budistas, la túnica amarilla. Ella se rió de nuevo y dijo: «El significado de Buda se puede conocer sólo a través de la acción, no a través de las palabras ni los libros. ¿No es suficiente para ti? ¿Todavía no estás harto de todo eso? No malgastes más tiempo en esa búsqueda inútil. ¡Ven y sígueme!». Y algo ocurrió, algo como una comunión.

Nunca antes se había sentido así. En aquel momento la importancia espiritual de lo que ella estaba haciendo bañó de claridad a Saraha. Sin mirar a la derecha ni a la izquierda, él la vio a ella; mirando sólo al centro.

Por primera vez entendió lo que Buda quería decir por estar en el centro: evita los excesos. Antes él era filósofo, ahora se había convertido en antifilósofo; de un extremo al otro.

Antes adoraba una cosa, ahora adora justamente lo opuesto; pero la adoración continúa. Puedes ir de la derecha a la izquierda, de la izquierda a la derecha, pero eso no te va a ayudar. Serás como un péndulo moviéndose de derecha a izquierda, de izquierda a derecha.

¿Y has observado?: cuando el péndulo va hacia la derecha esta tomando impulso para ir hacia la izquierda; cuando va hacia la izquierda otra vez está tomando impulso para ir a la derecha. Y el reloj continúa... y el mundo continúa. Estar en el centro significa que el péndulo simplemente cuelga en el centro, ni hacia la derecha ni hacia la izquierda. Entonces el reloj se para. Entonces ya no hay tiempo... entonces el estado de no-tiempo...

Se lo había oído decir tantas veces a Sri Kirti; lo había leído, lo había considerado, meditado sobre ello; había discutido con otros acerca de ello, que estar en el centro es lo correcto. Pero por primera vez lo vio en una acción: la mujer ni miraba a la derecha ni a la izquierda; ella estaba mirando justamente al centro, enfocada en el centro.

El centro es el punto desde donde ocurre la transcendencia. Piensa en ello, contémplalo, obsérvalo en la vida. Un hombre que corre tras el dinero está loco, loco por el dinero; el dinero es el único Dios. Una mujer le preguntaba a otra:

—¿Por qué has dejado a tu novio? ¿Qué ha ocurrido? Creía que estabais comprometidos y os ibais a casar; ¿qué ha ocurrido?

–Nuestras religiones son diferentes –contestó la otra– por eso hemos roto.

La que preguntaba estaba perpleja porque sabía que ambos eran católicos, así que preguntó:

–¿Qué quieres decir con eso de que vuestras religiones son diferentes?

–Yo adoro el dinero –contestó la mujer– y él está arruinado. Hay gente para la que el único Dios es el dinero. Un día u otro fracasará; está destinada a fracasar. El dinero no puede ser Dios. Era una ilusión que tú proyectabas. Un día u otro llegarás a la conclusión de que el dinero no tiene nada divino, de que no tiene nada, de que has estado desperdiciando tu vida. Entonces te vuelves contra él, entonces tomas la actitud opuesta: te pones en contra del dinero, no tocas el dinero. Ahora estás constantemente obsesionado; ahora estás en contra del dinero, pero la obsesión permanece. Has ido de la izquierda a la derecha, pero tu centro de consciencia todavía es el dinero.

Puedes cambiar de un deseo a otro. Un día eres demasiado mundano... otro día te puedes volver espiritual. Sigues igual, la enfermedad persiste. Buda dice: ser mundano es mundano y ser espiritual también es mundano; perseguir el dinero es volverse loco a causa del dinero, estar en contra del dinero es volverse loco a causa del dinero; perseguir el poder es estúpido, escapar de él también es estúpido.

La sabiduría es simplemente estar en el centro.

Saraha lo vio allí por primera vez; no lo había visto ni siquiera en Sri Kirti. Allí estaba realmente. Y la mujer tenía razón; ella había dicho: «Sólo puedes aprender a través de la acción». Y ella estaba tan totalmente absorta que ni siquiera miraba a Saraha, que estaba allí observándola. Estaba totalmente absorta, estaba totalmente en su acción); éste es otro mensaje budista: Ser total en la acción es ser libre de la acción.

El *karma* se crea porque no estás totalmente en la acción. Si eres total en ella, no deja ningún rastro. Haz las cosas totalmente y se acabó, no cargarás con su memoria psicológica. Haz algo incompleto y queda pendiente en ti; continúa, es como una resaca. Y la mente quiere continuar, hacerlo, completarlo. La mente siente una gran tentación por concluir las cosas. Completa algo y la mente se irá. Si continúas haciendo las cosas con totalidad, un día de repente descubrirás que no hay mente. La mente es el pasado acumulado por todas las acciones incompletas.

Quisiste amar a una mujer y no la amaste; ahora la mujer está muerta. Quisiste visitar a tu padre y ser perdonado por todo lo que hiciste, por cualquier cosa que pudiera haberle hecho sentirse herido; ahora él está muerto. Ahora la resaca continuará, ahora el fantasma... Ahora estás desvalido: ¿qué hacer? ¿A quién acudir? Y ¿cómo pedir perdón? quisiste ser amable con un amigo pero no pudiste serlo porque estabas cerrado. Ahora ya no está el amigo, y duele. Empiezas a sentirte culpable, te arrepientes. Así es como funcionan las cosas.

Cualquier acción que hagas, hazla con totalidad y te liberarás de ella. Y no mires atrás; el hombre verdadero nunca mira hacia atrás, porque no hay nada que ver. No tiene resacas. Él simplemente sigue adelante. Sus ojos no están cubiertos por el pasado, su visión no está nublada. En esa claridad uno llega a saber qué es la realidad.

Tus acciones incompletas te preocupan; eres como una chatarrería: una cosa incompleta por aquí, otra cosa incompleta por allá, no hay nada completo. ¿Lo has observado? ¿Has completado algo alguna vez? Y sigues poniendo a un lado una cosa y empiezas otra, y antes de completarla empiezas otra. Te cargas con más y más responsabilidad. Eso es el *karma*; *karma* significa acción incompleta.

Sé total... y serás libre.

La mujer estaba completamente absorta. Por eso estaba tan radiante, tan bella. Ella era una mujer ordinaria, pero su belleza no era de esta Tierra. La belleza viene de la absorción total. La belleza viene de que ella no es una extremista. Su belleza viene de estar en el centro, equilibrada. La gracia viene del equilibrio. Por primera vez Saraha se encontró con una mujer que no sólo era bella físicamente, también lo era espiritualmente. Como es natural, se rindió. La rendición ocurrió.

Completamente absorta, absorta en lo que fuera que estuviera haciendo... por primera vez él entendió: eso es meditación. No es sentarse durante cierto tiempo repitiendo un *mantra*, no es ir a la iglesia, al templo, o a la mezquita, sino ser en la vida: seguir haciendo cosas triviales, pero con tal absorción que la profundidad se revele en cada acción. Por primera vez él comprendió lo que era la meditación. Él había estado meditando, había luchado duramente, pero por primera vez ahí estaba la meditación, viva. Él pudo sentirla. Podría haberla tocado, era casi tangible. Y luego él recordó que cerrar un ojo y abrir el otro es un símbolo, un símbolo budista.

Buda dice (ahora los psicólogos estarían de acuerdo; después de dos mil quinientos años los psicólogos han llegado al mismo punto donde Buda estaba hace tanto tiempo) que la mitad de la mente razona y la otra mitad intuye. La mente está dividida en dos partes, en dos hemisferios. El hemisferio de la parte izquierda es la capacidad de razonar, la lógica, los pensamientos discursivos, el análisis, la filosofía, la teología... palabras, palabras y más palabras, y argumentos, silogismos e inferencias. La parte izquierda de la mente es aristotélica. La parte derecha de la mente es intuitiva, poética; la inspiración, la visión, la consciencia *a priori*, la conciencia *a priori*. No es que argumentes; simplemente llegas a saber. No es que deduzcas; simplemente te das cuenta. Ése es el significado de conciencia *a priori*: simplemente está ahí. La verdad se conoce a través de la parte izquierda de la mente. La verdad es deducida por la parte derecha de la mente. La deducción es solamente deducción, no es experiencia.

De repente se dio cuenta de que la mujer cerró un ojo: ella cerró un ojo, que simboliza el cierre del ojo de la razón, la lógica. Y abrió el otro ojo, símbolo del amor, la intuición, la conciencia. Y luego él recordó la postura.

Apuntando a lo desconocido, lo invisible, estamos en el camino de conocer lo desconocido; de conocer aquello que no puede ser conocido. Ése es el verdadero conocimiento: conocer aquello que no puede ser conocido, realizar lo irrealizable, alcanzar lo inalcanzable. Esta pasión imposible es lo que convierte a un hombre en un buscador religioso.

Sí, es imposible. Cuando digo imposible no quiero decir que no ocurrirá; cuando digo imposible quiero decir que no puede ocurrir a no ser que estés completamente transformado. Tal como eres no puede ocurrir. Pero hay diferentes maneras de ser, y puedes ser un hombre totalmente nuevo... entonces ocurrirá. Es posible para un hombre diferente. Por eso es por lo que Jesús dice: a no ser que vuelvas a nacer, no lo conocerás. Un hombre nuevo lo conocerá.

Tú vienes a mí; y sin que *tú* lo sepas. Yo tendré que matarte, tendré que ser drásticamente peligroso contigo; tendrás que desaparecer. Y el hombre nuevo nace, entra una nueva consciencia porque hay algo indestructible en ti que no puede ser destruido; nadie puede destruirlo. Sólo lo destructible será destruido y lo indestructible quedará. Cuando alcanzas esos elementos indestructibles de tu ser, esa conciencia eterna de tu ser, eres un hombre nuevo, una consciencia nueva. A través de eso lo imposible es posible, lo inalcanzable se alcanza.

Así qué él recordó la postura. Apuntando hacia lo desconocido, hacia lo invisible, hacia el uno; ése es el objetivo. ¿Cómo ser uno con la existencia? El objetivo es la no dualidad; donde el sujeto y el objeto desaparecen, donde el *yo* y el *tú* desaparecen. Hay un libro muy famoso de Martin Buber, un gran libro, que se titula *Yo y tú*. Martin Buber dice que la experiencia de la oración es una experiencia de *yo-tú*. Tiene razón. La experiencia de la oración es una experiencia de *yo-tú*: Dios es el *tú* y tú sigues siendo un *yo*, y tienes un dialogo, una comunión con el *tú*. Pero en el budismo no hay oraciones, el budismo está por encima. El budismo dice: si hay una relación de *yo-tú*, permaneces dividido, sigues separado. Os podéis gritar el uno al otro, pero no será una comunión. La comunión sucede sólo cuando ya no existe la división de *yo-tú*, cuando el objeto y el sujeto desaparecen, cuando no hay *yo* y *tú*, ni el buscador y lo buscado... cuando hay unidad, una armonía.

Al darse cuenta de esto, al ver y reconocer la verdad en las acciones de esta mujer... La mujer le dio el nombre de Saraha. Su nombre era Rahul; la mujer le llamó Saraha. *Saraha* es una hermosa palabra. Significa: el que ha disparado la flecha; *sara* significa flecha, *ha(n)* significa disparar. Saraha significa el que ha disparado la flecha. En el momento en que reconoció la importancia de las acciones de la mujer, esos gestos simbólicos, en el momento en que pudo leer y descodificar lo que la mujer estaba intentando dar, lo que la mujer estaba intentando mostrar, la mujer fue tremendamente feliz. Ella bailó y le llamó Saraha, y dijo: «Desde hoy tu nombre será Saraha: has disparado la flecha. Al comprender la importancia de mis acciones, has penetrado...».

Saraha le dijo a ella: «Tú no eres una arquera ordinaria. Hasta siento haber pensado que eras una arquera ordinaria. Perdóname, lo siento inmensamente. Tú eres una gran maestra y yo he vuelto a nacer a través de ti. Hasta ayer no era un verdadero brahmín; desde hoy lo soy. Tú eres mi maestra y mi madre, y me has dado un nuevo nacimiento. Ya no soy el mismo. Así que has hecho bien; me has despojado de mi viejo nombre y me has dado uno nuevo.»

Algunas veces me preguntáis: «¿Por qué das nuevos nombres?» Para abandonar la vieja identidad, para olvidar el pasado, para no tener ninguna atadura más con el pasado, se necesita una ruptura total. Tienes que desligarte del pasado. Rahul se convirtió en Saraha.

La leyenda dice que la mujer no era sino un buda escondido. El nombre del buda dado en las escrituras es Sukhnatha: el buda que vino a ayudar al gran hombre en potencia, Saraha. Buda, cierto buda llamado Sukhnatha, tomó forma de mujer. ¿Pero por qué? ¿Por qué forma de mujer?: Porque el Tantra cree que igual que un hombre tiene que nacer de una mujer, el nacimiento de un discípulo tiene que ser también a través de una mujer. De hecho todos los maestros son más madres que padres. Tienen la cualidad de lo femenino. Buda es femenino, al igual que Krishna, o Mahavira. Puedes ver la gracia femenina, la redondez femenina, la belleza femenina. Puedes mirar en sus ojos y no encontrarás la agresividad masculina.

Es muy simbólico que un buda tomara forma de mujer. Los buda siempre toman forma de mujer. Puede que vivan en cuerpos masculinos, pero son femeninos: porque todo lo que nace, nace de la energía femenina. La energía masculina puede ponerlo en funcionamiento pero no puede dar a luz.

Un maestro tiene que mantenerte en el vientre durante meses, años, algunas veces durante vidas. Uno nunca sabe cuándo estarás preparado para nacer. Un maestro tiene que ser una madre. Un maestro tiene que tener una capacidad tremenda de energía femenina para poder derramar amor sobre ti; sólo así puede él destruir. Hasta que no estés seguro de su amor, no le permitirás destruirte. ¿Cómo confiarás? Sólo su amor te hará capaz de confiar. Y a través de la confianza, poco a poco, irá cortando extremidad por extremidad. Y un día de repente desaparecerás. Lentamente, poco a poco... y te habrás ido. *Gate gate para gate*: te vas, te vas, te vas, te has ido. Entonces nace lo nuevo.

La arquera le aceptó. De hecho le esperaba... un maestro espera al discípulo. La vieja tradición dice: antes de que el discípulo elija al maestro, el maestro ya ha elegido al discípulo. Eso es exactamente lo que ocurre en esta historia. Sukhnatha estaba escondido bajo la forma de una mujer esperando a que Saraha viniera y transformarle.

También parece más lógico que el maestro elija primero; porque es más consciente, él sabe. Él puede penetrar hasta la verdadera posibilidad de tu ser, hasta tu verdadero potencial. Puede ver tu futuro, puede ver lo que puede ocurrir. Cuando eliges un maestro crees que *tú* le has elegido. Te equivocas. ¿Cómo puedes elegir un maestro? Estás tan ciego que ¿cómo vas a reconocer al maestro? Eres tan inconsciente... ¿cómo vas a poder sentir al maestro? Si empiezas a sentirlo, significa que él ya ha entrado en tu corazón y ha empezado a jugar con tus energías; por eso empiezas a sentirle. Antes de que un discípulo elija al maestro, el maestro ya le ha elegido.

Ella aceptó. Esperaba que Saraha viniera. Se fueron hacia los crematorios y empezaron a vivir juntos. ¿Por qué a los crematorios? Porque Buda dice: hasta que no entiendas la muerte no te será posible entender la vida. A no ser que mueras no renacerás.

Desde Saraha muchos discípulos del Tantra han vivido en crematorios; él fue el fundador. Vivía en un crematorio... traían a la gente, traían los cadáveres y los quemaban, y él vivía allí, aquél era su hogar. Y vivía con aquella mujer arquera, vivían juntos. Había un gran amor entre ambos; no era el amor entre una mujer y un hombre, sino el amor entre un maestro y un discípulo, el cual es ciertamente más elevado de lo que cualquier amor entre un hombre y una mujer pueda alcanzar; es más íntimo, verdaderamente más íntimo; porque el amor entre un hombre y una mujer es solamente corporal. Como mucho algunas veces alcanza hasta la mente, si no sólo se queda en los cuerpos. El amor entre un discípulo y un maestro es un amor de almas.

Saraha encontró su compañera del alma. Estaban tremendamente enamorados, un gran amor, algo que raramente ocurre en la tierra. Ella le enseñó Tantra. Sólo una mujer puede enseñar Tantra. Alguien me preguntó por qué he elegido a Kaveesha como líder del grupo de Tantra: sólo una mujer puede ser el líder del grupo de Tantra, sería muy difícil para un hombre. Sí, algunas veces también puede serlo un hombre, pero entonces tendrá que volverse muy, muy femenino. Una mujer ya lo es, ella ya tiene esas cualidades, esas cualidades afectivas y amorosas; ella tiene por naturaleza esa solicitud, ese amor, esa sensibilidad para la suavidad.

Saraha se hizo tántrico bajo la guía de la mujer arquera. Ahora ya no meditaba. Un día dejó todos los Vedas, las escrituras, el conocimiento; ahora había dejado hasta la meditación. A través de todo el país empezaron a correr rumores: Saraha ya no medita. Él cantaba, y por supuesto, también bailaba, pero ya no meditaba. Ahora su meditación era cantar, ahora su meditación era bailar, ahora su estilo de vida era la celebración.

¡Vivir en un crematorio y celebrando! ¡Vivir donde sólo hay muerte y alegremente! Ésta es la belleza del Tantra, que une los opuestos, los contrarios, los contradictorios. Si vas al crematorio te sentirás triste; te será difícil estar alegre. Te sería muy difícil cantar y bailar en el mismo lugar donde queman a las personas, y donde la gente solloza y llora. Y cada día muerte y más muerte... día y noche, muerte. ¿cómo podrías estar alegre? Pero si no puedes estar alegre allí, entonces lo que tú piensas que es tu alegría no es más que una creencia creada. Si puedes estar alegre allí, entonces realmente la alegría te habrá ocurrido. Ahora es incondicional. Ya no hay diferencia entre la vida y la muerte, si se incinera a alguien, o si alguien se está muriendo.

Saraha empezó a cantar y bailar. Ya no era serio. El Tantra
no lo es; el Tantra es diversión. Sí, es sincero, pero no serio; es
muy alegre. El juego entró en su ser. El Tantra es un juego, porque el Tantra es una forma altamente evolucionada del amor, y
el amor es un juego.

Hay gente a la que ni siquiera le gustaría que el amor fuera
un juego. Mahatma Gandhi dice: haz el amor sólo cuando quieras reproducirte. Hasta convierten el amor en trabajo, en reproducción. ¡Es sencillamente horrible! Haz el amor con tu mujer
sólo cuando te quieras reproducir; ¿acaso es ella una fábrica?
Reproducción: hasta la propia palabra es horrible. ¡El amor es
divertido! Haz el amor con tu mujer cuando te sientas feliz, alegre, cuando estés en la cima del mundo. Comparte esa energía.
Ama a tu hombre cuando tengas la cualidad de la danza, de la
poesía, de la alegría; ¡no para reproducirte! La palabra reproducción es obscena. ¡Haz el amor por pura alegría, desde una
abundancia de alegría! ¡Da cuando lo tengas!

El juego entró en su ser. El amante siempre tiene un espíritu
lúdico. En el momento en que ese espíritu muere te conviertes
en un marido o en una esposa; entonces ya no sois amantes, entonces os reproducís. Y en el momento en que os convirtáis en
un marido o en una esposa, algo bellísimo habrá muerto. Ya no
está vivo, ya no tiene jugo. Ahora es sólo apariencia, hipocresía.

El juego entró en su ser, y a través del juego nació la religión.
Su éxtasis era tan contagioso que la gente empezaba a venir
para verle bailar y cantar. Y cuando la gente venía a verle, bailaba y cantaba con él. El crematorio se convirtió en un gran lugar de celebración. Sí, todavía se quemaban cadáveres, pero
poco a poco, empezaron a congregarse multitudes alrededor de
Saraha y la mujer arquera, y en aquel crematorio se creaba una
gran alegría.

Y se volvió tan contagioso que gente que nunca había oído
hablar del éxtasis venía, cantaba y bailaba, y caían en éxtasis,

entraban en *samadhi*. Su misma vibración, su misma presencia, se volvió tan potente que tan sólo con que estuvieras dispuesto a participar con él, ocurriría... una conexión elevada. Los que venían a él... él estaba tan borracho que su borrachera interior empezó a rebosar sobre otra gente. Estaba tan borracho que los demás empezaron a sentirse más y más borrachos.

Pero entonces ocurrió lo inevitable... los brahmines, los sacerdotes, los eruditos y la llamada gente honrada empezaron a vilipendiarle y calumniarle: eso es a lo que yo llamo inevitable. Siempre que haya un hombre como Saraha los eruditos estarán en su contra, y la mal llamada gente moral, los puritanos, los santurrones. Empezaron a correr rumores absolutamente sesgados acerca de él.

Le decían a la gente: «Ha perdido la gracia divina; es un pervertido. Ya no es un brahmín; ha abandonado el celibato, ya no es ni siquiera un monje budista. se da a prácticas vergonzosas con una mujer de casta baja y va por ahí como un perro loco». Su éxtasis era como un perro loco para ellos; depende de cómo se interprete. Bailaba en el crematorio. Él *estaba* loco; ¡pero no era un perro loco, era un dios loco! Depende de cómo lo mires.

También le dijeron esas cosas al rey; él estaba ansioso por saber qué era lo que estaba pasando exactamente. Se preocupaba... más y más gente le traía rumores. Le conocían, sabían que el rey siempre había sentido tan profundo respeto por Saraha, que quiso nombrarle su consejero en la corte, pero Saraha había renunciado al mundo. El rey sentía un gran respeto por su aprendizaje, así que empezaron a contarle cosas al rey.

El rey estaba preocupado. Él quería y respetaba al joven, y estaba inquieto. Así que mandó algunos mensajeros para que persuadieran a Saraha y le dijeran: «Vuelve a tus principios. Tú eres un brahmín, tu padre fue un gran erudito, tú mismo eras un gran erudito; ¿qué estás haciendo? Te has desviado, regresa al hogar; yo estoy aquí todavía. Ven a palacio, sé parte de mi familia. Esto no está bien».

Los mensajeros fueron a ver a Saraha y él cantó ciento sesenta versos a aquello mensajeros que habían venido a convencerle. Cantó esos ciento sesenta versos... ¡y aquellos mensajeros se pusieron a bailar y nunca regresaron!

El rey se preocupó aún más. La esposa del rey, la reina, también había estado siempre interesada en el joven. Quería que el joven se casara con su hija, así que ella misma fue allí. Y Saraha le cantó ochenta versos a la reina... y ella nunca regresó.

Ahora el rey estaba perplejo: ¿qué está pasando aquí? Así que el mismo fue allí; ¡y Saraha cantó cuarenta versos y el rey se convirtió! ¡Y empezó a bailar en el crematorio como un perro loco!

Así que hay tres escrituras bajo el nombre de Saraha. La primera: La Canción de Saraha para la Gente; ciento sesenta versos; la segunda: La Canción de Saraha para la Reina; ochenta versos; y la tercera: La Canción Real de Saraha (sobre la que vamos a meditar); cuarenta versos. Ciento sesenta versos para la gente porque su comprensión no era muy grande; ochenta para la reina; ella estaba un poco más elevada, su comprensión era un poco mayor; cuarenta para el rey porque él era realmente un hombre inteligente, consciente, comprensivo.

Al convertirse el rey, poco a poco todo el país se convirtió. Y se dice en las viejas escrituras que llegó un momento en que todo el país se quedó vacío. Vacío... es una palabra budista. Significa que las personas se convirtieron en nadies, perdieron sus egos. La gente empezó a disfrutar el momento. El bullicio, la competencia violenta desapareció del país. Se convirtió en un país silencioso. Se quedó vacío... como si no hubiera nadie, el hombre como tal desapareció del país. Una gran divinidad descendió sobre el país. Estos cuarenta versos fueron la raíz, la fuente.

Ahora entremos en este gran peregrinaje: La canción real de Saraha. Es también llamada La Canción sobre la Acción Humana; muy paradójicamente, porque no tiene nada que ver con la acción. Es por eso por lo que también se la llama La Canción sobre la Acción Humana. Tiene algo que ver con el ser, pero cuando el ser se transforma, se transforma la acción. Cuando *tú* te has transformado, tu comportamiento se transforma; no al reves. No es que cambies tus acciones y luego cambie tu ser; no. El Tantra dice: primero cambia tu ser y luego tu acción cambiará automáticamente, por sí misma. Primero alcanza un tipo diferente de consciencia, y le seguirá un tipo diferente de acción, de carácter, de comportamiento.

El Tantra cree en el ser, no en la acción y el carácter. Es por eso por lo que también se llama La Canción sobre la Acción Humana: porque una vez que el ser se ha transformado, las acciones se transforman. Ésa es la única forma de cambiar tus acciones. ¿Quién ha podido alguna vez cambiar sus acciones directamente? Sólo puedes aparentarlo.

Si estás lleno de ira y quieres cambiar tus acciones, ¿qué harás? Suprimirás la ira y mostrarás una cara falsa; tendrás que llevar una máscara. Si eres sexual, ¿qué vas a hacer para cambiarlo? Puedes hacer voto de castidad, de *brahmacharya*, y puedes aparentarla, pero en lo más profundo el volcán continúa. Estás sentado sobre un volcán que puede entrar en erupción en cualquier momento. Estarás constantemente temblando, asustado, con miedo.

¿No has observado a las llamadas personas religiosas? Siempre tienen miedo (miedo al infierno), y siempre están tratando de llegar al cielo como sea. Pero no saben lo que es el cielo; ni siquiera lo han probado. Nunca nadie ha ido al cielo y nunca nadie ha ido al infierno. Decidámoslo de una vez por todas: el cielo viene a ti, el infierno viene a ti; depende de ti. Lo que tú llamas viene.

Si tu *ser* cambia, de repente el cielo se te hace posible; el cielo desciende sobre ti. Si tu ser no cambia estás en un conflicto, estás forzando algo que no está ahí. Te vuelves falso, falso y más falso, y te conviertes en dos personas, te vuelves esquizofrénico, dividido... Tú aparentas ser de una manera, pero eres diferente a lo que aparentas. Dices que vas a hacer una cosa; pero nunca la haces, haces otra cosa. Y además estás siempre jugando al escondite contigo mismo. La ansiedad, la angustia, son naturales en tal estado: eso es el infierno.

Ahora la canción:

> *Me inclino ante el noble Manjusri,*
> *me inclino ante el que ha conquistado lo finito.*

Esta palabra *manjusri* tiene que ser entendida. Manjusri fue uno de los discípulos de Buda, pero era un discípulo muy raro. Buda tenía muchos discípulos raros; raros de diferentes maneras. Mahakashyapa era raro porque podía entender mensajes no hablados... y así sucesivamente. Manjusri era raro porque tenia la mayor cualidad para ser un maestro.

Cuando alguien representaba un problema demasiado grande, alguna persona problemática, Buda le mandaba a Manjusri. Simplemente al oír el nombre de Manjusri la gente se ponía a temblar. Él era realmente un hombre duro, realmente drástico. Cuando a alguien se le mandaba a Manjusri, los discípulos decían: «Esa persona ha ido a la espada de Manjusri». Esto se ha hecho famoso a través de los tiempos (la espada de Manjusri) porque Manjusri solía cortar la cabeza de un golpe. No era una persona que se andará con remilgos, sencillamente cortaba la cabeza de un golpe. Su compasión era tan grande que podía ser cruel.

Así que poco a poco el nombre de Manjusri se volvió representativo; un nombre para todos los maestros, porque todos son compasivos y todos tienen que ser crueles. Compasivos porque ellos darán nacimiento a un nuevo hombre en ti; crueles porque tendrán que destruir y demoler al viejo.

Así que cuando Saraha se inclinó antes de empezar su canción dijo: *Me inclino ante el noble Manjusri* (maestro de todos los maestros), *me inclino ante el que ha conquistado lo finito.* Y entonces se inclinó ante Buda que conquistó lo finito, y que se convirtió en lo infinito.

> *Igual que el agua mansa azotada por el viento*
> *se convierte en olas y remolinos,*
> *así piensa el rey de Saraha*
> *de muchas formas, aunque sólo sea un hombre.*

Visualiza un lago, un plácido y silencioso lago sin olas. Entonces viene un gran viento y empieza a jugar con la superficie del lago, y perturba el lago, y surgen mil y una olas. Hasta hace sólo un momento el reflejo de la luna llena estaba sobre el lago; ahora ya no está. Ahora la luna todavía se refleja, pero en mil y un fragmentos. Está sobre todo el lago. El lago entero está plateado por el reflejo, pero no puedes atrapar el reflejo real: ¿donde está la luna?, ¿que aspecto tiene? Todo está distorsionado.

Saraha dice que ésta es la situación de la mente humana, la de los ilusos. Ésta es la diferencia entre un buda y un no-buda. Un buda es uno cuyo viento ya no sopla. Ese viento se llama *trishna*: deseo.

¿Te has fijado?, ¿has observado? Siempre que hay deseos, hay mil y una olas en tu corazón; tu consciencia se perturba y se distrae. Cuando los deseos paran, te sientes bien, en paz contigo mismo.

Así que el deseo es el viento que distorsiona la mente. Y cuando la mente se distorsiona, no puede reflejar la realidad.

Igual que el agua azotada por el viento
se convierte en olas y remolinos,
así piensa el rey de Saraha
de muchas maneras, aunque sólo sea un hombre.

Saraha dice dos cosas. Primero dice: tu mente está demasiado perturbada por los rumores, demasiado viento ha soplado sobre la superficie de tu mente. No te será posible verme, a pesar de que yo soy uno; tu mente me refleja en un millar de fragmentos.

Eso era verdad. Él podía ver a través del rey. El rey estaba perplejo. Por un lado respetaba al joven, siempre había confiado en él; sabía que no podía ser malo. Pero mucha gente, muchos que se llamaban honrados, gente respetable, rica, educada, vino a decirle: «Va por el camino equivocado, se ha vuelto casi loco; es un maniático, un pervertido. Vive con una mujer arquera de casta baja. Vive en un crematorio; ¡ése no es un lugar para vivir! Ha olvidado los antiguos rituales, ya no lee los Vedas, ya no recita el nombre de Dios. Ni siquiera se ha oído decir que medite. Y se da a unas prácticas extrañas, horribles y vergonzosas».

El Tantra les parece vergonzoso a aquellos que están muy reprimidos sexualmente. No pueden entender; debido a su represión no pueden entender qué está pasando. Así que todas aquellas cosas eran como un fuerte viento en la mente del rey. Una parte de él le amaba y respetaba; otra parte tenía grandes dudas.

Saraha miró directamente y dijo: *Así el rey piensa de muchas maneras acerca de Saraha, aunque sólo sea un hombre.* Aunque Saraha sólo sea un hombre...

Yo soy como la luna llena, pero el lago está revuelto. Así que por favor, si quieres entenderme, no hay forma de que me entiendas directamente. La única forma que tienes de entenderme es abandonar ese viento que sopla en la superficie de tu mente. Deja que tu consciencia esté cómoda... ¡entonces mira! Deja que todas esas olas se detengan, deja que tu consciencia sea un plácido estanque; entonces mira. No puedo convencerte de lo que está pasando a no ser que puedas verlo. Está ocurriendo, está aquí. Yo estoy aquí delante de ti. Soy sólo un hombre, pero puedo ver en ti; tú me miras como si yo fuera un millar de hombres.

> *Para un bizco tonto*
> *una lámpara es como dos,*
> *cuando lo visto y el que ve no son dos, ¡ah!, la mente*
> *trabaja en el objeto de ambos.*

Y luego toma símiles, metáforas. Primero dice: «estás revuelto como un lago». Luego dice: *Para un bizco tonto una lámpara es como dos*; no puede ver una, ve dos.

He oído...

Mulla Nasruddin estaba enseñando a su hijo a ser un buen bebedor. Después de algunas copas Mulla dijo:

–Ahora vámonos. Recuerda siempre, ésta es la regla para parar: cuando empieces a ver que una persona parezca dos, entonces vete a casa; es suficiente.

–Que una persona parezca dos –preguntó el hijo–, ¿dónde? ¿Dónde está esa persona?

Mulla dijo:

–Mira, hay dos personas sentadas en esa mesa.

Y el hijo respondió:

–¡No hay nadie! –Él ya había bebido demasiado.

Recuerda, cuando eres inconsciente las cosa no son lo que parecen. Cuando eres inconsciente, proyectas. Esta noche, al mirar a la luna, si te presionas los ojos con los dedos podrás ver dos lunas. Y cuando ves dos lunas es muy difícil creer que sólo hay una; tú estás viendo dos. Imagínate... Si alguien ha nacido con un defecto natural y sus ojos tienen esa presión que hace ver las cosas dobles, siempre verá dos cosas. Cuando tú veas una, él verá dos.

Nuestra visión interior está nublada por muchas cosas, así que seguimos viendo cosas que no existen. Y si las vemos, ¿cómo vamos a creer que no existen? Tenemos que confiar en nuestros propios ojos, y nuestros ojos pueden estar distorsionando.

> *Para un bizco tonto*
> *una lámpara es como dos,*
> *cuando lo visto y el que ve no son dos...*

Saraha le dice al rey: si piensas que tú y yo somos dos, eres inconsciente, eres idiota, estás borracho, no sabes ver. Si realmente ves, entonces yo y tú somos uno, entonces el que ve y lo que ve no serán dos. Entonces no verás a Saraha bailando aquí; te verás a ti mismo bailando aquí. Entonces, cuando yo entre en éxtasis, *tú* entrarás en éxtasis. Y ésa será la única manera de saber lo que le ha ocurrido a Saraha, no hay otra forma. ¿Qué me ha ocurrido a mí? La única manera de saberlo es participando en mi ser. No seas sólo un espectador. No te quedes a un lado, no seas solamente un espectador. Tendrás que participar en mi experiencia; tendrás que disolverte un poco en mí. Tendrás que traspasar mi frontera.

De eso se trata al ser *sannyasin*. Empiezas a acercarte, empiezas a disolver tus fronteras dentro de mí. Sólo entonces, un día, a través de la participación, cuando te armonices conmigo, verás algo, entenderás algo. Y no te será posible convencer a nadie que solamente haya sido un espectador; porque vuestras visiones serán diferentes. Tú has participado, y él sólo ha estado observando; vivís en mundos diferentes.

Aunque las lámparas de la casa se hayan encendido...

Escucha estos preciosos versos de Saraha:

Aunque las lámparas de la casa se hayan encendido,
el ciego vive en la oscuridad.
Aunque la espontaneidad está cerca y lo abarca todo,
para los ilusos permanece siempre lejana.

Él está diciendo: ¡Mira! Me he iluminado. *Aunque las lámparas de la casa se hayan encendido...* mi núcleo interior ya no está oscuro. ¡Ve! Hay una gran luz en mí, mi alma se ha despertado. Ya no soy el mismo Rahul que tú conocías. Soy Saraha; mi flecha ha llegado a la diana.

Aunque las lámparas de la casa se hayan encendido,
el ciego vive en la oscuridad

Pero ¿qué puedo hacer yo? Dijo Saraha: Si alguien está ciego, aunque se enciendan las lámparas de la casa sigue viviendo en la oscuridad. No es que falten lámparas, sino que sus ojos están cerrados. ¡Así que no escuches a la gente ciega! Simplemente abre tus ojos y mírame, veme... el que está en frente de ti, el que se está enfrentando a ti. El ciego vive en la oscuridad, aunque se hayan encendido las lámparas.

Aunque la espontaneidad está cerca y lo abarca todo...

Y yo estoy tan cerca de ti... la espontaneidad está muy cerca de ti, ahora puedes tocarla, comerla, beberla. Puedes bailar

conmigo y puedes entrar en éxtasis conmigo. Estoy *tan* cerca...
¡puede que no vuelvas a encontrar la espontaneidad tan cerca!

Para los ilusos permanece siempre lejana.

Hablan acerca del *samadhi*, y leen los *sutras* de Patanjali;
hablan sobre grandes cosas, pero cuando esas grandes cosas
ocurren están en contra de ellas.

Esto es algo muy extraño acerca del hombre. El hombre es
un animal muy extraño. Puede ser que aprecies a Buda, pero si
te encontraras con él, no serías capaz de apreciarle en absoluto; puede que te pusieras en su contra, puede que te convirtie-
ras en su enemigo. ¿Por qué? Cuando lees un libro sobre
Buda, todo está bien; el libro está en tus manos. Cuando hay
que enfrentarse con un buda vivo, él no está en tus manos; tú
caes en sus manos. De ahí el miedo, la resistencia; uno quiere
escapar. Y la mejor manera de escapar es convencerte a ti mismo de que él está equivocado, de que hay algo que está mal en
él. Ésa es la única manera; probarte a ti mismo que él está equivocado. Y puedes encontrar mil y una cosas en un buda que
pueden parecer erróneas, porque tú estás bizco y ciego, y tu
mente está revuelta. Puedes proyectar cualquier cosa.

Este hombre había llegado al estado de los budas, y ellos
hablaban de la mujer de casta baja. No veían la realidad de
aquella mujer. Sólo pensaban que era una arquera, y de muy
baja casta, *sudra*, intocable. ¿Cómo podía un brahmín tocar a
una mujer intocable? ¿Cómo podía un brahmín vivir allí? Y
además habían oído que la mujer le cocinaba. Éste es un gran
pecado, es una gran caída; ¿un brahmín comiendo la comida
cocinada por una *sudra*, por una intocable, por una mujer de
casta baja?

¿Y por qué tendría que vivir un brahmín en un crematorio?
Los brahmines nunca han vivido ahí. Viven en los templos, en

los palacios. ¿Por qué en el crematorio? Un sitio sucio, rodeado de calaveras y cadáveres; ¡esto es perversión! Pero no se han dado cuenta del hecho de que, a no ser que entiendas la muerte, no serás nunca capaz de entender la vida. Cuando has mirado profundamente en la muerte y has descubierto que la vida nunca está muerta, cuando has mirado, penetrado profundamente en la muerte y has encontrado que la vida continúa aún después de la muerte, que la muerte no significa nada, que la muerte es inmaterial... Tú no sabes nada sobre la vida; es eterna, sin tiempo. Así que sólo los cuerpos mueren, sólo lo muerto muere; lo vivo continúa.

Pero para eso uno tiene que entrar en una profunda experimentación; ellos no dieron cuenta de eso. Ellos habían oído que se entregaba a practicas extrañas. Debieron cotillear y exagerar; debe habérseles ido de la mano. Cada uno va multiplicando el rumor. Y hay prácticas tántricas de las que se puede cotillear. En el Tantra el hombre se sienta enfrente de la mujer, la mujer desnuda, y él tiene que observarla atentamente, verla minuciosamente, para que todos los deseos de ver una mujer desnuda desaparezcan. Entonces el hombre es libre de la forma. Ahora bien, esto es una gran técnica secreta; de no ser así, continúas viéndola en tu mente. Quieres desnudar a cada mujer que pase por la calle a tu lado; eso es algo que esta ahí.

Ahora de repente ves a Saraha sentado frente a una mujer desnuda; ¿cómo lo interpretarías? Lo interpretarás de acuerdo a ti. Dirás: «Muy bien, él está haciendo lo que nosotros siempre quisimos hacer, así que somos mejores que él. Por lo menos nosotros no lo hacemos. Por supuesto que algunas veces lo visualizamos, pero sólo en pensamientos, no en la realidad. Él ha caído». Y tú no desperdiciarás esta oportunidad.

¿Pero que está haciendo él en realidad? Es una ciencia secreta. Al observar, durante meses... El tántrico observará a la mujer, meditará sobre la forma de su cuerpo, sobre su belleza; mirará en todas las partes que él quiera mirar. ¿Le atraen los senos? Entonces mirará y meditará sobre los senos. Tiene que liberarse de la forma, y la única manera de liberarse de la forma es conocerla tan profundamente que ya no ejerza ninguna atracción. Ahora bien, lo que está ocurriendo es algo muy diferente a lo que los chismosos están contando. Él va más allá. Nunca más querrá desnudar a una mujer, ni siquiera con la mente, ni siquiera en sueños: esa obsesión ya no existirá. Pero la masa, la muchedumbre, tiene sus propias ideas. Ignorantes, inconscientes, continúan hablando sobre las cosas.

Aunque la espontaneidad está cerca y lo abarca todo,
para los ilusos permanece siempre lejana.

Aunque pueda haber muchos ríos, en el mar son uno.
Aunque pueda haber muchas mentiras, una verdad las conquistará
  todas.
Cuando un sol aparece, la oscuridad,
por profunda que sea, desaparece.

Y Saraha dice: Simplemente mírame; ha amanecido. Así que yo sé que, por profunda que sea tu oscuridad, va a desaparecer. Mírame; ¡la verdad ha nacido en mí! Puede que hayas oído miles de mentiras acerca de mí, pero una verdad las conquistará todas.

Aunque pueda haber muchos ríos, en el mar son uno.

Simplemente acércate a mí. Deja que tu río desemboque en mi océano, y entonces tendrás mi sabor.

Aunque pueda haber muchas mentiras, una verdad las conquistará
  todas

La verdad es una. Sólo las mentiras son muchas, sólo las mentiras pueden ser muchas; la verdad no puede ser muchas. Salud sólo hay una, enfermedades muchas. Una salud conquista todas las enfermedades, y una verdad conquista todas las mentiras.

Cuando un sol aparece, la oscuridad,
por profunda que sea, desaparece.

Con estos cuatro versos, Saraha invitó al rey a entrar en su ser interior, le abrió el corazón. Y dice: no estoy aquí para convencerle lógicamente, estoy aquí para convencerle existencialmente. No daré ninguna prueba y no diré nada en mi propia defensa. Simplemente el corazón está abierto; ven dentro, entra dentro, ve lo que ha pasado... la espontaneidad está muy cerca, Dios está muy cerca, la verdad está muy cerca. ¡El sol ha salido, abre tus ojos!

Recuerda, un místico no tiene pruebas.

No puede tener ninguna prueba por la propia naturaleza de las cosas.

Él *es* la única prueba... por eso él puede abrirte su corazón.

Estos versos, estas canciones de Saraha, tienen que ser profundamente meditadas. Cada canción puede hacer brotar una flor en tu corazón. Espero que estos cuarenta versos se conviertan en cuarenta flores en tu ser, como se convirtieron en el ser del rey. El rey se liberó; tú también puedes liberarte. Saraha penetró en la diana. También tú puedes penetrar en ella. Tú también puedes convertirte en un Saraha; el que ha disparado la flecha.

2. ¡EL GANSO ESTÁ FUERA!

¿Hay alguna diferencia
entre el enfoque de
Shiva y el de Saraha acerca
del Tantra?

Yo siempre estoy de acuerdo
con todo lo que tú dices; entonces,
¿por qué no cambia mi vida?

¿No era yo más feliz cuando
creía que había una meta?

¿No es el Tantra una forma de
indulgencia?

Algo esencial
falta;
¿Qué pasa conmigo?

¿Cómo defines un buen discurso?

Primera pregunta:

Querido Osho, ¿hay alguna diferencia entre el enfoque de
Shiva y el de Saraha acerca del Tantra?

En realidad no, esencialmente no. Pero en lo concerniente a la forma, sí. Las religiones difieren sólo en la forma, las religiones difieren sólo en la metodología. Las religiones difieren en lo que concierne a las puertas de lo divino, pero esencialmente no. Y sólo hay dos diferencias básicas en su forma: la del camino de la devoción, la oración, el amor; y la del camino de la meditación, la conciencia. Esas dos diferencias básicas persisten.

El enfoque de Shiva es el de la meditación, la conciencia. La distinción es sólo formal, porque cuando el amante y el meditador llegan, llegan a la misma meta. Disparan sus flechas desde diferentes ángulos, pero ambos alcanzan la misma diana. Disparan sus flechas con arcos diferentes, pero alcanzan la misma diana. En última instancia el arco no importa. No importa qué clase de arco hayas elegido si la flecha finalmente alcanza la diana. Hay dos arcos porque el hombre está dividido básicamente en dos: pensar y sentir. Puedes enfocar la realidad a través del pensamiento o la puedes enfocar a través del sentimiento.

El enfoque budista, el enfoque de Buda y de Saraha, va a través de la inteligencia. Saraha se mueve básicamente a través de la mente. Por supuesto la mente se tiene que dejar atrás, pero es la *mente* lo que se tiene que dejar atrás. Poco a poco la mente tiene que desaparecer en la meditación, pero es la mente lo que tiene que desaparecer; es el pensamiento lo que tiene que ser transformado, y tiene que ser creado un estado de no-pensamiento. Pero recuerda: es un estado de no-pensamiento, y eso se puede crear sólo a través de un lento abandono de los pensamientos, poco a poco. Así que todo el trabajo radica en la parte pensante.

El enfoque de Shiva es el del sentimiento, el del corazón. Hay que transformar el sentimiento. Hay que transformar el amor para que se pueda convertir en oración. En el camino de

Shiva permanecen el devoto y la deidad, permanecen el *bhakta* y *bhagwan*. Pero al final del camino ambos desaparecen el uno en el otro. Escucha esto atentamente: cuando el Tantra de Shiva alcanza su orgasmo final, el yo se disuelve en el tú, y el tú se disuelve en el yo; ambos están juntos, se convierten en una unidad.

Cuando el Tantra de Saraha llega al final de su camino, el reconocimiento es: ni tú estás en lo correcto, ni eres real, ni existes, ni yo tampoco; ambos desaparecemos. Somos dos ceros que se encuentran, no yo y tú; tampoco yo ni tú. Dos ceros, dos espacios vacíos se disuelven entre sí... porque todo el empeño en el camino de Saraha es como disolver el pensamiento, Y el yo y el tú son partes del pensamiento. Cuando el pensamiento se ha disuelto completamente, ¿cómo vas a llamarte a ti mismo yo? ¿Y a quién vas a llamar Dios? Dios es parte del pensamiento; es una creación del pensamiento, una construcción del pensamiento, una construcción de la mente. Así que todas las construcciones de la mente se disuelven y llega *Shunya*, el vacío.

En el camino de Shiva ya no amas la forma, ya no amas la persona; empiezas a amar a toda la existencia. La existencia entera se convierte en tu tú; tú te diriges a toda la existencia. Se deja la posesividad, la envidia, el odio; se deja todo lo que sea un sentimiento negativo, y los sentimientos se vuelven más y más puros. Llega el momento en el que hay un amor puro. En ese momento de amor puro, tú te disuelves en el tú y el tú se disuelve en ti. Tú también desapareces, pero no como dos ceros; desapareces al igual que el amado desaparece en el amante y el amante desaparece en el amado.

Hasta este punto son diferentes, pero eso no es más que una diferencia formal. Aparte de eso, ¿qué más da si desapareces como el amante en el amado o como dos ceros? El punto básico, el punto fundamental, es que tú desapareces, que no queda nada, no queda ni rastro. Esa desaparición es la iluminación.

Tienes que entender que, si te atrae el amor, Shiva te atraerá, y el Libro de los Secretos será tu Biblia tántrica. Si lo que te atrae es la meditación, entonces te atraerá Saraha. Depende de ti. Ambos son correctos, ambos están haciendo el mismo viaje. Con quién te gustaría viajar, es tu elección. Si puedes estar solo y ser feliz, entonces Saraha... Si no puedes ser feliz cuando estás solo, y tu felicidad viene sólo cuando te relacionas, entonces Shiva. Ésta es la diferencia entre el Tantra hindú y el Tantra budista.

Segunda pregunta:

Querido Osho, yo siempre estoy de acuerdo con todo lo que tú dices; entonces, ¿por qué no cambia mi vida?

Puede que por estar de acuerdo. Estar de acuerdo conmigo o no, no va a cambiar tu vida. No es cuestión de estar de acuerdo o no, es cuestión de entendimiento, y el entendimiento va más allá de ambos, del acuerdo y el desacuerdo.

Normalmente, cuando estás de acuerdo crees que me has entendido. Si me hubieras entendido no se habría planteado la cuestión del acuerdo y el desacuerdo. ¿Cómo puedes estar de acuerdo o en desacuerdo con la verdad? Ha salido el sol: ¿estás de acuerdo o no estás de acuerdo? Dirías que es una pregunta irrelevante.

El estar de acuerdo, o el no estar de acuerdo, es algo que tiene que ver con las teorías, no con la verdad. Así que cuando estás de acuerdo conmigo no estás realmente de acuerdo conmigo; lo que sientes es que yo estoy de acuerdo con las teorías que tú ya tenías. Siempre que sientes que Osho está de acuerdo contigo, tú sientes que estás de acuerdo con Osho. Cuando no estoy de acuerdo contigo es cuando surgen los problemas, entonces no estás de acuerdo conmigo. O eso no lo oyes. Cuando estoy diciendo algo con lo que no estás de acuerdo, simplemente te cierras.

No es cuestión de estar de acuerdo o en desacuerdo. ¡Olvídate de eso! Yo no estoy aquí en busca de conversos. No estoy probando ninguna filosofía, no estoy proponiendo ninguna teología. No busco seguidores, busco discípulos; lo cual es algo totalmente diferente, completamente diferente. Discípulo no es el que está de acuerdo: discípulo es el que escucha, el que aprende. La propia palabra discípulo viene de aprender, de disciplina.

Discípulo es el que esta abierto a aprender. El que sigue a alguien está cerrado. Un seguidor cree que ha estado de acuerdo: ya no tiene que hacer nada, no tiene necesidad de permanecer abierto; se puede cerrar, se puede permitir el lujo de cerrarse. Un discípulo nunca puede permitirse el lujo de cerrarse, hay demasiado que aprender. ¿Cómo puedes estar de acuerdo o en desacuerdo? Además un discípulo no tiene ego, así que ¿quién va estar de acuerdo o en desacuerdo? Un discípulo es sencillamente un abrirse, no hay nadie dentro para estar de acuerdo o en desacuerdo. Tu mismo estar de acuerdo es lo que crea el problema. Nadie jamás se ha transformado a través del estar de acuerdo. Estar de acuerdo es algo muy superficial, muy intelectual.

Para transformarse uno necesita comprensión. Siempre es la comprensión lo que transforma, lo que cambia. Y cuando comprendes, no tienes que hacer nada; la comprensión empezará a hacer las cosas. No se trata de comprender primero y practicar después, no. La propia comprensión, el propio hecho de la comprensión se adentra profundamente en tu corazón, se hunde en él y ocurre la transformación.

Si estás de acuerdo, entonces surge el problema: ¿qué hacer ahora? Estoy de acuerdo, pero habrá que practicar algo. El estar de acuerdo es muy estúpido, tan estúpido como estar en desacuerdo. ¡Además, la mente es muy astuta! Nunca se sabe qué quieres decir con estar de acuerdo...

Algunas escenas: la primera...

La madre del muchacho murió cuando era muy pequeño, y el padre había trabajado duramente para sacarle adelante dignamente. Finalmente el muchacho marchó a estudiar a un colegio mayor. Su carta fue una decepción para su padre. Fue una decepción, pero el padre no sabía por qué exactamente. Ciertamente en el contenido no había nada para desesperarse. Posiblemente fue el tono lo que le preocupó. La carta decía: «Querido papá, todo va bien. Me gusta el colegio. Estoy en el equipo de fútbol. Estoy en la mejor fraternidad del campus. He sacado un sobresaliente en mi primer examen de álgebra...»

Tras un rato de pensar en ello, el padre fue capaz de encontrar el punto donde radicaba el problema. Le escribió en respuesta: «Mira, hijo, no quiero parecer un viejo tonto, pero hay algo que me haría muy feliz. No es que yo crea de ninguna manera que tú seas desagradecido. Pero yo he tenido que trabajar muy duramente para sacarte adelante y poder mandarte al colegio, y yo no he tenido esa posibilidad. Lo que quiero decir es lo siguiente: significaría mucho para mí si dijeras: "*Nosotros* hemos hecho esto, *nosotros* hemos hecho lo otro". En lugar de: *Yo* he hecho esto y *yo* he hecho lo otro". Me ayudaría a sentirme parte de todo».

El muchacho entendió inmediatamente y desde entonces las cartas llegaban así: «Bien, papá, hemos metido a la hija del decano en problemas. Ha tenido mellizos. El mío murió. ¿Tú qué vas a hacer con el tuyo?»

La mente es muy astuta. Observa... cuando estás de acuerdo conmigo, ¿estás realmente de acuerdo conmigo? o ¿crees que soy agradable contigo? Y la mente es algo muy legal, la mente es como un abogado: puede llegar a un acuerdo y seguir igual. No sólo eso, sino que, además, cuando estás de acuerdo piensas que es Osho quien tiene que transformarte; ¿qué más puedes hacer tú?... Estás de acuerdo, te has convertido en *sannyasin*, te has rendido. ¿Qué más puedes hacer? Ahora si no ocurre nada te enfadarás conmigo.

Entonces, cuando yo te digo algo, no es exactamente lo mismo que tú oyes. Tú oyes a tu manera, oyes con todas tus interpretaciones. Oyes a través de tu pasado, a través de memorias, a través del conocimiento, a través de tus condicionamientos. Oyes a través de la mente y la mente colorea todo lo que oyes; salta inmediatamente sobre ello, lo cambia, lo hace agradable para ti: quita unas cuantas cosas, exagera otras tantas y rellena los huecos. Sólo quedan partes de lo que yo he dicho, y las partes nunca pueden transformar, sólo la totalidad.

Pero la totalidad sólo puede seguir siendo la totalidad cuando tú no estás haciendo ningún esfuerzo por estar de acuerdo o en desacuerdo. Cuando no estás haciendo ningún esfuerzo por estar de acuerdo o en desacuerdo puedes pones la mente a un lado. Si estás intentando hacer un esfuerzo por estar de acuerdo, ¿cómo vas a poner la mente a un lado? Es la *mente* la que está de acuerdo o está en desacuerdo.

La comprensión es algo más grande que la mente. La comprensión es algo que ocurre en todo tu ser. Está tanto en la cabeza como en un dedo del pie. La comprensión es algo total. La mente es una parte muy pequeñita, pero muy dictatorial, que va aparentando ser la totalidad.

Segunda escena...

Era el típico hombre de negocios de mediana edad que lleva a su mujer a París. Después de deambular con ella de una tienda a otra, la rogó que le diera un día de descanso, y lo consiguió. Cuando la mujer volvió a salir de compras, él se fue a un bar, de donde salió con una deliciosa parisina. Todo fue bien hasta que surgió la cuestión del dinero: ella quería cincuenta dólares americanos pero él ofrecía diez. Al no poder llegar a un acuerdo en el precio, desistieron.

Aquella noche llevó a su mujer a uno de los mejores restaurantes, y de repente vio a aquella chica despampanante de la tarde sentada en una mesa cerca de la puerta.

–¿Lo ve, *monsieur*? –dijo la chica cuando pasaron a su lado–. ¿Ve lo que ha conseguido por esos miserables diez dólares?»

Tu comprensión es *tu* comprensión. Tu interpretación es tu interpretación. Lo verás desde tu ángulo. Cualquier cosa que oigas será tu interpretación, recuérdalo siempre. ¡Sé consciente de ello! No es lo que yo he dicho, es lo que tú has pensado que has oído, que no es lo mismo. Tú estás de acuerdo con tu propio ego, no estás de acuerdo conmigo. Tú estás de acuerdo con tu propias ideas. Entonces, ¿cómo vas a cambiar? Las ideas son tuyas, el estar de acuerdo es tuyo, así que no hay posibilidad de cambio.

Por favor deja de estar de acuerdo y de estar en desacuerdo. Simplemente escúchame. Tu método de estar de acuerdo puede ser un tipo de truco para protegerte a ti mismo, para no traumatizarte. Funciona como amortiguador. Yo digo algo e inmediatamente tú estás de acuerdo; se evita el trauma. Si no hubieras estado de acuerdo conmigo podría haberte estremecido hasta las mismísimas raíces, hasta las mismísimas entrañas. Cuando yo digo algo, tú dices: «sí, estoy de acuerdo». Con este estar de acuerdo, cortas. Ya no hay necesidad de conmocionarte: estás de acuerdo. Si no anduvieras estando de acuerdo, o en desacuerdo...

Lo mismo pasa con el estar en desacuerdo. En el momento en que dices algo y hay alguien que dice: «no estoy de acuerdo», ha cortado la energía. Ahora la energía no irá a las raíces y no le conmocionará.

Nos hemos rodeado de tantos amortiguadores, protecciones... Esas protecciones no te dejarán cambiar. Para cambiar necesitarás conmocionarte; conmocionarte tremendamente, terriblemente. Será doloroso: la transformación será dolorosa. Estar de acuerdo es muy cómodo, al igual que estar en desacuerdo. Yo no hago una gran distinción entre el estar de acuerdo y el estar en desacuerdo; son dos caras de la misma moneda.

La persona *auténtica* que quiere estar a mi lado, cerca de mí, que quiere realmente estar en contacto conmigo, no estará de acuerdo ni en desacuerdo. Simplemente me escuchará; con una forma de escuchar pura, absolutamente pura, sin interpretación. Se pondrá a sí mismo a un lado. Me abrirá una vía.

La tercera escena...

La maestra acababa de terminar de explicar a sus párvulos los hechos básicos de la vida. La pequeña Mary levanta la mano desde su asiento de una fila delantera:

–¿Puede un niño de seis años hacer un niño?

–No –dijo la maestra sonriendo–, eso sería imposible, ¿alguna otra pregunta, niños?

Pausa... Mary levantó la mano de nuevo.

–¿Puede una niña de seis años tener un niño?

–No –dijo la maestra.

En ese momento el niño que estaba sentado detrás de Mary se inclinó hacia ella y le susurró al oído:

–¿Lo ves? ¡Te lo dije, no tienes por qué preocuparte de nada!

Todo tu estar de acuerdo, todo tu estar en desacuerdo, no son más que maneras de seguir siendo igual, de no cambiar. Hay gente que dedica toda su vida a un solo trabajo: cómo no cambiar. Ellos dicen: «no quiero ser desgraciado», y siguen haciendo cosas que les hacen desgraciados. Ellos dicen: «quiero cambiar», pero yo les miro profundamente y no quieren cambiar. De hecho este deseo expresado de que quieren cambiar es de nuevo un truco para no cambiar, para poder decirle al mundo: «estoy intentando cambiar, lo digo en voz alta y grito a los cuatro vientos que quiero cambiar; si aún así no ocurre nada, ¿qué más puedo hacer yo?»

Tú no puedes cambiar. La última cosa que me gustaría decir acerca de esta cuestión es: *tú* no puedes cambiar, tú tan sólo puedes permitir que el cambio ocurra. Intentando cambiar, nunca cambiarás. ¿Quién intenta? El de siempre. Observa la lógica interna de esto: tú estás intentando cambiarte a ti mismo. Es casi como levantarte a ti mismo tirando de los cordones de tus propios zapatos. ¿Qué vas a conseguir con eso? No vas a conseguir nada. Tú no puedes cambiarte a ti mismo, porque: *¿quién es el que está intentando cambiar?* Es tu pasado. Eres *tú*.

Tú puedes permitir que el cambio ocurra. ¿Qué puedes tú hacer para permitirlo? Por favor, no estés de acuerdo o en desacuerdo conmigo. ¡Simplemente escucha! Simplemente estáte aquí. Deja que mi presencia funcione como un agente catalizador. Simplemente contágiate a través de mí. Simplemente pilla la misma enfermedad que yo tengo, el sarampión que yo tengo. Si alguien está de acuerdo conmigo, entonces no es un *sannyasin*, entonces es un seguidor, como los cristianos son seguidores de Cristo. Ellos están de acuerdo con Cristo, pero eso no les cambia. Como los budistas son seguidores de Buda; están de acuerdo con Buda, pero eso no les cambia. ¿No te das cuenta de que todo el mundo está siguiendo a una u otra persona?

Así que seguir es una forma de evitar el cambio. Por favor, no me sigas. Tú simplemente escucha lo que está ocurriendo aquí, ve lo que está ocurriendo aquí. Tú simplemente mira dentro de mí, y abre un camino para que mi energía pueda empezar a funcionar en tu energía. No es una cosa de la mente, es un acontecimiento total... para que puedas vibrar en la misma longitud de onda; aunque sea por unos momentos.

Esos momentos traerán un cambio, esos momentos traerán destellos de lo desconocido. Esos momentos te harán consciente de que existe una eternidad más allá del tiempo. Esos momentos te harán sentir lo que es estar en meditación. Esos momentos te permitirán una pequeña degustación del sabor de Dios, del Tao, del Tantra, del Zen. Esos momentos traerán la posibilidad de cambio, porque esos momentos vendrán, no desde tu pasado, sino desde tu futuro.

Cuando estás de acuerdo es tu pasado el que está de acuerdo conmigo. Cuando te abres, cuando permites, lo que se abre es tu futuro; se abre conmigo. Tu posibilidad de transformación está en tu futuro. El pasado está muerto, se ha ido, se ha acabado. ¡Entiérralo! Ya no significa nada. No sigas cargando con él; es un equipaje innecesario. Este equipaje no te deja ir ligero.

¿Qué quieres decir cuando dices: «estoy de acuerdo contigo»? ¿Quiere decir que tu pasado está de acuerdo, tu pasado se siente bien y condescendiente, y dice: «Sí, eso es lo que yo siempre he pensado»? Esto es una forma de evitar el futuro. Estáte alerta.

Simplemente estar conmigo: eso es *satsang*, es una conexión elevada. Simplemente al estar conmigo, aun a pesar de ti, algunos rayos empezarán a entrar en ti y empezaran a jugar. Y entonces te darás cuenta de que cualquiera que haya sido la vida que hayas vivido, no ha sido vivida en absoluto; te darás cuenta de que has estado en una ilusión, de que has estado soñando. Esos pocos destellos de la realidad harán añicos todo tu pasado; entonces te transformarás. La transformación llega naturalmente, por sí misma; sigue a la comprensión.

Tercera pregunta:

Querido Osho, algunas veces, cuando observo a la gente jugando
los mismos juegos de siempre una y otra vez, mis ojos se sienten
viejos y cansados, y mi corazón abatido y receloso.
Imagino que es porque cada vez veo más mis propios
juegos y trucos, y he escuchado tu enloquecedora voz
detrás de mis orejas diciendo: «Está bien; simplemente tienes
que aceptarte y amarte a ti misma, y no hay ningún problema.»
¿SIMPLEMENTE?
Creo que si vuelves a decir esa palabra voy a gritar.
¿No era yo más feliz cuando creía que había una meta?

La pregunta es de Ma Deva Anando. Es una pregunta significativa. La pregunta podría ser de casi todos los aquí presentes. Escúchala. Simplemente muestra una situación por la que todos los buscadores tienen que pasar.

Primero, Anando dice: «Algunas veces cuando observo a la gente jugando los mismos juegos de siempre una y otra vez, mis ojos se sienten viejos y cansados y mi corazón abatido y receloso».

Por favor, no trates de observar a los demás; no es un asunto de tu incumbencia. Si ellos han decidido jugar los juegos de siempre, si quieren jugar los viejos juegos, si son felices jugando sus viejos juegos, ¿quién eres tú para interferir? ¿Quién eres tú siquiera para juzgar?

Hay que parar con este constante deseo de juzgar a los demás. No ayuda a los demás y te hace daño a ti, solamente te hace daño a ti. ¿Por qué tienes que preocuparte? No tiene nada que ver contigo. Si se quieren quedar en lo de siempre y continuar por la misma ruta, en la misma rutina, es su gusto. ¡Bien! Es su vida y tienen todo el derecho a vivirla a su manera.

Por alguna razón no podemos permitir a los demás tener sus propias maneras; por una u otra razón seguimos juzgando. Algunas veces decimos que son pecadores, otras decimos que van a ir al infierno, que son criminales, que si esto o lo de más allá. Si todo esto ha cambiado, le damos una nueva evaluación: que están jugando los juegos de siempre y «yo estoy cansada»... ¿Por qué tendrías tú que cansarte de sus juegos? Deja que ellos se cansen con sus juegos si quieren; y si no quieren, también es su elección. Por favor, no te fijes en los demás.

Toda tu energía tiene que estar enfocada en ti misma. Puede que condenar a los demás por sus juegos de siempre simplemente sea un truco, para no tener que condenarte a ti misma. Siempre ocurre así, es un truco psicológico: proyectamos en los demás. El ladrón piensa que todo el mundo es ladrón; eso es lo natural para él, ésa es una forma de proteger su ego. Si cree que todo el mundo es malo, él se siente bueno en comparación. Un asesino piensa que todo el mundo es asesino; eso le hace sentirse bueno y estar tranquilo. Pensar que todo el mundo es asesino le resulta conveniente; así el podrá matar y no necesitará tener sentimientos de culpabilidad, no hay necesidad de tener ni un ápice de conciencia.

Así que vamos proyectando en los demás lo que no queremos ver en nosotros. ¡Deja de hacer eso, por favor! Si realmente estás cansada de los juegos de siempre, entonces ése es el juego de siempre; el más antiguo. Lo llevas jugando durante muchas vidas: proyectando *tus* defectos en los demás para después sentirte bien. Y por supuesto tienes que exagerar, tienes que magnificar. Si eres un ladrón tienes que aumentar la imagen de los demás, ellos son más ladrones que tú. Entonces en comparación te sientes bien, tú eres mucho mejor persona.

Por eso se leen los periódicos. los periódicos ayudan mucho. Por la mañana temprano, incluso antes de tomar el té, uno
ya está listo para leer el periódico. Y los periódicos no traen
noticias, porque no hay nada nuevo. Es la misma porquería de
siempre. Pero a ti te hace sentir bien: en algún lugar se asesina
a alguien, en algún otro hay un Watergate, y en cualquier otro
cualquier otra cosa, en algún lugar alguien roba, y la mujer de
alguien se escapa con otro... y puedes seguir y seguir. Observando todo esto, tú te relajas; sientes: «Bueno, yo no soy tan
malo; el mundo entero es un infierno. Yo soy mejor persona.
Yo todavía no me he escapado con la mujer de nadie. Todavía
no he matado a nadie; quizás piense en ello, pero pensarlo no
es un crimen cuando hay gente que lo está haciendo en la realidad.» Te sientes bien. Y cuando te sientes bien, sigues igual.

Por favor, no te dediques a observar a los demás. No te va a
servir de nada. Utiliza tu energía de observación en ti misma.

Y hay algo en la observación tremendamente transforma-
dor. Si te observas a ti misma, las cosas empezarán a cambiar.
Si empiezas a observar tu ira, un día descubrirás que de repente la ira ya no tiene la energía que solía tener; ya no es tan fo-
gosa. Algo en ella ha muerto.

Si empiezas a observarte a ti misma, verás que poco a poco
lo negativo va muriendo y lo positivo se va haciendo más y más
vivo; que el sufrimiento va desapareciendo y la felicidad va
entrando en tu vida; que sonríes más, algunas veces hasta sin
ninguna razón; que si empiezas a observar, el sentido del humor empieza a surgir en ti. Esa cara larga, vieja deprimida, va
desapareciendo; ha nacido el sentido del humor. Si observas,
empiezas a tomarte la vida más como un juego; la seriedad se
va volviendo más y más irrelevante. Te vas volviendo más y más
inocente, más confiada, y menos y menos susceptible.

Yo no estoy diciendo que tu confianza vaya ser siempre con-
siderada. No, esa no es la cuestión. Puede que te defrauden más,

puesto que cuanto más confías más probabilidades tienes de
ser defraudado. Pero ni defraudándote destruirán tu confianza;
de hecho puede que hasta la fortalezcan. Puedes pensar que,
aunque te defrauden (alguien te ha quitado un poco de dinero
y te ha defraudado), te será posible ver que has salvado algo mucho más valioso, que es la confianza; y lo que has perdido el
algo que casi no tiene ningún valor, el dinero.

Podrías haber salvado el dinero y haberte quedado sin la
confianza; la pérdida habría sido mucho mayor, porque hasta
ahora no se ha sabido de nadie que haya sido feliz solamente
con el dinero. Pero con la confianza, ha habido personas que
han vivido como dioses en la Tierra. Hay personas que confiando han disfrutado su vida tan totalmente que pudieron sentir gratitud por Dios. La confianza es una bendición. El dinero
como mucho puede traerte ciertas comodidades, pero no puede
darte celebración. La confianza puede que no te traiga muchas
comodidades, pero te traerá gran celebración.

Ahora bien, escoger la comodidad en vez de la celebración
es sencillamente estúpido, porque una vida cómoda lo único
que traerá será una muerte cómoda. Puedes vivir de una forma
conveniente y morir convenientemente. Pero el verdadero sabor de la vida sólo se puede sentir cuando se celebra a lo máximo, en lo óptimo, cuando tu antorcha está encendida por los dos
extremos a la vez. Puede que sólo sea durante un momento...
¡Pero su intensidad, su totalidad, su universalidad!... Y esto sólo
ocurre a través de la observación. La observación es una de las
mayores fuerzas de transformación.

Comienza a observarte a ti mismo. No desperdicies tu energía observando a los demás; ¡es una pura pérdida de tiempo! y
nunca nadie va a darte las gracias por ello, es un trabajo muy
desagradecido. Y además a quienquiera que observes se sentirá ofendido, porque a *nadie* le gusta que le observen, todo el
mundo quiere tener su vida privada. Buenos o malos, estúpi-

dos o sabios, todos quieren tener su vida privada. ¿Y quién eres tú para interferir? Así que no seas mirón, no mires a través las cerraduras de los demás. Es *su* vida. Si quieren y les gusta jugar los juegos de siempre, ¡déjales jugar!

Así que lo primero: por favor, deja de observar a los demás y dirige toda la energía hacia ti misma.

Lo segundo, tú dices: «Imagino que es porque cada vez veo más mis propios juegos y trucos y he oído tu enloquecedora voz detrás de mis orejas diciendo: "Está bien; sólo tienes que aceptarte y amarte a ti misma, y no hay ningún problema"».

Tengo que volver a repetirlo: No hay ningún problema. Yo nunca me he cruzado con un problema real; nunca hasta ahora. Y he debido de haber escuchado a miles de personas con sus miles de problemas. Y todavía no me he cruzado con un problema real. Y no creo que eso vaya a ocurrir nunca, porque en realidad el problema no existe. "El problema" es una cosa creada. Existen las situaciones, los problemas no existen. Los problemas son tu interpretación de las situaciones. La misma situación puede ser un problema para una persona y no serlo para otra. Así que el problema depende de si tú lo creas o no, pero los problemas no existen. Los problemas no están en la existencia; están en la mente psicológica del hombre.

Así que la próxima vez que empieces a liarte y a meterte en un problema, mira. Simplemente observa, simplemente échate a un lado y observa el problema. ¿Está realmente ahí? ¿O lo has creado tú? Míralo profundamente y verás que no está creciendo, está disminuyendo; se va haciendo más y más pequeño. Cuanta más energía pones en la observación, más pequeño se hace. Y llega un momento en el que de repente ya no está ahí... y te echarás a reír.

Cuando tengas un problema, simplemente míralo. Los problemas son ficticios, no existen. Simplemente mira alrededor del problema, míralo desde todos los ángulos: ¿cómo es? ¡Es un fantasma! Tú lo has querido, por eso está aquí. Tú lo has llamado, por eso está aquí. Tú lo has invitado, por eso está aquí.

Pero a la gente no le gusta eso: si le dices que su problema no es un problema, no le gusta. Se siente mal. Si escuchas sus problemas se siente bien. Pero si dices: «sí, es un gran problema», eso les hace muy felices. Por eso el psicoanálisis se ha convertido en una de las cosas más importantes de este siglo. El psicoanalista no ayuda a nadie; puede que se ayude a sí mismo, pero a nadie más. No puede. Pero la gente aún sigue pagando. Disfruta; él acepta sus problemas. Por absurdo que sea el problema que le lleves al psicoanalista, lo escucha muy atenta y seriamente, como si existiera. Él da por sentado que estás sufriendo mucho, y empieza a trabajar sobre ello y a analizarlo. ¡Y lleva años!

Aun después de años de psicoanálisis el problema todavía no se ha resuelto, porque en primer lugar el problema nunca ha existido; así que ¿cómo puede alguien resolverlo? Pero después de años de psicoanálisis te cansas y acabas con el viejo problema; ahora quieres alguno nuevo. Así que un día de repente dices: «sí, ya no está ahí, se ha ido», y le das las gracias al psicoanalista. Pero ha ayudado, lo que ha curado ha sido sencillamente el tiempo. No el psicoanálisis. Pero hay gente a la que no les gustaría sencillamente esperar y observar.

Cuando llevas un loco a un monasterio zen, sencillamente le ponen en un rincón, en una pequeña cabaña, lejos del monasterio; le dan comida y le dicen: «simplemente estáte aquí, tranquilo». Nadie va a hablar con él; se le facilita la comida, se mira por su comodidad, pero nadie se preocupa por él. Y lo que el psicoanálisis consigue en tres años, ellos lo consiguen en tres semanas. A las tres semanas la persona simplemente sale y dice: «sí, se acabó el problema».

Durante tres semanas te dejan con tu problema; ¿cómo vas a evitar verlo? Y no se hace ningún análisis para que no haya diversión, para que no te distraigas. ¡El psicoanalista te distrae! El problema podría haber muerto por sí mismo en tres semanas, pero no morirá porque con la ayuda del psicoanalista vivirá tres años, o quizá más. Depende de lo rico que seas. Si eres lo suficientemente rico el problema puede durar toda tu vida. Eso significa que depende de hasta dónde tú te lo puedas permitir. La gente pobre no sufre de muchos problemas. los ricos sufren; se lo pueden permitir. Ellos pueden disfrutar del juego de tener grandes problemas. El pobre no puede permitírselo, no puede disfrutar de ese juego.

La próxima vez que tengas un problema, mira dentro de él, míralo *en profundidad*; no hay necesidad de ningún análisis. No lo analices, porque el análisis es una forma de diversión. Cuando empiezas a analizar no miras al problema. Empiezas a preguntar ¿por qué? ¿de dónde? ¿cómo llegó?... ¿en tu niñez, tu relación con tu madre, tu relación con tu padre? Te has desviado, ya no estás mirando al problema en sí. El psicoanálisis freudiano realmente es un juego mental, y jugado con una gran pericia.

¡No vayas a las causas! No hay necesidad... porque no hay causa. No vayas al pasado; no hay necesidad, porque eso sería alejarse del problema presente. Míralo como algo presente, simplemente entra en él. Y no pienses en las causas, en las razones. Simplemente observa el problema tal como es. Y te sorprenderá que al mirarlo en profundidad, empieza a desaparecer. Sigue mirándolo en él y descubrirás que se ha ido.

Los problemas no existen. Los creamos nosotros porque no podemos vivir sin problemas. Ésa es la única razón por la que los creamos. Tener un problema es tener una ocupación; uno se siente bien, hay algo que hacer. Cuando no hay problemas te quedas solo, vacío; ¿qué hacer ahora? Se han acabado los problemas.

Simplemente piensa: si un día viniera Dios y dijera: «Ya no hay problemas; ¡se acabó, todos los problemas se han ido!». ¿Qué harías tú? Simplemente imagínatelo. La gente se quedaría atascada. La gente empezaría a enfadarse con Dios. Dirían: «¡Esto no es una bendición! ¿Qué se supone que deberíamos hacer ahora? ¿No hay problemas?» Entonces de repente la energía no se movería hacia ningún sitio, entonces te sentirías estancado. Para ti el problema es una forma de moverte, de seguir, de continuar, de esperar, de desear, de soñar. El problema te da muchas posibilidades de mantenerte ocupado. Y estar desocupado, o ser capaz de estar desocupado, es lo que yo llamo meditación. Una mente desocupada que disfruta de los momentos de desocupación es una mente meditativa.

Empieza a disfrutar de algunos momentos desocupados. Aunque el problema esté ahí (tú sientes que está ahí, yo digo que no está, pero tú sientes que está ahí) pon el problema a un lado y dile al problema: «¡Espera! Hay vida, toda una vida. Yo te resolveré, pero en este momento déjame tener un pequeño espacio, desocupado de problema alguno». Empieza teniendo algunos momentos desocupados. Una vez que los hayas disfrutado verás claramente que los problemas eran creados por ti porque tú no eras capaz de disfrutar de momentos desocupados, así que los problemas llenaban el hueco.

¿No te has observado a ti mismo? Sentado en una habitación, si no tienes nada que hacer empiezas a sentirte nervioso, empiezas a sentirte incómodo, empiezas a sentirte inquieto. Encenderás la radio, o la televisión, o empezarás a leer el periódico que ya has leído tres veces desde la mañana. O si no te queda otra salida, te pondrás a dormir para poder crear sueños y volver a estar ocupado. O empezarás a fumar... ¿Te has dado cuenta? Cuando no tienes nada que hacer, se hace muy difícil estar, simplemente estar.

De nuevo diré: No hay problema, Anando. Acepta el hecho

de que en la vida *no* hay problemas. Si tú quieres tenerlos, adelante; disfruta con todas mis bendiciones. Pero la verdad es que no hay problema.

La vida no es en absoluto un problema, es un misterio a ser vivido y disfrutado. Los problemas son creados por ti porque tienes miedo a disfrutar la vida, a vivir la vida. Los problemas te dan una protección *contra* la vida, contra el gozo, contra el amor. Puedes decirte a ti mismo: «¿Cómo voy a disfrutar? Tengo tantos problemas, ¿cómo voy a disfrutar? Tengo tantos problemas, ¿cómo voy a amar a un hombre o a una mujer? Tengo tantos problemas, ¿cómo voy a cantar y bailar? ¡Imposible!». Puedes encontrar razones para no cantar, para no bailar. Tus problemas te dan una gran excusa para evitar hacerlo.

Mira dentro de los problemas y te darás cuenta de que son ficticios. Y aunque tengas un problema y creas que es real, yo digo que está bien. ¿Por qué digo yo que está bien? Porque en el momento en que sientas que está bien, desaparecerá. En el momento en que empiezas a decirle a un problema: «está bien», has dejado de darle energía. Lo has aceptado. En el momento en que aceptas un problema, ya no es un problema. Un problema puede ser problema sólo mientras lo rechaces: cuando dices *no* debería de ser así... y es, pero no debería de ser así; el problema se fortalece.

Por eso lo digo. La gente viene a mí con sus grandes problemas y yo digo: «Está bien, está *muy bien*, acéptalo». Y digo: «Simplemente tienes que aceptarte y amarte a ti mismo». Y entiendo que Anando diga: «Es muy enloquecedora tu voz continuamente diciendo "Está bien... y no hay ningún problema"».

"¿SIMPLEMENTE". Además Anando dice: «Creo que si vuelves a decir esa palabra otra vez voy a gritar».

Tú has estado gritando toda tu vida; la cuestión no es si tú gritas o no, has estado gritando toda tu vida. Hasta ahora no has hecho otra cosa. Algunas veces abiertamente, otras en silencio, pero siempre has estado gritando. Así es como yo veo a la gente: gente que grita; su corazón grita, su ser grita. Pero eso no sirve de nada. Tú puedes gritar pero eso no te va a ayudar.

Mejor que gritar, trata de entender. Trata de comprender lo que te estoy diciendo. Lo que te estoy diciendo no es una teoría, es un hecho. Y lo digo porque así es como yo lo he experimentado. Si para mí los problemas han dejado de existir, ¿por qué no te puede ocurrir lo mismo a ti? ¡Acepta este desafío! Yo soy simplemente un hombre normal, igual que tú; no proclamo tener poderes milagrosos extraordinarios. Yo soy muy normal, exactamente igual que tú.

La única diferencia entre tú y yo es que tú no te dices a ti misma, "está bien", y yo me he dicho un absoluto "está bien" a mí mismo; ésa es la única diferencia. Tú estás constantemente tratando de mejorarte a ti misma y yo no estoy tratando de mejorarme a mí mismo. Yo he dicho: la inconclusión es la forma de ser de la vida. Tú estás tratando de ser perfecta y yo he aceptado mis imperfecciones. Ésa es la única diferencia.

Por eso yo no tengo ningún problema. Cuando aceptas tus imperfecciones, ¿de dónde van a venir los problemas? Cuando, pase lo que pase, tú digas, "está bien", ¿de dónde puede venir el problema? Cuando aceptas las limitaciones, ¿de dónde puede venir el problema? El problema surge por tu no aceptación. No puedes aceptar tu forma de ser, de ahí el problema. Y nunca vas a aceptar tu forma de ser, así que el problema siempre existirá. ¿Puedes imaginarte a ti mismo algún día aceptando, aceptando tu forma de ser totalmente? Si puedes imaginártelo, entonces ¿por qué no lo haces ahora mismo? ¿Por qué esperar? ¿A quién? ¿Para qué?

Yo he aceptado mi forma de ser, y en ese mismo momento todos los problemas desaparecieron, en ese mismo momento todas las preocupaciones desaparecieron. No es que me volviera perfecto, sino que empecé a disfrutar de mis imperfecciones. Nadie ha sido jamás perfecto, porque ser perfecto significa estar absolutamente muerto. La perfección no existe porque la vida es eterna. La perfección no es posible porque la vida sigue y sigue; no tiene fin.

Así que la única manera de salir de los llamados problemas es aceptar tu vida tal como la encuentres en este mismo momento, y vívela, disfruta, deléitate en ella. El próximo momento será de mayor gozo porque saldrá de este momento; y el siguiente de mayor gozo aún. Porque poco a poco te irás volviendo más alegre. No es que te vayas haciendo más alegre a través de mejoras, sino al vivir el momento.

Pero tú seguirás imperfecta. Tú siempre tendrás limitaciones, y siempre tendrás situaciones en las que si tú quieres crear un problema podrás hacerlo inmediatamente. Si no quieres crear problemas, no hay ninguna necesidad de crearlos. Puedes gritar, pero eso no te va a ayudar. Eso es lo que has hecho hasta ahora. Eso no te ha ayudado.

Ni siquiera la terapia primal ha demostrado ser de mucha ayuda. Permite que la gente grite; sí, te sientes un poco mejor, es una terapia de rabieta. Permite que vomites. Te hace sentirte un poco mejor porque te sientes descargado, como si te hubieras quitado un peso de encima, pero luego, tras unos días de euforia, esto desaparece; eres otra vez el mismo, otra vez empiezas a acumular. Y de nuevo a otra terapia primal (te sentirás *bien* otros pocos días), otra vez igual...

A no ser que entiendas que uno tiene que dejar de *crear* problemas, continuarás creándolos. Puedes asistir a grupos de encuentro, a grupos de terapia primal, puedes hacer miles de otros grupos, y después de cada grupo te sentirás tremendamente feliz por haber abandonado algo que estaba en tu cabeza; pero no has parado el mecanismo que lo crea. No te van a servir de mucho, volverás a crear. Te darán un respiro, un descanso...

Pero si *realmente* quieres entender la cuestión, la cosa es que tú tienes que dejar de crear problemas; de otra forma puedes ir de un grupo a otro, de un psicoanalista a otro, de un psiquiatra a otro, de una terapia a otra... y todo el mundo te dará un respiro, un pequeño descanso, y otra vez volverás a hacer lo mismo.

Todos mis esfuerzos aquí van encaminados a cortar el problema desde las mismísimas raíces. Por favor, no crees problemas. No los hay, no existen.

Y por último Anando dice: «¿No era yo más feliz cuando pensaba que había una meta?».

Sí, eras más feliz, pero también eras desgraciada; porque tu felicidad radicaba en la esperanza, no era la verdadera felicidad. Por eso digo que eras más feliz, pero también desgraciada. En el presente eras desgraciada, y en el futuro eras feliz; pero ¿cómo se puede estar en el futuro? La meta está en el futuro.

Aquí eras infeliz, allí eras feliz. "Allí" existe sólo en los diccionarios; todo está aquí. Es *siempre* aquí, ¡todos los sitios son aquí! "Allí" existe sólo en los diccionarios. Lo mismo pasa con "luego"; siempre es ahora, luego no existe. Sí, tú eras feliz en tus sueños pensando en una meta, pensando en un futuro maravilloso. Pero ¿por qué piensa una persona en un futuro maravilloso?: porque en el presente es desgraciado.

Yo no pienso acerca de un futuro maravilloso, ¡yo no puedo concebir cómo podría ser más maravilloso! ¿Cómo puede ser más maravilloso de lo que es ahora mismo, en este momento? ¿Cómo puede la existencia ser más feliz y más alegre de lo que ya lo es en este momento? Fíjate bien: ¿cómo puede ser más feliz y más alegre? Pero eso es un truco, de nuevo un truco de la mente: para eludir el presente, para no tener necesidad de ver el presente pensamos acerca del futuro. Y lo único que existe es el presente. Así que tienes razón, eras más feliz; más feliz en tus sueños. Ahora yo he destrozado todos tus sueños.

Más feliz en tu esperanza; ahora yo estoy intentando por todos los medios posibles de crear el estado de desesperanza, para que no quede esperanza. Estoy intentando traerte al presente. Has estado errando por el futuro, yo estoy tirando de ti para que regreses a aquí y ahora. Es una tarea ardua. Y al quitar las metas, uno se siente muy enfadado.

Algunas veces estás muy enfadado conmigo. Yo te he quitado tus esperanzas, tus sueños; ¡o lo intento! Tú estás sujeto a ellos. Eres tan adicto a tus esperanzas que hasta empiezas a esperar a través de mí.

Empiezas a esperar a través de mí: «Osho hará esto». ¡Este hombre no va a hacer nada! Empiezas a esperar que: «Ahora estoy con Osho, así que no hay por qué tener miedo. Tarde o temprano me iluminaré». ¡Olvídate de ello! ¡La iluminación no es una esperanza! No es un deseo y no está en el futuro. Si empiezas a vivir en este mismo momento, estás iluminado. Yo estoy intentando iluminarte cada día, y tú dices: «mañana». Entonces, como quieras... pero mañana nunca sucederá. ¡Es ahora o nunca!

¡Ilumínate ahora mismo! Y puedes hacerlo porque lo estás... simplemente estás engañado, tan sólo crees que no lo estás.

Así que no preguntes cómo. En el momento en que preguntas cómo, empiezas a tener esperanzas. Así que no preguntes cómo, y no digas: «sí, nos iluminaremos». Yo no estoy diciendo eso. Estoy diciendo que tú lo *estás*.

¡El ganso está fuera! El ganso nunca ha estado dentro. Uno simplemente tiene que estar alerta en el momento. Un simple momento de alerta, un shock, y eres libre.

Yo intento iluminaros cada día, porque sé que *estáis* iluminados. Pero si queréis seguir jugando el juego del *samsara*, podéis seguir jugando.

Ciertamente eras más feliz; pero también desgraciada. Te he quitado tu felicidad porque ya no puedes tener esperanza.

Si me permites un poco más, también te quitaré tu desgracia. Pero primero tiene que desaparecer la felicidad, porque la desgracia es una sombra de la esperanza de felicidad. Asi que primero tiene que desaparecer la esperanza de felicidad, sólo así desaparecerá la sombra.

Así que si quieres gritar, grita, Pero lo repetiré mil y una veces: Anando, no hay ningún problema. Simplemente tienes que aceptarte y amarte a ti misma; sí, SIMPLEMENTE.

Cuarta pregunta:

Querido Osho, ¿no es el Tantra una forma de indulgencia?

No lo es. Es la *única* forma de salir de la indulgencia. Es la única forma de salir de la sexualidad. Jamás ha habido otro camino que haya ayudado al hombre; todos las otros caminos han hecho al hombre cada vez más sexual.

El sexo no ha desaparecido. La religión sólo lo ha envenenado más; todavía esta ahí, de una forma envenenada. Sí, en el hombre ha surgido la culpabilidad, pero el sexo no ha desaparecido. *No puede* desaparecer porque es una realidad biológica. Es existencial; no puede simplemente desaparecer reprimiéndolo. Sólo puede desaparecer cuando estás tan consciente que puedes liberar la energía comprimida en la sexualidad. La energía no se libera a través de la represión, sino a través de la comprensión. Y una vez que la energía ha sido liberada, saliendo del lodo el loto... El loto tiene que brotar del lodo, tiene que elevarse; y la represión lo hunde más profundo en el lodo, va reprimiéndolo.

Lo que tú has hecho hasta ahora, lo que toda la humanidad ha hecho hasta ahora, es reprimir el sexo en el lodo del inconsciente. Sigue reprimiéndolo, siéntate sobre él, no le permitas moverse; mátalo a través del ayuno, a través de la disciplina, yéndote a una cueva en el Himalaya, encerrándote en un monasterio donde no se les permita la entrada a las mujeres. Hay monasterios donde las mujeres no han entrado nunca en cientos de años; hay monasterios donde sólo han vivido monjas y jamás ha entrado un hombre. Éstas son formas de reprimir. Y crean más y más sexualidad y más y más sueños de indulgencia.

No, el Tantra no es una forma de indulgencia. Es la única forma de libertad. El Tantra dice: Todo lo que existe tiene que ser entendido, y a través de la comprensión los caminos ocurren por sí solos.

Así que al escucharme a mí o a Saraha, no piense que Saraha respalda tu indulgencia. Si aceptas eso es que estás en baja forma. Escucha esta historia...

Un viejo caballero llamado Martin fue al doctor para que le hiciera un examen:

—Quiero decirle lo que me pasa, doctor. Siento dolores aquí y allá, y no puedo entenderlo. He vivido una vida muy sana: no he fumado, no he bebido, ni he salido de juerga. Cada noche estoy en la cama solo, a las nueve. ¿Por qué he de sentirme así?

—¿Qué edad tiene? —preguntó el doctor.

—Los siguientes que cumpla serán setenta y cuatro —respondió Martin.

—Después de todo, se va usted haciendo mayor, tiene que esperar cosas como éstas. Pero todavía le queda cantidad de tiempo. Tómeselo con tranquilidad y no se preocupe. Le sugiero que vaya a un balneario —le aconsejó el doctor.

Así que Martin fue a un balneario. Allí se encontró con otro caballero que tenía un aspecto tan viejo y decrépito que al compararse con él hizo sentirse a Martin muy animado.

—Hermano —dijo Martin—, seguro que ha debido de cuidarse mucho, para llegar a vivir hasta una edad tan madura. Yo he tenido una vida tranquila, sana, pero apuesto a que no como usted. ¿Cuál es la formula para llegar a esa edad?

Así que el hombre viejo y arrugado le dijo:

—Al contrario, señor. Cuando tenía diecisiete años mi padre me dijo: «Hijo, disfruta de la vida. Come, bebe y diviértete con todo lo que alegre a tu corazón. Vive la vida al máximo. En vez de casarte con una mujer, sé soltero y ten diez. Gástate tu dinero en diversión y en ti mismo, en vez de gastarlo en una esposa y los niños». Eso es: vino, mujeres y canciones; vive la vida al máximo. ¡Ésa ha sido la única política de toda mi vida, hermano!

—Parece que se lo ha pasado bien –dijo Martin–. ¿Qué edad tiene usted?

—Veinticuatro –respondió el otro.

La indulgencia es suicida, tan suicida como la represión. Éstos son los dos extremos que Buda dijo que había que evitar. Un extremo es la represión, el otro la indulgencia. Simplemente quédate en el medio: ni te reprimas, ni seas indulgente. Simplemente permanece en el medio, observando, alerta, consciente. Se trata de tu vida; ni tiene que ser reprimida, ni tiene que ser desperdiciada; tiene que ser entendida.

Se trata de tu vida; ¡cuídala! ¡Ámala! ¡Hazla tu amiga! Si puedes entablar amistad con tu vida, te revelará muchos misterios, te llevará hasta la mismísima puerta de Dios.

Pero el Tantra no es en absoluto indulgencia. La gente represiva siempre ha pensado que el Tantra es indulgencia. Sus mentes están tan obsesionadas... Por ejemplo, un hombre que entra en un monasterio y vive allí sin ver jamás a una mujer; ¿cómo va a creer que Saraha no está siendo indulgente cuando vive con una mujer? Y no sólo vive, sino que además mantienen extrañas prácticas... se sienta frente a una mujer desnuda... la mujer está desnuda, y él se queda observando a la mujer... o hasta cuando está haciendo el amor está observando...

Pero no puedes observar su observación, sólo puedes observar que está haciendo el amor con una mujer. Y si te reprimes, toda tu sexualidad reprimida hervirá. ¡Te estarás volviendo loco! Y proyectarás sobre Saraha todo lo que has reprimido en ti mismo. Y Saraha no está haciendo tal cosa. Él está en una dimensión totalmente diferente. Él no está realmente interesado en el cuerpo. Él quiere descubrir qué es esta sexualidad, él quiere saber en qué consiste esta atracción del orgasmo, él quiere saber qué es exactamente el orgasmo; él quiere meditar en ese momento álgido para poder encontrar la pista y la llave. Puede que haya una llave que abra las puertas de lo divino. De hecho la *hay*.

Dios ha escondido la llave en tu sexualidad. Por un lado a través de tu sexo, la vida sobrevive; ése es solo un uso parcial de tu energía sexual. Por otro lado, si te mueves con plena consciencia en tu energía sexual, descubrirás que has encontrado una llave que puede ayudarte a entrar en la vida eterna. Un aspecto del sexo es que darás vida a tus hijos. El otro aspecto, el aspecto más elevado, es que tú puedes vivir en la eternidad.

La energía sexual es energía de vida.

Normalmente no vamos más allá de la puerta, nunca entramos en el palacio. Saraha está intentando entrar en el palacio. La gente que vino a ver al rey debía ser gente reprimida, como lo suele ser la gente.

El político y el sacerdote *tienen* que enseñar represión, porque sólo a través de la represión se puede llevar a la gente a la demencia. Y es más fácil gobernar a alguien loco que a alguien cuerdo. Y cuando la energía sexual de alguien está enferma, empieza a desviarse hacia otras direcciones: empieza a ir tras el dinero, el poder o el prestigio. Tiene que mostrar su energía sexual de una forma u otra; está ahí, bullendo, la tiene que liberar de una forma u otra. Así que la locura por el dinero a la adicción al poder se convierten en su válvula de escape. La sociedad entera está obsesionada sexualmente. Si la obsesión sexual desapareciera del mundo, la gente no se volvería loca por el dinero; ¿a quién le preocuparía el dinero? Y nadie se preocuparía por el poder. Nadie querría convertirse en presidente o en primer ministro. ¿Para qué? La vida es tremendamente bella en su normalidad, es soberbia en su normalidad, ¿por qué tendría uno que querer llegar a ser alguien?; ser nadie es tan delicioso que no se echa nada en falta. Pero si se destruye la sexualidad de la gente y se la reprime, la echan tanto de menos que siempre la están añorando: en algún lugar tiene que haber gozo; aquí falta.

El sexo es una de las actividades dadas por la naturaleza y Dios en la cual eres devuelto una y otra vez al momento presente. Normalmente nunca estás en el presente; excepto cuando estás haciendo el amor, y aun entonces sólo por unos segundos.

El Tantra dice que uno tiene que entender el sexo, descodificar el sexo. Si el sexo es tan vital que la vida sale de él, entonces tiene que haber algo más en él. Ese algo más es la llave hacia la divinidad, hacia Dios.

Quinta pregunta:

Querido Osho, ¿qué es lo que me pasa? Entiendo lo que dices, leo tus libros y los disfruto tremendamente, pero todavía echo de menos algo muy esencial.

Medita acerca de estas bellas palabras de Wordsworth:

*El mundo está demasiado en nosotros; tarde y pronto,
ganando y gastando malgastamos nuestro poder.*

Vemos poco en la naturaleza que sea nuestro,
hemos vendido nuestros corazones, un sórdido beneficio.
Esta mar que desnuda su pecho a la luna,
los vientos que aullarán a todas horas
y que ahora están recogidos como flores durmientes,
por esto, por todas las cosas, estamos desafinados;
no nos mueve...

Eso es lo que se echa de menos. *No nos mueve...* Estamos desafinados con la existencia. Este *mundo está demasiado en nosotros... ganando y gastando, malgastamos nuestro poder. Vemos poco en la naturaleza...* ¿Cómo vas a poder encontrar a Dios y cómo vas a poder encontrar la felicidad si no buscas en la naturaleza? La naturaleza es Dios manifiesto. La naturaleza es el cuerpo de Dios, la forma de Dios, el templo de Dios. *Hemos vendido nuestros corazones...* eso es lo que se echa de menos. *Por esto, por todas las cosas, estamos desafinados; no nos mueve...*

Así que solamente leer y escucharme a mí no será de mucha ayuda. Empieza a sentir. Al escuchar, siente también, no sólo escuches. Al escuchar, hazlo a través del corazón. Déjalo hundirse en los diferentes aspectos de tu sentimiento. Eso es lo que todas las religiones quieren decir cuando dicen que se necesita *shraddha* (fe, confianza). La confianza significa una forma de escuchar desde el corazón, no a través de las dudas, no a través de la lógica, no a través del razonamiento, no a través del intelecto discursivo, sino mediante una profunda participación a través del corazón.

Escúchame como cuando escuchas música. No me escuches como escucharías a un filósofo; escúchame como escucharías a los pájaros. Escúchame como escucharías una cascada. Escúchame como escucharías al viento silbando entre los pinos. Escúchame, no a través de la mente discursiva, sino a través de un corazón participante. Entonces dejarás de echar de menos algo que echas de menos constantemente.

La cabeza se ha hecho demasiado experta; se ha ido hasta el mismo extremo. Es un buen instrumento. Sí, como esclava la cabeza es maravillosa; como jefe es muy peligrosa. Se ha ido hasta el mismo extremo, ha absorbido todas tus energías; se ha hecho dictatorial. Por supuesto que funciona, pero debido a que funciona tú has empezado a depender demasiado de ella. Y uno siempre puede irse al extremo, y la mente tiende a irse al extremo.

El joven Warren era muy ambicioso, y cuando consiguió su primer empleo de oficinista estaba determinado a aprender todo lo posible para impresionar al jefe y ascender. Un día el jefe le llamó y le dijo:

—Dile al departamento de tráfico que me reserven un pasaje en el Queen Mary que zarpa el día once.

—Perdón, señor –dijo el muchacho– , pero ese barco no zarpa hasta el día doce.

El jefe le miró impresionado. Luego dijo:

—Haz que el departamento de compras haga un pedido urgente de aluminio para seis meses.

—Puedo sugerir –contestó Warren– que la orden sea dada mañana, porque el precio bajará. Y además, pida solamente para un mes porque la marcha del mercado indica que el precio seguirá bajando.

—Muy bien muchacho, estás al tanto. Mándame a la señorita Kate para dictarle algo.

—La señorita Kate no ha venido hoy –contestó el muchacho.

—¿Qué pasa, está mala?

—No señor, no hasta el día nueve.

¡Esto es saber demasiado, ir demasiado lejos! Y eso es lo que le ha ocurrido a la mente humana: ha ido demasiado lejos.

Ha traspasado sus límites. Y ha absorbido toda la energía, sin dejar nada para el corazón. Has pasado completamente de largo tu corazón. No vas a través del corazón, ya no vas por ese camino. El corazón es casi una cosa muerta, un peso muerto; eso es lo que se echa de menos.

Me puedes escuchar a través de la cabeza, y por supuesto que entenderás todo lo que estoy diciendo; Y aun así no comprenderás nada, ni una palabra, porque es una comprensión de un tipo totalmente diferente. Ésta es una comprensión que es más afín al amor que al conocimiento.

Si estás enamorado de mí, sólo entonces... si has empezado a sentir algo por mí, sólo entonces... si está creciendo un afecto entre tú y yo, sólo entonces...

Y la última pregunta:

Querido Osho, ¿cómo definirías un buen discurso?

Es difícil de decir... Nunca he dado un discurso en mi vida. Le estás preguntando a la persona equivocada. Pero he oído una definición que me gusta y que me gustaría que la conocieras...

Un buen comienzo y un buen final hacen un buen discurso; si se acercan el uno al otro. Por supuesto el mejor discurso es el que no tiene nada entre medias, y el mejor de todos es el que no se da.

Y yo siempre he estado dando el mejor de todos... el no dado. Yo no he dado un solo discurso en mi vida, porque yo trato con el silencio, no con las palabras. Aunque tú escuches palabras, ése no es el propósito. Aunque yo use palabras, las uso sólo como un mal necesario; porque se tienen que usar, porque tú todavía no puedes entender el silencio.

Yo no estoy hablándote. Yo no tengo nada que decir, porque lo que yo tengo no puede ser dicho, no puede ser discutido. Pero tú no entiendes otra cosa que las palabras, así que yo tengo que sufrir, tengo que usar palabras que no tienen ningún significado. Y yo tengo que decir cosas que no deberían ser dichas con la esperanza de que, poco a poco, empieces a mirar en mí más directamente... poco a poco irás dejando de escuchar las palabras y escucharás el mensaje.

Recuerda, el medio no es el mensaje: las palabras no son mi mensaje. El mensaje carece de palabras.

Estoy intentando pasarte el discurso no dado. Es una transferencia más allá de las palabras, así que sólo aquellos que estén unidos a mí a través del corazón serán capaces de recibirlo.

3. ESTA MIEL ES TUYA

Como una nube que se eleva desde el mar
absorbiendo lluvia, abraza la Tierra,
así, como el cielo, permanece el mar
sin aumentar ni disminuir.

Así de la espontaneidad que es única,
repleta de las
perfecciones de Buda,
nacen todos los seres animados,
y en ella llegan al descanso.
Pero no es ni concreta
ni abstracta.

Ellos van por otros caminos
y así renuncian a la verdadera felicidad,
buscando los placeres
que producen los estímulos.
La miel en sus bocas,
y de ellos tan cerca,
desaparecerá si de una vez
no se la beben.

Las bestias no entienden el mundo
como un lugar triste
ni así el sabio
que bebe el néctar celestial
mientras que las bestias están hambrientas de lo sensual.

Todas las cosas cambian... y Heráclito tiene razón: no puedes entrar en el mismo río dos veces. El río está cambiando, también tú estás cambiando. Todo es movimiento, todo es un flujo; todo es provisional, momentáneo. Está ahí por un momento, y luego se va, y no lo volverás a encontrar de nuevo. No hay manera de volverlo a encontrar. Una vez que se va, se va para siempre.

Y nada cambia; eso también es verdad. Nada cambia nunca. Todo es siempre igual. Parménides también tiene razón; él dijo que no había nada nuevo bajo el sol. ¿Cómo podría haberlo? El sol es antiguo, igual que todas las cosas. Si le preguntaras a Parménides, diría que te puedes meter en todos los ríos que quieras, pero siempre te estarás metiendo en el mismo río. Sea el Ganges o el Támesis no hay ninguna diferencia, el agua es igual, toda es H_2O. Y aunque te metas en el río hoy o mañana o dentro de millones de años, será el mismo río.

¿Y cómo podrías tú ser diferente? Tú eras un niño, lo recuerdas. Luego fuiste un adolescente, también te acuerdas de eso. Luego te hiciste viejo; eso también lo recuerdas. ¿Quién es el que sigue recordando? Tiene que haber un elemento no cambiante en ti, inmutable, permanente, absolutamente permanente. La niñez viene y se va; igual que llega la adolescencia y se va, igual que la vejez; pero algo permanece eternamente igual.

Ahora déjame decirte: Heráclito y Parménides, ambos tienen razón; de hecho ambos tienen razón a la vez. Si Heráclito tiene razón, es sólo la mitad de la verdad; Si Parménides tiene razón, eso también es sólo la mitad de la verdad, y la mitad de la verdad no es toda la verdad. Están diciendo medias verdades. La rueda se mueve pero el eje no se mueve. Parménides habla acerca del eje y Heráclito acerca de la rueda; pero la rueda no puede existir sin el eje. ¿Y para qué sirve un eje sin la rueda? Así que estas dos medias verdades aparentemente contradictorias no son contradictorias sino complementarias. Heráclito y Parménides no son enemigos sino amigos. Uno sólo puede existir si la verdad complementaria del otro existe, de otra forma no.

Medita sobre el silencioso centro del ciclón...

En el momento en que afirmas algo, sólo puede ser como mucho media verdad. No hay afirmación que abarque toda la verdad. Si cualquier afirmación quiere abarcar toda la verdad, entonces la afirmación tendrá que ser, necesariamente, auto-contradictoria, entonces tendrá que ser, necesariamente, ilógica. Entonces la afirmación parecerá una locura.

Mahavira hizo eso: él es el más loco de los hombres por intentar decir toda la verdad y nada más que toda la verdad. Él te vuelve loco, porque cada afirmación es inmediatamente seguida por su contradicción. Él desarrolló siete formas diferentes de decir las cosas. Una es seguida por su contradicción, que va seguida de la contradicción de ésta... y así sucesivamente. Sigue contradiciendo hasta siete veces, y sólo cuando había dicho siete cosas diferentes, contradictorias entre sí siete veces, entonces decía: «ahora la verdad ha sido dicha perfectamente»; pero entonces no sabes lo que ha dicho.

Si le preguntas a él: ¿existe Dios? él dirá: «sí», y luego dirá: «no», y luego dirá «ambas cosas», y luego dirá: «Ambas no», y continuará así... Finalmente tú no llegas a ninguna conclusión. No puedes concluir. No te deja ninguna posibilidad de concluir; Te deja colgando en el aire. Ésa es una posibilidad, si insistes en decir la verdad.

La otra posibilidad es la de Buda: él se mantenía en silencio, sabiendo que cualquier cosa que digas será sólo la mitad. Y la mitad es peligrosa. No dice nada acerca de la verdad definitiva. Él no diría que el mundo es un flujo ni diría que el mundo es permanente. Él no diría que tú eres ni diría que tú no eres. Cuando le preguntas algo acerca de la verdad absoluta, él lo prohíbe. Él dice: «por favor, no preguntes porque al pregun-

tar me ponéis en problemas. O bien tengo que ser contradictorio, lo cual es una locura; o bien tengo que decir una media verdad, lo cual no es verdad y es peligroso; o bien tengo que que-
darme callado». Ésas son las tres posibilidades. Buda eligió
estar en silencio.

Esto es lo primero que hay que entender acerca de los sutras de hoy, en este contexto será fácil entender lo que Saraha
está diciendo.

Primer *sutra*:

> *Como una nube que se eleva desde el mar*
> *absorbiendo lluvia, abraza la tierra,*
> *así, como el cielo, el mar permanece*
> *sin aumentar ni disminuir*

Le está diciendo al rey: mira al cielo. Hay dos fenómenos,
el cielo y la nube. La nube viene y va. El cielo nunca viene ni
va. La nube está algunas veces, y otras no; es un fenómeno temporal, es momentáneo. El cielo siempre está ahí; es un fenómeno intemporal, es eterno. Las nubes no pueden corromperle, ni siquiera los nubarrones negros pueden corromperle. No
existe la posibilidad de corromperle; su pureza es absoluta, su
pureza es intocable. Su pureza es siempre virgen, no la puedes
mancillar. Las nubes pueden ir y venir, y han estado yendo y
viniendo, pero el cielo es tan puro como siempre; no queda ni
una huella.

Así que hay dos clases de cosas en la existencia: algunas
son como el cielo y otras son como las nubes. Tus aciones son
como las nubes, vienen y van. ¿Y tú?: tú eres como el cielo; tú
nunca vienes y nunca vas. Tu nacimiento, tu muerte, son como
las nubes, ocurren. ¿Tú?: tú nunca ocurres; tú siempre estás
ahí. Las cosas ocurren en ti, tú nunca ocurres.

Las cosas ocurren de la misma manera que la nubes ocurren en el cielo. Tú eres un observador silencioso de todo el juego de las nubes. Algunas veces son blancas y muy bellas, y otras veces son oscuras, tenebrosas y horribles. Algunas veces van repletas de lluvia y otras van completamente vacías. Algunas veces son tremendamente beneficiosas para la tierra, y otras muy dañinas. Algunas veces traen riadas y destrucción, y otras veces traen vida, más verdor, mejores cosechas. Pero el cielo permanece todo el tiempo igual: buenas o malas, divinas o diabólicas, las nubes no le corrompen.

Las acciones son nubes, los actos son nubes.

El ser es como el cielo.

Saraha está diciendo: ¡Mira a mi cielo! No mires a mis acciones. Se necesita un cambio de consciencia, nada más, simplemente un cambio de consciencia. Se necesita un cambio de *gestalt*. Tú estás mirando a la nube, estás enfocado en la nube, te has olvidado del cielo. Entonces de repente te acuerdas del cielo. Desenfócate de la nube, enfócate en el cielo; entonces la nube deja de tener importancia, entonces estás en una dimensión completamente diferente.

Simplemente el cambio de enfoque... y el mundo es diferente. Cuando observas el comportamiento de una persona, estás enfocado en la nube. Cuando observas la pureza más profunda de su ser, estás observando su cielo. Si observas la pureza más profunda, entonces nunca verás a nadie malo, entonces toda la existencia es sagrada. Si ves las acciones, entonces no puedes ver a nadie sagrado. Hasta la persona más santa es propensa a cometer muchas faltas en cuanto concierne a las acciones. Si lo que observas son las acciones puedes encontrar malas acciones en Jesús, en Buda, en Mahavira, en Krishna, en Rama. Entonces hasta el más grande de los santos te parecerá un pecador.

Se han escrito muchos libros acerca de Jesús, él es objeto de miles de estudios. Muchos han sido escritos en su favor, lo que prueba que es el único hijo legítimo de Dios. Por supuesto pueden probarlo. A la vez hay muchos otros escritos que prueban que es sólo un neurótico y nada más; y también pueden probarlo. Y hablan de la misma persona. ¿Qué está pasando? ¿Cómo se las apañan? Se las apañan bien. Una parte escoge las nubes blancas, y la otra parte escoge las nubes negras; y ambas están ahí, porque ninguna acción puede ser sólo blanca ni sólo negra. Para ser tiene que ser ambas cosas.

Todo lo que hagas traerá algo bueno al mundo y también traerá algo malo al mundo; *cualquier cosa* que hagas. Simplemente eliges hacer algo y a continuación habrá muchas cosas buenas y muchas cosas malas. Piensa en cualquier acción: vas y le das un poco de dinero a un mendigo; tú estás haciendo un bien, pero el mendigo se compra un veneno y se suicida. Tu intención era buena pero el resultado final ha sido malo. Ayudas a un hombre; está enfermo, le atiendes, le llevas a un hospital. Y cuando está bien, sano, comete un asesinato. Sin tu ayuda habría habido un asesinato menos en el mundo. Tu intención era buena, pero el resultado final ha sido malo.

Entonces, ¿cómo juzgar, por la intención o por el resultado? ¿Y quién sabe cuál es tu intención? La intención es interna... puede que en lo profundo de ti estuvieras esperando que cuando se curase él cometiera un asesinato. Y algunas veces ocurre que tu intención es mala y el resultado es bueno. Le tiras una piedra a una persona que sufría migrañas desde hacía mucho tiempo, y desde que le dio la piedra las migrañas han desaparecido; ¿qué hacer ahora? ¿Qué decir de tu acto?; ¿moral, inmoral? Tu querías matar al hombre, pero sólo has podido matar la migraña.

Así es como nació la acupuntura. ¡Una ciencia tan importante! ¡Tan beneficiosa! Uno de los mayores beneficios para la humanidad; pero nació de esta forma. Un hombre sufría jaquecas durante muchos años. Y alguien, su enemigo, quiso matarle. Es-

condido detrás de un árbol, el enemigo le disparó una flecha; la
flecha alcanzó la pierna del hombre. Éste cayó, pero su jaqueca
desapareció. La gente que le cuidaba, el médico del pueblo,
todos estaban muy perplejos por cómo había sucedido aquello.
Empezaron a indagar. Por suerte, por casualidad, el hombre había dado exactamente en un punto de acupuntura de la pierna;
la flecha atinó en algún punto, tocó algún punto, y el flujo eléctrico interior de la energía del cuerpo del hombre cambió. Y al
cambiar el flujo eléctrico interior, sus jaquecas desaparecieron.

Por eso, cuando vas al acupuntor y le dices: «tengo jaquecas», puede que él no te toque la cabeza en absoluto. Puede que
presione en tu pie o en tu mano, o puede que te ponga agujas en
la mano o en la espalda. Y te sorprenderás: «¿qué es lo que
está haciendo? ¡lo que me duele es la *cabeza*, no la espalda!».
Pero él sabe lo que se hace.

El cuerpo entero es un fenómeno eléctrico interconectado;
hay setecientos puntos, y él sabe dónde presionar para cambiar
la corriente. Todo está interconectado... de esta manera nació
la acupuntura.

Ahora bien el hombre que disparó la flecha a su enemigo,
¿fue un santo o un pecador? Es difícil de decir. Si observas las
acciones, entonces depende de ti. Puedes elegir los buenos o
puedes elegir los malos. Y en la realidad total, cada acto trae
algo bueno y algo malo. De hecho, esto es lo que yo entiendo,
medita sobre ello: cualquier cosa que hagas, su bondad y su
maldad estará siempre en la misma proporción. Déjame repetirlo: están siempre en la misma proporción, porque el bien y
el mal son dos aspectos de la misma moneda. Puede que hagas el bien, pero algo malo tiene que ocurrir porque, ¿adónde
va ir el otro aspecto? Puede que hagas el mal, pero necesariamente algo bueno tiene que ocurrir porque ¿adónde va a ir el
otro aspecto? La moneda sólo puede existir con las dos caras,
no puede existir con una sola cara.

Así que los pecadores algunas veces son beneficiosos y los santos algunas veces son muy perniciosos. ¡Santos y pecadores están en el mismo barco! Una vez que entiendas esto el cambio será posible; entonces no miras a las acciones. Si la proporción es la misma hagas el bien o hagas el mal, entonces ¿de qué sirve juzgar a un hombre por sus acciones? Entonces cambia totalmente el énfasis, entonces ve al otro *gestalt*: el cielo.

Eso es lo que Saraha le está diciendo al rey. Le está diciendo: ¡tienes razón! La gente te lo ha contado y no están equivocados. Corro como un perro loco. Sí, si te fijas en las acciones te equivocarás de camino, no serás capaz de entenderme. Observa mi cielo interno. Observa mi prioridad interna, observa mi núcleo interior; ésa es la única forma de ver la verdad. Sí, vivo con una mujer; y normalmente vivir con una mujer significa lo que significa. Saraha dice: ¡Observa! ¡ésta no es una forma ordinaria de vivir! No hay relación hombre-mujer en absoluto. No tiene nada que ver con la sexualidad. Vivimos juntos como dos espacios, vivimos juntos como dos libertades; vivimos juntos como dos barcas vacías. Pero tienes que mirar al cielo, no a las nubes.

> *Como una nube que se eleva desde el mar*
> *absorbiendo lluvia, abraza la Tierra,*
> *así, como el cielo, el mar permanece*
> *sin aumentar ni disminuir.*

Y otra cosa que le recordó al rey: observa el mar. Millones de nubes surgen del mar, se evapora muchísima agua, pero eso no hace disminuir al mar. Luego las nubes lloverán sobre la tierra, los arroyuelos se convertirán en grandes ríos, muchos ríos se desbordarán y el agua se precipitará de regreso al mar... todos los ríos de la Tierra verterán su agua en el mar, pero eso no hace que el mar aumente, el mar permanece igual. Aunque se saque algo de él o se vierta algo en él no hay diferencia; su perfección es tal que no se puede sacar nada de él ni añadirle nada.

Él está diciendo: ¡mira! el ser interior es tan perfecto que tus acciones puede que sean las de un pecador, pero no te quitan nada. Y tus acciones pueden ser las de un santo, pero no te añaden nada. Tú sigues igual.

Son unas frases tremendamente revolucionarias, es una gran declaración. Él dice: nada se le puede añadir y nada se le puede suprimir al hombre, tal es su perfección interna. No puedes hacer al hombre más hermoso ni puedes hacerle más feo. No puedes hacerle más rico ni puedes hacerle pobre. Es como el mar.

Uno de los *sutras* budistas, el *Vaipulya sutra*, dice que en el océano hay dos joyas muy preciosas: una evita que disminuya cuando se saca agua de él, y la otra evita que aumente cundo se vierte agua en él. En el océano hay dos grandes joyas, y esas dos grandes joyas lo equilibran; nunca se hace ni mayor ni menor, permanece exactamente igual. Es tan inmenso que no importa cuántas nubes surjan de él ni cuánta agua se evapore. Es tan inmenso que no importa cuántos ríos desemboquen en él, aportando grandes cantidades de agua. Permanece siempre exactamente igual.

Lo mismo pasa con el núcleo interior del hombre. Lo mismo pasa con el núcleo interior de la existencia. El aumento o la disminución ocurren en la periferia, no en el centro. Puedes convertirte en un hombre con grandes conocimientos o puedes seguir siendo un ignorante; eso ocurre sólo en la periferia. Ningún conocimiento te puede hacer más sabio de lo que ya eres. No se te puede añadir nada. Tu pureza es infinita, no hay forma de mejorarla.

Ésta es la visión del Tantra. Éste es el verdadero núcleo de la actitud del Tantra: que el hombre es como es, sin el deseo de mejorar. La cuestión no es que el hombre tenga que volverse bueno, o que tenga que cambiar esto o aquello; el hombre tiene que aceptarlo todo; ¡y recordar su cielo!, ¡y recordar su mar! y poco a poco va surgiendo una comprensión, cuando sabes lo que es la nube y lo que es el cielo, lo que es el río y lo que es el mar. Una vez que estés en armonía con el mar, todas las ansiedades desaparecen, todas las culpabilidades desaparecen. Te vuelves inocente como un niño.

El rey conocía a Saraha: Saraha era un hombre con grandes conocimientos y ahora se comportaba como un ignorante. Había dejado de recitar sus Vedas, ya no hacía los rituales que su religión prescribe; ya ni siquiera medita. No hacía nada que normalmente se considere religioso. ¿Qué hace viviendo en un crematorio, cantando y bailando como un loco, y haciendo tantas cosas fuera de la tradición? ¿A dónde han ido a parar sus conocimientos?

Y Saraha dice: puedes despojarme de todos mis conocimientos, porque eso no va a causar ninguna diferencia en mí, eso no me empequeñece. O puedes traer todas las escrituras del mundo y verterlas sobre mí; no hay ninguna diferencia porque eso no me engrandece. Él era un hombre muy respetable, todo el reino le había respetado; ahora de repente se había convertido en el hombre más despreciable.

Y lo que Saraha está diciendo es: me puedes conceder todos los honores del mundo, y eso no me añade nada. Y me puedes quitar todos los honores, puedes insultarme y puedes hacer lo que quieras para destruir mi respetabilidad: no ocurre nada. Todo está igual, yo permanezco igual. Yo soy eso que nunca aumenta y nunca disminuye. Ahora sé que yo no soy la nube; yo soy el cielo.

Así que no me preocupa mucho si la gente cree que la nube es blanca o negra. Yo no soy el río pequeño, el arroyuelo, o una charca de agua... yo no soy una taza de té. La tormenta surge fácilmente en una taza de té, es tan pequeña... Con sólo sacar una cucharada disminuye un poco y al verter una cucharada más ya es demasiado y se desborda.

Él dice: yo soy el inmenso mar. Toma cuanto quieras tomar, o da lo que quieras dar; de ninguna de las maneras importa.

¡Simplemente mira su belleza! En el momento en que nada importa, llegas a casa. Si todavía hay algo que importa, estás lejos de casa. Si todavía sigues observando y manipulando tus acciones (tienes que hacer esto, no tienes que hacer aquello) y todavía hay deberías y no deberías, entonces estás lejos de casa. Tú todavía piensas en términos de lo pasajero y no en términos de eternidad. Todavía no has saboreado a Dios.

Como el cielo y como el mar... eres tú.

Segundo *sutra*:

> *Así, de la espontaneidad que es única,*
> *repleta de las perfecciones de Buda,*
> *nacen todos los seres animados, y en ella llegan*
> *al descanso. Pero no es ni concreta ni abstracta.*

Así, de una espontaneidad que es única... Primero, en el Tantra la espontaneidad es el valor más importante, ser simplemente natural, dejar que la naturaleza ocurra... no obstruirla, no impedirla; no distraerla, no llevarla por ninguna otra dirección que no sea en la que ella vaya por sí misma. Rendirse a la naturaleza, fluir con ella; no empujando el río, sino yendo con él *todo* el camino, donde sea que te lleve: éste es el verdadero Tantra. La espontaneidad es su *mantra*, sus cimientos.

Espontaneidad significa que tú no tienes que interferir, que tu estás dejándote llevar. Pase lo que pase, tú observa, sé un testigo. Sé consciente de que está ocurriendo pero no saltes sobre ello y no trates de cambiar su curso. Espontaneidad significa que tú no tienes ninguna dirección. Espontaneidad significa que tú no tienes ninguna meta que alcanzar. Si tienes alguna meta que alcanzar no puedes ser espontáneo. ¿Cómo vas a ser espontáneo si de repente tu naturaleza va por un camino que no llega a tu meta? ¿Cómo vas a ser espontáneo? te arrastrarás a ti mismo hasta la meta.

Eso es lo que están haciendo millones de personas: arrastrándose a sí mismos hacia alguna meta imaginaria. Y al estar arrastrándose hacia alguna meta imaginaria, pierden su destino natural, ¡que es la única meta! Y es por eso por lo que hay tanta frustración, tanta miseria y tanto infierno porque, hagas lo que hagas, nunca satisfará a tu naturaleza.

Por eso las personas son tan aburridas y apáticas. Viven, y a la vez, no viven. Van como los presos, encadenados. Su movimiento no es el de la libertad, su movimiento no es el de la danza; no puede serlo porque van luchando, están en una constante lucha consigo mismos. Cada momento surge un conflicto: tú quieres comer esto, y tu religión no te lo permite; tú quieres irte con esa mujer, pero no sería respetable. Tú quieres vivir de esta forma, pero la sociedad lo prohíbe. Tú quieres ser de una manera, en la que sientes que podrías florecer, pero todos los demás están en contra.

Y bien, ¿escuchas a tu propio ser o escuchas los consejos de todos los demás? Si escuchas los consejos de todo el mundo, tu vida será una vida vacía sin otra cosa que frustración. Acabarás sin haber estado nunca vivo, morirás sin ni siquiera saber lo que es la vida.

Pero la sociedad ha creado tal condicionamiento en ti que no sólo está por fuera, sino que además está dentro de ti. La conciencia es exactamente eso. Cualquier cosa que quieras hacer, tu conciencia dice: «¡no lo hagas!» la conciencia es tu voz paternal; el sacerdote y el político hablan a través de ella. Es un buen truco. Han creado una conciencia en ti: desde la tierna infancia, cuando no eras en absoluto consciente de lo que te estaban haciendo, te han puesto una conciencia. Así que siempre que vayas en contra de tu conciencia, te sentirás culpable.

Culpable significa que has hecho algo que los demás no quieren que hagas. Así que siempre que eres natural eres culpable y siempre que dejas de ser culpable eres innatural. Éste es el dilema, ésta es la dicotomía, éste es el problema.

Si escuchas a tu propia naturalidad, te sientes culpable; entonces sufres. Empiezas a sentir que has hecho algo malo, empiezas a esconderte, empiezas a defenderte, estás simulando constantemente que no lo has hecho tú. Y tienes miedo; alguien te descubrirá tarde o temprano. Serás descubierto... ansiedad, culpabilidad, miedo... y pierdes todo tu amor a la vida.

Siempre que haces algo contra los demás te sientes culpable. Y siempre que haces lo que dicen los demás nunca te sientes feliz haciéndolo. Entre estos dos puntos está atrapado el hombre.

Acabo de leer una anécdota...

–¿Cuál es ese riesgo doble contra el que supuestamente nos protege la constitución? –preguntó Ronald a su amigo abogado Milt.

Su amigo contestó:

–Es así Ronnie: si vas conduciendo un coche y tu mujer y su madre van en el asiento trasero diciéndote cómo tienes que conducir, pues bien eso es un riesgo doble. Y tienes derecho constitucional a darte la vuelta y decir: "¿Quién demonios está conduciendo este coche, cariño, tú o tu madre?".

Puede que tú estés al volante, pero no vas conduciendo el coche. Hay mucha gente en el asiento de atrás: tus padres, tu sacerdote, tu político, el líder, el *mahatma*, el santo, van todos sentados en el asiento de atrás. Y todos intentan aconsejarte: «¡No hagas esto! ¡No hagas aquello! ¡Ve por aquí! ¡No vayas

por allí». Te están volviendo loco, y a ti se te ha enseñado a se-
guirles. También eso crea en ti un gran miedo a equivocarte.
¿cómo vas a tener razón si te da consejos tanta gente? ¡Y siempre te aconsejan por tu propio bien! ¿Cómo puedes tener razón
tu solo cuando todo el mundo te está diciendo: «¡Haz esto!»?
Por supuesto ellos son mayoría y deben tener razón.

Pero recuerda: no es cuestión de tener o no tener razón, la
cuestión fundamental es si eres espontáneo o no. ¡La espontaneidad es lo correcto! De otra forma te convertirás en un
imitador, y los imitadores son personas que nunca se han realizado.

Tú querías ser pintor, pero tus padres dijeron: «¡no! pintando no se gana suficiente dinero, pintando no te respeta nadie en
la sociedad. Acabarás siendo un vagabundo, un mendigo. Así
que no pienses en pintar. ¡Hazte abogado!». Así que te has hecho abogado. Ahora no sientes ninguna felicidad. Ser abogado es algo artificial. Y en lo más profundo de ti todavía quieres
pintar.

Mientras estás en el juzgado aún, en lo más profundo, estás
pintando. Puede que estés escuchando al delincuente, pero estás pensando en su cara, qué cara tan hermosa tiene, qué retra-
to tan bello se podría hacer. Estás mirando sus ojos, el azul de
su ojos, y estás pensando en colores... ¡pero tú eres abogado!
por eso te sientes constantemente incómodo, te sigue una tensión. Y poco a poco tú también acabarás creyendo que eres alguien respetable y todo ese rollo. Tú eres una imitación, eres
artificial.

He oído...

Una mujer dejó de fumar cuando su loro empezó a desarrollar una tos persistente. Ella estaba preocupada; naturalmente
pensó que debería ser el humo... que ella fumaba un cigarrillo
tras otro y eso le sentaba mal al loro. Así que llevó al loro a un

veterinario. El veterinario hizo un examen exhaustivo y no encontró rastros de neumonía o de psitacosis. El diagnostico final fue ¡que había estado imitando la tos de su dueña! No era el humo, simplemente imitaba: la mujer tosía y el loro había aprendido a toser.

¡Estáte atento! Tu vida puede ser como la de un loro. Si es así te estás perdiendo algo tremendamente valioso; te estás perdiendo tu vida. Lo que sea que ganes no puede ser de mayor valor, porque no hay nada más valioso que tu vida.

El Tantra hace de la espontaneidad la mayor virtud, la virtud más fundamental. Así, de la espontaneidad, que es única, hay una cosa más que dice el Tantra, y que tiene que ser entendida muy, muy minuciosamente. La espontaneidad puede ser de dos tipos: puede venir de la impulsividad, pero entonces no es muy única, o de la consciencia; entonces tiene la cualidad de ser única, la cualidad de Buda.

Muchas veces al escucharme crees haberte vuelto espontáneo, mientras que solamente te has vuelto impulsivo. ¿Cuál es la diferencia entre ser impulsivo y ser espontáneo? Tú tienes dos cosas en ti: el cuerpo y la mente. La mente es controlada por la sociedad y el cuerpo es controlado por tu biología. La mente es controlada por la sociedad porque la sociedad puede poner pensamientos en tu mente, y tu cuerpo es controlado por millones de años de crecimiento biológico.

El cuerpo es inconsciente, lo mismo pasa con la mente; tú eres un observador más allá de ambos. Así que, si escuchas a la mente y a la sociedad, con toda probabilidad empezarás a escuchar a tu biología. Por eso algunas veces te sientes con ganas de matar a alguien, y dices: «Voy a ser espontáneo; Osho dice: "¡Sé espontáneo!", así que tengo que hacerlo, tengo que ser espontáneo.» Tú me has interpretado mal; eso no va a hacer tu vida maravillosa, feliz. Estarás constantemente en conflicto una y otra vez, ahora con el mundo exterior.

Cuando dice espontaneidad, el Tantra quiere decir espontaneidad plenamente consciente. Cuando eres consciente no caes en la trampa de la mente ni en la del cuerpo. Entonces la verdadera espontaneidad fluye desde tu propia alma; la espontaneidad fluye desde el cielo, desde el mar. Si no, lo único que puedes hacer es cambiar de maestros: puedes cambiar del cuerpo a la mente, o de la mente al cuerpo.

El cuerpo está profundamente dormido; seguir al cuerpo sería seguir a un hombre ciego. Y la espontaneidad tan sólo te meterá en una zanja. No te ayudará. Tu impulsividad no es espontaneidad. Sí, en el impulso *hay* cierta espontaneidad, más espontaneidad que en la mente, pero no tiene la cualidad que el Tantra quiere que tú absorbas.

Por eso Saraha dice: *Así de la espontaneidad que es única...* Añade la palabra única; única quiere decir no por impulso sino por consciencia, siendo consciente.

Vivimos inconscientemente. Da igual que vivamos en le mente o que vivamos en el cuerpo; vivimos inconscientemente.

–¿Por qué has arrancado las últimas páginas de este libro nuevo? –preguntó la sufrida esposa de un médico muy distraído.

–Perdona, querida –dijo el célebre cirujano–, la parte de la que hablas se titulaba "Apéndice" y la extraje sin pensarlo.

Toda su vida pensando en los apéndices de todo el mundo... debió convertirse en un hábito inconsciente. Al ver "Apéndice" tuvo que extraerlo. Así es como vivimos y trabajamos. Es una vida inconsciente. Una espontaneidad inconsciente no es una gran espontaneidad...

Un borracho salió tambaleándose de la taberna y empezó a andar con un pie sobre el asfalto y el otro sobre el bordillo. Des-

pués de caminar un corto trecho un policía se fijó en él. –Oiga
–dijo el policía–, ¡usted está borracho!
     –¡Dios! –exclamó con gran alivio– ¿Es eso lo que pasa?
¡Pensaba que me había quedado cojo!

Cuando estás bajo la influencia del cuerpo, bajo la influencia de la química, sales de una trampa pero te metes en otra de
nuevo. Sales de un agujero y caes en otro.
     Si *realmente* quieres salir de todos los agujeros y ser libre
tendrás que volverte un testigo del cuerpo y de la mente. Cuando estás observando, y tu espontaneidad procede de esa observación, entonces se trata de la espontaneidad única.

> *Así de la espontaneidad, que es única,*
> *repleta de todas las perfecciones de Buda...*

     Y Saraha dice: La verdadera espontaneidad está repleta de
las perfecciones de Buda. ¿Cuales son las perfecciones de
Buda? Dos: *pragyan* y *karuna*: sabiduría y compasión. Éstas
son las dos perfecciones de Buda. Si aparecen esas dos, refleja-
das en tu espontaneidad, entonces es única.
     Sabiduría no significa conocimiento. Sabiduría significa
consciencia, meditación, silencio, observación, atención. Y desde esa atención, desde ese silencio, fluye la compasión por los
seres.
     El mundo entero está sufriendo. El día en que empieces a
gozar de tu felicidad también empezarás a sentir por los demás.
También ellos pueden gozar; están justo a la puerta del santua-
rio pero no entran, salen corriendo. Tienen el tesoro, el mismo
tesoro que tú has alcanzado; lo llevan a cuestas, pero no lo usan
porque no son conscientes de ello.
     Cuando una persona se ilumina, todo su ser se llena de com-
pasión hacia *todos* los seres. La existencia entera se llena de su

compasión. Ríos de compasión nacen en él y llegan a todos los demás: a los hombres, a los pájaros, a los árboles, a los ríos, a las montañas, a las estrellas. Toda la existencia comparte su compasión.

Éstas son las dos cualidades de Buda: que comprende y que siente y se preocupa por los demás.

Cuando tu espontaneidad viene *realmente* de la consciencia, no puedes hacer nada que vaya en contra de la compasión; no puedes asesinar. La gente viene a mí y me pregunta: «Osho, tú dices que hay que ser espontáneo, pero algunas veces me entran ganas de matar a mi esposa; ¿entonces qué?». No puedes matar a nadie. ¿Cómo vas a matar? Ni siquiera a tu esposa... no puedes matar.

Cuando tu espontaneidad está alerta, cuando es luminosa, ¿cómo puedes siquiera *pensar* en asesinar? Sabrás que no es posible: no se puede asesinar a nadie. El ser es el cielo; tan sólo puedes dispersar la nube, pero no puedes asesinar. Entonces, ¿qué sentido tiene? ¿Y cómo podrías asesinar estando tan alerta y siendo tan espontáneo?

La compasión fluirá de una parte a otra, en la misma proporción. Según te vas haciendo consciente, la compasión viene en la misma proporción.

Buda dijo: si la compasión no lleva consciencia, es peligrosa. Eso es lo que les pasa a los que llamamos bienhechores. Tienen compasión, pero no consciencia. Van por ahí haciendo el bien, y ese bien ni siquiera les ha ocurrido en ellos mismos. Van ayudando a los demás, y son ellos mismos los que necesitan muchísima ayuda. Ellos mismos están enfermos, y van ayudando a los demás... no es posible. ¡Médico, primero cúrate a ti mismo!

Buda dice: si tu compasión no tiene consciencia, tu compasión será dañina. Los bienhechores son la gente más perjudicial del mundo. No saben lo que hacen, pero siempre están haciendo una cosa u otra por ayudar a la gente.

Una vez un hombre vino a mí... él dedicó toda su vida, cuarenta o cincuenta años (ahora tiene setenta. Cuando tenía veinte, cayó bajo la influencia de Mahatma Gandhi y se convirtió en un bienhechor. Gandhi fue el que creó la mayor cantidad de bienhechores en la India; la India todavía está sufriendo a causa de esos bienhechores, ha y parece difícil librarse de ellos. Este hombre, bajo la influencia de Mahatma Gandhi, fue a una tribu primitiva en Bastar y empezó a impartirles enseñanza, un esfuerzo de cuarenta o cincuenta años. Abrió muchas escuelas, institutos, y ahora estaba construyendo una universidad.

Vino a visitarme. Quería mi ayuda para la universidad. Yo le dije: «Dígame tan sólo una cosa. Usted ha estado con ellos cincuenta años: ¿puede decir con certeza que la educación ha sido buena, que ellos están mejor que cuando eran analfabetos? ¿Está seguro de que su labor de cincuenta años los ha hecho mejores seres humanos?»

Él se quedó un poco perplejo. Empezó a sudar; y dijo: «Nunca lo había mirado de *esa* manera, pero puede que tenga algo de razón. No, no son mejores. De hecho con la educación han empezado a ser astutos, se han vuelto igual que el resto de la gente. Cuando llegué allí por primera vez, hace cincuenta años, eran una gente extraordinariamente bella. Sí, eran analfabetos, pero tenían cierta dignidad. Hace cincuenta años no había ni un solo asesinato. Y si alguna vez ocurría, el propio asesino se entregaba a la justicia. No existía el robo; y si alguna vez alguien robaba, se presentaba ante el jefe de la tribu y confesaba: "He robado porque tenía hambre, sé que merezco un castigo". En estas aldeas, hace cincuenta años, no había cerraduras. Siempre habían vivido de una forma muy silenciosa y pacifica».

Así que le pedí: «Si su educación no les ha ayudado, piénseselo otra vez. Usted empezó a hacer el bien a los demás sin saber lo que hacía. Simplemente pensó que la educación era buena».

D. H. Lawrence dijo que si se quiere salvar al hombre, las universidades deberían cerrarse durante cien años; ¡cerrarlas completamente! Todas las escuelas, colegios y universidades deberían desaparecer durante cien años. Ésa sería la única manera de salvar al hombre, porque la educación ha hecho a la gente muy astuta; astuta para explotar más, astuta para usar a los demás como medios, astuta para ser inmoral.

«Si no sabes lo que haces, puedes pensar que estás haciendo el bien, pero el bien no puede suceder.»

Buda dice: La compasión es buena cuando va seguida de consciencia, si no es así, no es buena. La compasión sin consciencia es peligrosa, y la consciencia sin compasión es egoísta. Por eso Buda dice: Un perfecto buda tendrá ambas, consciencia y compasión. Si te haces consciente, te olvidas de los demás y dices: «¿Por qué me voy a preocupar? Ahora soy feliz»; si cierras los ojos y no ayudas a los demás, si no ayudas a los demás a hacerse conscientes; entonces eres un egoísta, entonces todavía existirá un profundo ego.

La consciencia mata la mitad del ego, y la otra mitad la mata la compasión. Entre las dos destruyen completamente el ego, y cuando un hombre pierde su yo, se convierte en un buda.

Saraha dice:

> *Así de la espontaneidad que es única,*
> *repleta de las perfecciones de Buda,*
> *nacen todos los seres animados,*
> *y en ella llegan al descanso.*
> *Pero no es ni concreta ni abstracta.*

Él dice: Nacemos de esa espontaneidad única, nacemos de esa divinidad. Y de nuevo volvemos a esa divinidad a descansar. Mientras tanto, en medio de eso, nos apegamos demasiado a las nubes. Así que lo *único* que se necesita es no apegarse a las nubes. Esto es todo el Tantra en una palabra: no estar apegado a las nubes, porque las nubes están ahí sólo de paso. Nosotros procedemos de esa fuente, esa fuente inocente, y volveremos a descansar en esa fuente inocente. En medio de eso habrá muchas nubes; no te apegues a ellas. Simplemente observa. Recuerda que tú no eres las nubes.

...nacen todos los seres animados, y en ella llegan al descanso.

Estamos hechos de Dios. Somos dioses. Y de nuevo vamos a Dios. Entre tanto empezamos a soñar mil y un sueños de ser esto y aquello.

Dios es la realidad más normal. Dios es tu fuente. Dios es tu meta. ¡Dios es ahora mismo, aquí! En tu misma presencia está Dios; es la misma presencia de Dios. Cuando me miras, me está mirando Dios, y nadie más que Dios. Sólo un cambio, un cambio de enfoque, de la nube al cielo, y de repente entrarás en silencio, y de repente te sentirás lleno de felicidad, y de repente te sentirás rodeado de bendición.

Pero no es ni concreta ni abstracta.

Esta divinidad no es ni el cuerpo ni la mente. La mente es abstracta, el cuerpo es concreto; el cuerpo es bruto, la mente es sutil. Esta divinidad interior no es ni lo uno ni lo otro. Esta divinidad interior es una transcendencia.

El Tantra es una transcendencia.

Así que si piensas que eres un cuerpo, estás nublado, estás identificado con una nube. Si piensas que eres una mente, de nuevo estarás nublado. Si piensas de algún modo que te haga identificarte con el cuerpo o la mente, entonces estás perdiendo el punto.

Si te despiertas, y de repente te ves a ti sólo como un testigo que ve el cuerpo, que ve la mente; te has convertido en un Saraha: Se ha disparado la flecha. En ese cambio de conciencia (simplemente un pequeño cambio de marchas) se ha disparado la flecha, has llegado. De hecho nunca te habías ido.

Tercer *sutra*:

Ellos van por otros caminos y así renuncian a la verdadera felicidad,
buscando los placeres que producen los estímulos.
La miel está en sus bocas, y de ellos tan cerca,
desaparecerá si de una vez no se la beben.

Si no te vas haciendo uno con el cielo, con el que en realidad eres uno, entonces vas por otros caminos. Hay millones de caminos; el camino verdadero es uno. De hecho el camino verdadero no es un camino; el cielo nunca va a ninguna parte. Las nubes van... algunas veces al oeste otras al este o al sur, de aquí para allá, son grandes vagabundas. Ellas van, encuentran caminos, llevan mapas, pero el cielo sencillamente está ahí. No tiene camino, no puede ir a ninguna parte. No tiene dónde ir. Lo abarca todo.

Así que aquellos que recuerdan su ser-celeste, están en casa, descansando. Excepto esas pocas personas, unos pocos budas, los demás van por todos esos caminos *y así renuncian a la verdadera felicidad*.

Intenta comprenderlo. Es una frase muy profunda. En el momento en que vayas por cualquier camino te estarás alejando de la verdadera felicidad, porque tu verdadera felicidad es tu naturaleza. No tiene que ser producida, no tiene que ser lograda, no tiene que ser alcanzada.

Seguimos caminos para llegar a alguna parte... no se trata de una meta, el caso es que ya esta ahí. Así que en el momento en que empiezas a moverte, te estás alejando. *Todo* movimiento es un alejamiento. *Todas* las idas son alejamientos. No-ir es llegar. No ir es el verdadero camino. Busca y no encontrarás; no busques, y encuentra.

Ellos van por otros caminos y así renuncian a la verdadera felicidad, buscando los placeres que producen los estímulos.

Hay dos clases de felicidad. Una es condicional; ocurre sólo en ciertas condiciones. Ves a tu mujer y te sientes feliz. O eres un enamorado del dinero y te has encontrado una bolsa llena de billetes de cien rupias en la calle, y llega la felicidad. O eres un egoísta y te dan un premio Nobel, y te pones a bailar, llega la felicidad. Ésa es condicional, te la tienes que procurar tú. Y además es pasajera.

¿Durante cuánto tiempo puedes ser feliz con una felicidad pasajera? ¿Cuánto tiempo puede durar esa felicidad? Llega sólo como un destello, por un momento, y luego desaparece. Sí, cuando te encuentras una bolsa llena de billetes de cien rupias eres feliz, ¿pero cuánto tiempo te durará esa felicidad? No demasiado. De hecho habrá un momento en que surgirá la energía y te sentirás feliz, y al momento siguiente te entrará miedo; ¿te descubrirán? ¿De quién será este dinero? ¿Me habrá visto alguien?

Y la conciencia dirá: «Esto no está bien. Es como robar. ¡Deberías ir a la policía y devolver el dinero! ¿Qué es lo que estás haciendo? Eres un hombre honrado...» Y así viene la ansiedad, la culpabilidad... pero te has traído el dinero a tu casa, y lo escondes. Ahora tienes miedo: puede que tu esposa lo descubra, puede que realmente lo haya visto alguien, alguien puede haber estado mirando (¿quién sabe?) alguien puede haberlo denunciado a la policía. Ahora la ansiedad...

Y aunque nadie lo haya denunciado y nadie lo haya visto, ¿qué vas a hacer con el dinero? Lo que sea que vayas a hacer con el dinero te dará una y otra vez momentos de felicidad. Te compras un coche, y el coche está a la puerta de tu casa, y por un momento eres feliz. ¿Luego qué...? Luego el coche se hará viejo; al día siguiente es el mismo coche. Y después de unos días ni siquiera lo miras.

La felicidad momentánea viene y se va; es como una nube. Y es como un río, un riachuelo muy pequeño: un poco de lluvia y en seguida se inunda; para la lluvia, el agua se va al mar y el riachuelo se convierte de nuevo en riachuelo. Se inunda por un momento y al siguiente momento está vacío. No es como el mar, que nunca es más ni nunca es menos.

Hay otra clase de felicidad a la que Saraha llama verdadera felicidad. Es incondicional. Tú no tienes que organizar ciertas condiciones, ¡está *ahí*! Tienes que mirar en tu propio ser y ahí está. No necesitas una mujer, no necesitas un hombre; no necesitas una casa grande, no necesitas un coche grande; no necesitas tener mucho prestigio ni poder ni atractivo; nada. Si cierras los ojos y simplemente vas hacia dentro, ahí está...

Sólo esta felicidad puede ser duradera. Sólo esta felicidad puede ser eternamente tuya.

Buscando, encontrarás cosas momentáneas. Sin buscar, encontrarás la eterna.

Ellos van por otros caminos y así renuncian a la verdadera felicidad, buscando los placeres que producen los estímulos.
La miel en sus bocas, y de ellos tan cerca,
desaparecerá si de una vez no se la beben.

La miel está en tu boca, ¿y tú vas a buscarla a las montañas, al Himalaya? ¿Has oído historias de que hay mucha miel en el Himalaya, y has ido a búscala? ¡La miel está en tu boca!

En la India los místicos siempre han hablado acerca del ciervo almizclado. Hay cierta clase de ciervos que tiene almizcle en el ombligo. Cuando empieza a aumentar el almizcle (ocurre sólo cuando el ciervo está realmente en celo; el almizcle es un truco natural, un truco biológico), cuando el almizcle empieza a emanar su fragancia, la hembra se siente atraída por el ciervo. Se unen a través del almizcle, a través del olfato.

El olfato es uno de los sentidos más sexuales; por eso el hombre ha matado su nariz. Realmente no hueles. De hecho la propia palabra ha sido muy condenada. Si alguien tiene buenos ojos, dices que ve bien; si alguien tiene un perfecto oído para la música, dices que oye bien; pero no dices que huele bien. ¿Por qué? De hecho decir que huele significa exactamente lo opuesto: significa que apesta, no que tenga la capacidad de oler. La capacidad se ha perdido.

El hombre no huele. Y tratamos de ocultar nuestros olores sexuales perfumándonos, lavándonos; ¡lo escondemos de una forma u otra! Tenemos miedo del olor, porque el olfato es el sentido más cercano al sexo. Los animales se enamoran a través del olfato. Los animales se huelen entre sí, y cuando sienten el olor adecuado, y sólo entonces, hacen el amor; entonces hay armonía en sus seres.

El ciervo sólo segrega este almizcle cuando está en celo y necesita una hembra. La hembra acudirá en su búsqueda. Pero él tiene un problema, empieza a oler el almizcle y no puede comprender que viene de su propio ombligo, de su propio cuerpo. Así que corre como enloquecido, trata de entender de dónde viene ese olor; es natural. ¿Cómo se le va a ocurrir? Ni siquiera el hombre puede decir de dónde viene la felicidad, de dónde viene la belleza, de dónde viene la alegría. Al ciervo se le puede perdonar, ¡pobre ciervo! Va de acá para allá en busca del almizcle, y cuanto más se mueve más se extiende la fragancia por todo el bosque; a dondequiera que va, allí está el olor. Se dice que algunas veces se vuelve casi loco, sin saber que el almizcle esta dentro de él.

Y lo mismo le pasa al hombre: el hombre se vuelve loco

buscando: algunas veces en el dinero, otras en el respeto y otras en cualquier otra cosa. Pero el almizcle está en ti, la miel está en tu boca. Y fíjate en lo que Saraha está diciendo: *La miel está en sus bocas, y de ellos tan cerca, desaparecerá si de una vez no se la beben.* Y luego dice: ¡Bébetela de una vez! No pierdas ni un solo momento, si no desaparecerá. ¡Ahora o nunca!; no hay tiempo que perder. Puedes hacerlo *inmediatamente*, porque no se necesita ninguna preparación. Es tu núcleo interior; esta miel es tuya, este almizcle se esconde en tu ombligo. Lo has traído al nacer y has estado buscándolo en el mundo.

Cuarto *sutra*:

Las bestias no entienden el mundo
como un lugar triste. Ni así los sabios
que beben el néctar celestial
mientras que las bestias se sienten hambrientas de lo sensual.

La palabra bestia es una traducción de la palabra hindú o sánscrita: *pashu*. Esta palabra tiene un significado en sí misma. "Pashu" significa literalmente el animal, la bestia, pero es una metáfora. Viene de la palabra *pash*; "pash" significa cautiverio. Pashu significa uno que está cautivo.

Bestia es aquel que está cautivo; cautivo del cuerpo, de los instintos, de la inconsciencia; cautivo de la sociedad, de la mente, del pensamiento. Bestia es aquel que está cautivo.

Las bestias no entienden el mundo...

¿Cómo van a entenderlo? Sus ojos no están libres para ver; sus mentes no están libres para pensar; sus cuerpos no están libres para sentir. No oyen, no ven, no huelen, no tocan; están en cautiverio. Todos los sentidos están atrofiados, encadenados... *Las bestias no entienden el mundo...* ¿Cómo van a entender el mundo? El mundo sólo se puede entender en libertad. Cuando no eres esclavo de ninguna escritura, y ninguna filosofía es una cadena que te ate las manos, cuando ninguna teología es una prisión para ti, cuando estás libre de *todo* cautiverio, entonces puedes entender. El entendimiento sólo se da en libertad. El entendimiento se da sólo en una mente abierta.

> *Las bestias no entienden el mundo*
> *como un lugar triste.*

Y no pueden entender que el mundo sea un lugar triste. El llamado mundo creado por la mente y el cuerpo es un espejismo. Así se *aparece*, parece muy hermoso, pero sólo en apariencia; en realidad no es así. Es un arco iris, precioso, colorido; pero te acercas y desaparece. Si intentas agarrar el arco iris, tu mano no encontrará nada, quedará vacía; es un espejismo. Pero no podemos darnos cuenta por nuestra inconsciencia.

Sólo con consciencia llega la visión; entonces podemos darnos cuenta de lo que sólo es un espejismo y de lo que es la realidad. Cualquier felicidad que proceda de cualquier coincidencia externa es un espejismo, y te hará sufrir. Será una decepción, una humillación.

¿Sientes que eres muy feliz con una mujer o con un hombre?: vas a sufrir. Tarde o temprano descubrirás que la felicidad desaparece. Tarde o temprano descubrirás que quizá sólo la estabas imaginando, que nunca estuvo ahí. Puede que sólo haya sido un sueño, una fantasía. Cuando se revela la realidad del hombre y la mujer, descubres dos bestias horribles intentando dominarse entre sí.

He oído...

El padrino hacía lo que podía para mantener la moral del novio.

–¿Dónde está tu aplomo, muchacho? –preguntó–. ¡Estás temblando como una hoja!

–Ya lo sé –dijo el novio–, pero esto me pone muy nervioso. Tengo una buena excusa para estar nervioso, ¿no es así? Nunca antes me había casado.

«Por supuesto que no –dijo el padrino–. ¡Si lo hubieras hecho estarías mucho más asustado de lo que lo estas!

Al ir mirando en la vida, al ir observando la vida, al ir aprendiendo más acerca de ella, poco a poco te irás sintiendo desilusionado. No hay nada... solamente espejismos llamándote. Muchas veces te han engañado. Muchas veces has ido en su busca, has viajado muy lejos, para no encontrar absolutamente nada.

Si estás alerta, tus experiencias te harán libre del mundo. Y al decir mundo, recuérdalo, no quiero decir, ni Saraha quiere decir, el mundo de los árboles, las estrellas, los ríos y las montañas. Al decir mundo él quiere decir el mundo que tú proyectas a través de la mente, a través de tus deseos. Ese mundo es *maya*, ese mundo es ilusorio, es creado por el deseo, es creado por el pensamiento.

Cuando el pensamiento y el deseo desaparecen y sólo queda la consciencia, un estado de alerta, cuando la consciencia no tiene ningún contenido, cuando no hay pensamiento-nube, tan sólo consciencia (cielo), entonces ves el mundo real. Ese mundo real es lo que la religión llama Dios, o Buda llama *nirvana*.

Las bestias no entienden el mundo
como un lugar triste. Ni así el sabio
que bebe el néctar celestial
mientras que las bestias se sienten hambrientas de lo sensual.

Pero cuando tu esperanza se derrumba, cuando tu sueño se derrumba, piensas que puede que *este* sueño no fuera el correcto, y empiezas a soñar otro sueño... Cuando no te satisfaces en tu deseo, piensas que no has hecho el esfuerzo necesario. De nuevo te engañas.

Una mujer sentada en un autobús se dio cuenta de que el hombre que estaba a su lado movía todo el tiempo la cabeza de un lado a otro como un metrónomo. La curiosidad de la mujer acabó venciéndola y finalmente le preguntó por qué hacía eso.

—Así puedo saber la hora —replicó el hombre.

—Y bien, ¿qué hora es? —preguntó la mujer.

—Las cuatro y media —dijo él, todavía moviendo la cabeza.

—Se equivoca, son las cinco menos cuarto.

—¡Oh! ¡Entonces debo ir retrasado! —contestó el hombre mientras comenzaba a mover la cabeza más rápidamente.

Así son las cosas: si no logras algo, piensas que puede que no hayas hecho el esfuerzo necesario, o que tu velocidad haya sido demasiado lenta, que tu espíritu competitivo no ha sido suficiente para competir con los demás; que no has sido suficientemente agresivo, suficientemente violento; que has sido vago y has estado aletargado; que la próxima vez tienes que esforzarte más; que tienes que centrarte; la próxima vez tienes que demostrar de lo que eres capaz.

No tiene nada que ver con lo que seas capaz de hacer. Has fracasado porque el éxito es imposible. El esfuerzo, la velocidad, la agresividad, no son las razones por las que has fracasado; no. No has fracasado porque hayas cometido algún error. Has fracasado porque el fracaso es la única posibilidad que existe. Nadie triunfa. ¡Nadie puede triunfar! El éxito es imposible. Los deseos no se pueden satisfacer. Y las proyecciones nunca te dejan ver la realidad, y tú permaneces cautivo.

Tú también experimentas una y otra vez el mismo fracaso, que yo he experimentado. Tú también experimentas el mismo fracaso que Saraha o Buda experimentaron. Entonces ¿cuál es la diferencia? Tú experimentas el fracaso, pero no aprendes nada de él. Ésa es la única diferencia. En el momento en que empieces a aprender de él, serás un buda.

Una experiencia, otra experiencia, otra experiencia... pero tú no juntas todas estas experiencias, ¡no llegas a ninguna conclusión! Tú dices: «esta mujer ha sido una pesadilla; pero hay millones de mujeres; ya encontraré otra». Esta mujer ha sido otro fracaso, vuelves a albergar esperanzas, soñando que encontrarás otra: «que una mujer haya sido un fracaso no significa que todas las mujeres vayan a ser un fracaso; que un hombre haya sido un fracaso, no significa que todos los hombres vayan a ser un fracaso». Tú continúas albergando esperanzas, sigues esperando... La esperanza sigue venciendo a tus experiencias, y no aprendes nunca.

Una relación se convierte en un cautiverio... te das cuenta de que algo va mal, la próxima vez harás todo lo posible por no convertirla en un cautiverio. Pero no vas a conseguir tener éxito, porque el éxito no es lo natural en estas cosas. La única posibilidad es el fracaso. El éxito es imposible.

El día que te des cuenta de que la única posibilidad es el fracaso (que *todos* los arcos iris son falsos y todas las felicidades que brillan y deslumbran desde lejos y te atraen como un imán son solamente sueños vacíos, deseos; que te estás engañando a ti mismo), el día en que reconozcas este hecho, nace un nuevo ser, un giro, una conversión.

Dando portazos y con un violento roce de faldas, entró la fornida mujer a la oficina de registro.

–¿Fue usted o no quien expidió esta licencia de matrimonio que dice que yo estoy casada con Henry? –gruñó ella golpeando el documento contra la mesa.

–Sí, señora – dijo cautelosamente el inspector tras un mi-

nucioso examen a través de sus gafas–, creo que lo expedí yo.
¿Por qué?

–Y bien, ¿qué va usted a hacer ahora? –gritó ella–. ¡Se ha escapado!

Todas las relaciones son maravillosas en la superficie; en el fondo son formas de cautiverio. Yo no estoy diciendo que no te relaciones con la gente; estoy diciendo: relaciónate, pero nunca pienses que ninguna relación te traerá la felicidad. ¡Relaciónate! Seguro que tienes que relacionarte, estás en el mundo. Te tienes que relacionar con la gente, pero ninguna relación te dará la felicidad porque la felicidad no viene de fuera. Siempre brilla desde el interior, siempre surge desde dentro.

Y Saraha dice: el hombre que cree que viene del exterior es una bestia; es un *pashu*, está cautivo. Y el hombre que se da cuenta del hecho de que siempre viene del interior, es libre. Él es un hombre; un verdadero hombre, ya no es una bestia. El hombre nace con la libertad.

> *Las bestias no entienden el mundo*
> *como un lugar triste. Ni así el sabio*
> *que bebe el néctar celestial...*

¿Qué es este néctar celestial? Es un símbolo de la miel que tú ya tienes en tu boca, y no la has probado. No tienes tiempo para probarla. El mundo entero es demasiado grande, y tú vas de un sitio a otro. No tienes tiempo alguno para probar la miel que ya está ahí.

Ése es el néctar celestial; si lo pruebas, entonces no hay muerte (por eso se llama «néctar celestial»), te vuelves inmortal. Tú *eres* inmortal. No te has dado cuenta, pero *eres* inmortal. La muerte no existe, eres inmortal. El cielo es inmortal; sólo las nubes nacen y mueren. Los ríos nacen y mueren, el mar es inmortal. Igual que tú.

Saraha le dijo estos *sutras* al rey. Saraha no está intentando convencerle lógicamente. De hecho simplemente está poniendo su ser a su disposición. Y está dando un nuevo *gestalt*: mirar a Saraha. El Tantra es un nuevo *gestalt* para mirar a la vida.

Y yo nunca me he cruzado con nada más profundo que el Tantra.

4. EL AMOR ES UNA MUERTE

Tú eres todo lo que yo siempre he
querido. ¿Por qué hay tanta resistencia en mí hacia ti?

Me siento en una prisión;
¿cómo puedo salir?

¿Que piensa acerca de la civilización?

¿Por que un chiste crea tanta risa?

¿Por qué tú no vas vestido de naranja?

Primera pregunta:

Querido Osho, tú eres todo lo que yo siempre he querido.
¿Por qué hay tanta resistencia en mí hacia ti?

¡Por eso precisamente! Si sientes un profundo amor por
mí, también habrá una gran resistencia. Se equilibran entre sí. Donde hay amor también hay resistencia. Cuando algo
te atrae tremendamente, también sentirás ganas de escapar
de ese lugar, de ese espacio, porque sentirte inmensamente atraído significa que caerás al abismo, tú ya no serás tú
mismo.

El amor es peligroso. El amor es una muerte. Es más mor-
tal que la propia muerte; porque después de la muerte sobrevi-

ves, pero después de amar no sobrevives. Sí, alguien nace, pero tú desapareces. De ahí el miedo.

Los que no estén enamorados de mí, podrán acercarse mucho y no tendrán miedo. Los que me amen, tendrán miedo a cada paso que den; darán esos pasos a regañadientes, va a ser muy duro para ellos, porque cuanto más cerca estén de mí menor será su ego. A eso es a lo que me refiero cuando digo muerte. Y cuando se han acercado *mucho*, ya no son; exactamente igual que yo no soy. Acercarse a mí es como acercarse al estado de la nada. Así que hasta en el amor ordinario hay cierta resistencia... *este* amor es extraordinario; este amor es único.

La pregunta es de Anand Anupam. La he estado observando: ella se *está* resistiendo. La pregunta no es solamente intelectual, es existencial. Ella ha estado luchando duramente... pero no puede ganar. Bendita sea por no poder vencer. Su derrota es segura, es absolutamente segura. Yo he visto el amor en sus ojos; ese amor es tan fuerte que destruirá todas las resistencias, que vencerá todos los esfuerzos del ego por sobrevivir.

Cuando el amor es fuerte puede intentarlo, pero es una batalla perdida para el ego. Por eso hay tanta gente que vive sin amor. Hablan del amor, pero viven sin amor. Fantasean acerca del amor, pero nunca lo hacen real, porque hacer real el amor significa que tendrás que destruirte a ti mismo completamente.

Cuando vienes a un maestro, es la destrucción total o nada. O te disuelves en mí y me permites disolverme en ti, o puedes estar aquí pero no ocurrirá nada. Si permanece el ego, entonces se levanta una muralla china entre tú y yo. Y una muralla china puede destruirse fácilmente pero el ego es una energía más sutil.

Pero una vez que ha surgido el amor, el ego es impotente; y yo he visto este amor en los ojos de Anupam. Está ahí. Va a ser

una gran lucha, ¡pero buena!, porque los que llegan fácilmente
no llegan. A los que les lleva mucho tiempo, los que luchan centímetro a centímetro, sólo ellos llegan.

Pero no hay nada de que preocuparse... El viaje será largo;
Anupam se tomará su tiempo, puede que años, ¡pero no hay
que preocuparse por nada! Está en el camino correcto. Y ya ha
cruzado el punto desde donde podría haber retrocedido; ha traspasado el punto de retorno. Así que sólo es cuestión de tiempo. Ella está a mi alcance. Yo nunca fuerzo a nadie, porque no
hay necesidad. Y es bueno darles tiempo y bastante cuerda para
que puedan venir por sí mismos. Cuando la rendición viene de
la libertad, tiene cierta belleza.

Pero puedes confiar en que llega, está en camino. En lo
más profundo de tu ser ya ha ocurrido; ahora es simplemente
una cuestión de tiempo, hasta que tu interior informe a tu mente superficial. En tu corazón tú ya has venido a mí; sólo en la
mente hay lucha. En el centro ya te has acercado a mí; sólo en
la periferia continúa la lucha. El cuartel general ya se ha rendido.

Debes haber oído hablar de un soldado japonés que todavía estaba luchando... la segunda guerra mundial ya se había
acabado, desde hacia mucho tiempo, habían pasado veinte años
desde que la segunda guerra mundial había acabado, y él seguía
luchando; no había oído que Japón se hubiera rendido. Estaba en algún lugar en lo profundo de la jungla indonesia, y todavía pensaba que pertenecía al emperador del Japón y que la
lucha seguía. Debía estar loco; ¡se escondía, se escapaba y
mataba gente, solo!

Cuando tan sólo hace unos años regresó a Japón, le recibie-
ron como a un héroe. En cierto sentido era un héroe. Él era inconsciente... pero debe haber sido un hombre con una gran voluntad. Él había oído de los demás (no es que no lo hubiera
oído; ¿cómo puedes evitar oírlo durante veinte años?) que Ja-

pón se había rendido, que la guerra se había acabado. Pero él insistía: «Hasta que no reciba una orden de mi comandante, no me rendiré». Ahora bien, el comandante ya estaba muerto, así que no había manera de recibir la orden de su comandante, iba a luchar toda su vida. Fue muy difícil atraparle, era muy peligroso; pero le atraparon.

Exactamente igual es el caso de Anupam. ¡El cuartel general ya se ha rendido, el comandante ha muerto! Anupam estás luchando solamente en la periferia, en algún lugar de la jungla indonesia. Pero tarde o temprano, por muy loca que estés, recibirás la noticia.

Segunda pregunta:

Querido Osho, me gustaría volverme real, pero ¿qué es y cómo es? Me siento en un círculo diabólico, en una prisión. Me gustaría salir, pero ¿cómo?

Lo primero: tú no estas en una prisión. Nadie está, ni nunca nadie ha estado. La prisión es una creencia creada. Estás inconsciente, cierto, pero no estás en una prisión. La prisión es un sueño, una pesadilla, que tú te has apañado para ver cuando duermes. Así que la pregunta básica no es cómo salir de la prisión, la pregunta básica es como salir del sueño. Y hay una gran diferencia en la forma de articular la pregunta. Si empiezas a pensar: «¿cómo salir de esta prisión?» entonces empezarás a luchar contra la prisión, la cual no existe; entonces estarás yendo en una dirección equivocada.

Eso el lo que mucha gente ha estado haciendo a través de los siglos. Piensan que están en una prisión, así que luchan contra la prisión: luchan contra los guardias, luchan contra el carcelero, luchan contra el sistema. ¡Luchan contra un muro! Siguen limando los barrotes de las ventanas; quieren escapar de la prisión, tratan de abrir los cerrojos de la celda, pero no se puede hacer, porque la prisión no existe. El carcelero, el guardia, los barrotes y los cerrojos son todos imaginaciones.

Estás profundamente dormido y teniendo una pesadilla. La pregunta básica es cómo salir del sueño.

He oído...

No hay espectáculo más patético que el ofrecido por un borracho que está dando vueltas agonizantemente sobre la acera alrededor de un parque público, golpeando los barrotes de la verja y gritando: «¡déjenme salir!».

Ésa es tu situación. Tú no estás encerrado, no estás encarcelado; simplemente estás borracho. *Crees* que estás encarcelado. Eso es solamente un pensamiento. Y yo sé por qué surge ese pensamiento en tu mente: porque te sientes limitado por todas partes, y la idea de la prisión surge de la limitación. Siempre que te mueves hay limitaciones, sólo puedes llegar hasta cierto punto y luego no puedes ir más lejos; entonces debe haber un muro que te lo impida. Así que deduces que a tu alrededor hay un muro... puede que no sea visible, puede que sea un muro de cristal muy transparente: puedes ver a través de él, pero siempre que te mueves en *cualquier* dirección una y otra vez tropiezas y no puedes traspasar cierto punto.

Esto te sugiere una prisión, que estás preso. Pero esa limitación también es causada por el sueño. En sueños te sientes identificado con el cuerpo, así que las limitaciones del cuerpo se convierten en tus limitaciones. En sueños te identificas con la mente, así que las limitaciones de la mente se convierten en tus limitaciones.

Tú eres ilimitado. No tienes fronteras. Tal como eres en tu ser puro, no existen limitaciones; eres un dios. Pero para conocer esa divinidad, no empieces a luchar contra la prisión, así no vencerás nunca. Y serás vencido una y otra vez, y una y otra vez te sentirás frustrado, e irás perdiendo más y más tu autoestima; Y cada vez te parecerá más imposible salir de la prisión.

Empieza por volverte más consciente. Empieza por volverte más alerta, a estar más atento. Eso es lo único que hay que hacer. Siendo consciente, empezarás a sentir que los muros que estaban tan cerca ya no están tan cerca; que empiezan a ensancharse. Tu prisión se va haciendo cada vez más grande. Cuanto más se expande tu consciencia, más te darás cuenta de que esa prisión ya no es tan pequeña; se va agrandando más y más. Una consciencia más expansiva, y se te abre un espacio mayor, para ser, para vivir, para amar. Y entonces conoces el mecanismo básico: a menor consciencia, más se cierran los muros; si eres inconsciente, los muros te tocan por todas partes. Estás en una pequeña celda, ni el menor movimiento es posible.

Recuerda esta frase: expansión de la consciencia. Con esa expansión, *tú* te expandes. Un día, cuando tu consciencia sea absoluta y no quede ni una sombra de oscuridad en el interior, cuando en ti no haya inconsciencia, cuando todo se haya vuelto consciente, cuando la luz sea brillante, cuando seas luminoso desde la consciencia interior, entonces de repente te darás cuenta de que ni siquiera el cielo es un límite para ti. No existe ninguna limitación para ti.

Ésta es la experiencia de todos los místicos de todos los tiempos. Esto es a lo que Jesús se refiere cuando dice: «mi padre y yo somos uno en el cielo». Él está diciendo: yo no tengo limitaciones. Es otra forma de decir la misma cosa, una forma metafórica, simbólica: mi padre y yo en el cielo no somos dos sino uno; Yo, estando en este pequeño cuerpo y él, que se extiende sobre toda la existencia, no somos dos, sino uno. Mi fuente de origen y yo somos uno. Yo soy tan grande como la propia existencia. A eso es a lo que se refiere el místico del Upanishad cuando declara: «*Aham Brahmasmi*: Yo soy el ab-

soluto, yo soy Dios». Esto ha sido dicho en un estado de consciencia donde no hay lugar para la inconsciencia. A eso es a
lo que se refiere Sufi Mansoor cuando declara: «*Ana'l Haq*:
Yo soy la verdad».

Estas grandes citas son muy significativas. Simplemente
dicen que eres tan grande como tu consciencia, nunca más,
nunca menos. Por eso las drogas tienen tanto atractivo, porque
fuerzan químicamente tu conciencia a hacerse un poco más
ancha de lo que es. El LSD o la marijuana o la mezcalina, te producen una repentina expansión de la consciencia. Claro está que
es forzada y violenta y no se debería hacer. Además sólo es
química, no tiene nada que ver con tu espiritualidad. ¡No creces con ella! El crecimiento viene a través del esfuerzo volun-
tario. El crecimiento no es barato, no es tan barato como para
que una pequeña cantidad de LSD, una *pequeñísima* cantidad
de LSD, pueda darte crecimiento espiritual.

Aldous Huxley estaba muy equivocado cuando pensó que
había alcanzado a través del LSD la misma experiencia que Kabir o Eckhart o Basho. No, no es la misma experiencia. Sí, hay
algo similar, esa similitud es la expansión de la consciencia.
Pero también es muy diferente; es una cosa forzada, es un acto
violento contra tu biología y tu química. Una vez que los efec-
tos de la droga desaparecen, eres el mismo hombre de nuevo,
el mismo pequeño hombre.

Kabir nunca será el mismo otra vez porque esa expansión
de la consciencia no ha sido simplemente algo forzado, ha sido
a través de un crecimiento. Ahora no puede volverse atrás. Se ha
hecho parte de él, se ha convertido en su ser; lo ha absorbido.

Pero el atractivo puede ser entendido. El atractivo siempre
ha existido, no tiene nada que ver con la generación moderna.
Siempre ha estado ahí... desde los Vedas. El hombre siempre
se ha sentido tremendamente atraído hacia las drogas. Es una
moneda falsa, te da un pequeño vislumbre de lo real de una for-

ma muy artificial. Pero el hombre siempre ha buscado la expansión; el hombre quiere hacerse grande.

Algunas veces quiere llegar a ser grande a través del dinero; sí, también el dinero te da un sentimiento de expansión; es una droga. Cuando tienes mucho dinero sientes que tus límites no están tan cerca de ti, que están lejos. Puedes tener todos los coches que quieras; no estás limitado. Si de repente quieres tener un Rolls Royce, puedes tenerlo, te sientes libre. Cuando no hay dinero, pasa un Rolls Roice, surge el deseo... pero la limitación... Tu bolsillo está vacío, no tienes ninguna cuenta en el banco; te sientes dolido; el muro no puedes traspasarlo. El coche está ahí; tú ves el coche, podrías tenerlo ahora mismo, pero hay un muro entre tú y el coche, el muro de la pobreza.

El dinero te da un sentimiento de expansión, un sentimiento de libertad. Pero también ésa es una libertad falsa. Puedes tener muchas otras cosas, pero eso no te ayuda a crecer. Tú no eres más, tienes más, pero tu ser sigue igual. Lo mismo pasa con el poder: si eres primer ministro o el presidente de un país te sientes poderoso; el ejercito, la policía, el juzgado, toda la parafernalia del estado es tuya. Tus fronteras son las fronteras del país; te sientes inmensamente poderoso. Pero también eso es una droga.

Deja que te diga: la política y el dinero son tan drogas como el LSD y la marijuana, y mucho más peligrosas. Si hubiera que escoger entre el LSD y el dinero, el LSD sería mucho mejor. Si hubiera que escoger entre el LSD y la política, entonces el LSD sería mucho mejor y mucho más religioso. ¿Por qué digo esto? Porque con el LSD sólo te estarás destruyendo a ti mismo, pero con el dinero también destruirás a los demás. Con el LSD simplemente estarás destruyendo tu química, tu biología, pero con la política destruirás millones de personas.

Tan sólo piensa: si Adolf Hitler hubiera sido un drogadicto, el mundo habría sido mucho mejor; si hubiera estado viajando con el LSD o con una jeringuilla en la mano habría sido una bendición, le hubríamos dado gracias a Dios: «Está muy bien que se quede en su casa y siga picándose y poniéndose ciego. El mundo puede fácilmente seguir sin él».

El dinero, la política, son drogas mucho más peligrosas. Esto si que es una ironía: los políticos siempre están en contra de las drogas, la gente que tiene dinero siempre esta en contra de las drogas, y no de dan cuenta de que ellos mismos son drogadictos. Y están en un viaje mucho más peligroso, porque sus viajes también afectan a la vida de los demás. Un hombre es libre de hacer lo que quiera. El LSD puede ser la cosa más suicida. Pero uno *es* libre de suicidarse, por lo menos tiene que ser libre para suicidarse, por que es su vida; si no quieres vivir, está bien. Pero el dinero es asesinato, igual que el poder político; mata a los demás.

No estoy diciendo que la elección sean las drogas. Estoy diciendo que todas las drogas son malas: el dinero, la política, el LSD, la marijuana. Eliges estas cosas porque tienes la falsa idea de que expandirán tu consciencia. La consciencia se puede expandir de una manera muy simple, muy fácil, porque de hecho ya está expandida. Simplemente tú estás viviendo en una falsa noción; tu falsa noción es tu barrera, tu prisión.

Preguntas: «Me gustaría hacerme real...»

No puede ni gustarte ni disgustarte. No es algo que tú puedas elegir. ¡La realidad *es*! Que te guste a ti o no es irrelevante. Se pueden elegir mentiras, pero la realidad no se puede elegir: ¡la realidad esta ahí! Por eso insiste tanto Krishnamurti en la consciencia sin elección. No puedes elegir la realidad. ¡La realidad ya está ahí! No tiene nada que ver con tu elección, tu gusto, o tu disgusto.

En el momento en que dejas de elegir, la realidad está ahí. Es por causa de tu elección por lo que no puedes ver la realidad. Tu elección funciona como una pantalla ante tus ojos.

¡Tus gustos y disgustos son el problema! Porque te gusta algo no puedes ver lo que hay; y porque te disgusta algo no puedes ver lo que hay. El gustar y el disgustar son como gafas coloreadas sobre tus ojos que no te dejan ver el verdadero color de la existencia tal como es.

Tú dices: «me gustaría volverme real».

Así es como permaneces irreal. ¡Tú eres real! ¡Abandona la actitud de "me gusta", "no me gusta"! ¿Cómo podrías ser irreal? El ser es real, ser es real. Estás aquí, vivo, respirando; ¿cómo podrías ser irreal? Tu elección... tú has elegido convertirte en cristiano, hindú, o mahometano; en realidad tú no eres hindú ni mahometano ni cristiano. Tú has elegido identificarte con la India, con China, con Alemania; pero en realidad el todo te pertenece y tú perteneces al todo. Eres universal.

El todo vive a través de ti, tú no eres sólo una parte. El todo vive a través de ti como totalidad. Elegir, gustar, disgustar, te desviarán.

Ahora dices: «me gustaría volverme real»; en ese momento en el nombre de la realidad te vuelves irreal. Así es como una persona se hace cristiana, porque piensa que el cristianismo es real, y «me gustaría volverme real», así que se hace cristiana. Por favor no te hagas cristiano, no te hagas hindú. ¡Tú eres un Cristo! ¿Por qué convertirse en un cristiano? El cristianismo es tu naturaleza. El cristianismo no tiene nada que ver con Jesús; es tan tuyo como de Jesús. El estado de Cristo es un estado de consciencia sin elección.

Así que, por favor, no empieces a pensar en términos de deseo: «me gustaría volverme real». De hecho ésta es la forma de volverse irreal. Abandona este deseo; simplemente sé, no trates de volverte. Volverse es volverse irreal; ser es real. ¡Y fíjate en la diferencia! volverse está en el futuro, tiene una meta. Ser es aquí ahora; no es una meta, es lo que ya es. Así que quienquiera que seas, simplemente sé eso, no trates de volverte ninguna otra cosa. Te han enseñado ideales, metas; ¡vuélvete algo! Siempre has estado forzado a volverte algo.

Toda mi enseñanza es: lo que seas, quienquiera que seas, es maravilloso. Es más que suficiente; simplemente sé eso. ¡Deja de volverte en y sé!

Y naturalmente cuando preguntas: «me gustaría volverme real, ¿pero qué es y cómo es?... una vez que empiezas a pensar en términos de volverte, ciertamente quieres saber cuál es la meta: ¿qué es?, ¿qué es esta verdad en la que me quiero convertir? Y luego naturalmente, cuando viene «la meta», también viene «el cómo»: ¿cómo alcanzarla? Luego toda la tecnología, la metodología...

Yo estoy diciendo que tú *eres* eso. Los místicos de Upanishad dicen: *Tat-tvam-asi*: tú eres eso. Ya eres eso, no es cuestión de volverse. Dios no está en algún sitio en el futuro; Dios es ahora mismo, en este mismo momento, dentro de ti, en todas partes, porque sólo Dios *es*, no existe nada más. Todo lo que existe es divino.

¡Así que sé! No trates de volverte. Luego una cosa lleva a la otra... si quieres volverte, entonces naturalmente la idea surge: ¿qué ideal elegir?, ¿en qué me voy a convertir? Entonces tienes que imaginarte un ideal, de que tienes que ser así: como Cristo, como Buda, como Krishna. Entonces tendrás que elegir una imagen, y te convertirás en una copia.

Krishna nunca se ha repetido. ¿No puedes ver una verdad tan simple? Krishna nunca ha vuelto a ser. ¿No puedes ver la simple verdad de que Buda es irrepetible? Cada ser es único, completamente único; igual que tú. Si tratas de convertirte en alguien, serás una entidad falsa, una seudo existencia; serás una copia. ¡Sé el original! De esta forma sólo puedes ser tú mismo; no hay que ir a ninguna parte, nada en que convertirse.

Pero el ego quiere alguna meta. El ego existe entre el momento presente y la meta. Observa el mecanismo del ego: cuanto mayor sea tu meta, mayor es tu ego. Si eres cristiano y quieres convertirte en un Cristo, entonces tienes un gran ego; puede que hasta sea un ego piadoso, pero eso no hace ninguna diferencia. El ego piadoso es tan ego como cualquier otro ego, algunas veces hasta más peligroso que los egos ordinarios.

Si eres cristiano, entonces estás viviendo en el ego. Ego significa la distancia entre tú y la meta. La gente viene a mí y me pregunta cómo dejar el ego. No puedes dejar el ego hasta que no dejes de tratar de volverte. No puedes dejar el ego hasta que no abandones la idea, el ideal, la esperanza, el futuro.

El ego existe entre el momento presente y el ideal futuro. Cuanto mayor sea el ideal, cuanto más lejano esté el ideal, más espacio tiene el ego para vivir, más posibilidades. Es por eso por lo que algunas personas religiosas son más egoístas que los materialistas. El materialista no puede tener tanto espacio para el ego como el religioso. ¡El religioso se quiere convertir en Dios!; pues bien, ésa es la mayor de las posibilidades. ¿Qué ideal mayor puedes tener? El religioso quiere ir a *moksha*, al cielo, al paraíso... ¿qué orilla más lejana puedes imaginar? El religioso quiere ser absolutamente perfecto, y el ego existirá a la sombra de esta idea de perfección.

¡Escuchadme! No estoy diciendo que tengáis que *volveros* dioses, estoy declarando que *sois* dioses. Entonces no surge la cuestión de que aparezca ego alguno, no queda espacio. No tienes que ir al cielo, ya estás allí. Simplemente echa una buena mirada a tu alrededor... ¡ya estás allí! es un ahora, el paraíso es un ahora. Es una función del momento presente.

El ego prospera cuando tienes metas e ideales. Y existen mil y un problemas con el ego. Por un lado tener grandes ideales te hace sentir muy bien; por el otro te hace sentir culpable, porque nunca llegas a la altura. Esos ideales son imposibles, no puedes alcanzarlos. No hay manera de alcanzarlos, así que siempre te quedas corto. Así que por un lado el ego prospera;

por el otro lado la culpabilidad... la culpabilidad es la sombra
del ego.

¿Has observado este extraño fenómeno? Una persona egoísta se siente muy culpable con cosas muy pequeñas. Te fumas
un cigarrillo; si eres un egoísta te sentirás culpable. Ahora bien
fumar es una cosa inocente, estúpida; muy inocente y muy estúpida, no merece la pena sentirse culpable por ella. Pero una
persona religiosa se sentirá culpable porque tiene un ego ideal
de que no debería de fumar. Pues bien, ese ideal de que no debería de fumar y la realidad de que fuma crean dos cosas: el
ideal le hace sentirse bien porque: «Yo soy una persona religiosa. Sé que no se debería fumar; hasta lo intento, hago lo que
puedo»... pero también sentirá que una y otra vez fracasa. No
puede alcanzar el ideal así, que se siente culpable. Y la persona que se siente culpable empezará a hacer sentirse culpables
a los demás. Es natural: ¿cómo vas a sentirte culpable tú solo?
Sería demasiado penoso, demasiado duro.

Por eso una persona culpable crea culpabilidad a su alrededor. Hace que todo el mundo se sienta culpable por cosas ba-
nales, irrelevantes. Si llevas el pelo largo, eso te hará sentir culpable. No tiene mucha importancia; ¡es tu propia vida, si quieres
llevar el pelo largo, está bien! Si haces las cosas a tu manera,
ello te hará sentirte culpable. Encontrará faltas en cualquier
cosa que hagas porque, el que sufre de culpabilidad, ¿cómo va
a sufrir solo? Cuando todo el mundo se siente culpable, él se
siente aliviado; por lo menos se consuela: «no estoy solo en
este barco; todo el mundo está en el mismo barco».

El truco para hacer a los demás sentirse culpables es darles
ideales. Éste es un truco muy sutil: los padres le dan a los hijos el ideal de: «sé de esta manera». Ellos nunca han sido de
esta manera, nadie lo ha sido jamás. Le dan un ideal al hijo;
esto es una manera muy sutil y astuta de hacer que el niño sienta culpabilidad. Ahora el niño sentirá una y otra vez: «no me

estoy acercando al ideal; ¡de hecho me estoy alejando de él!»
y esto duele; le mantiene apocado, deprimido.

Por eso ves tanta miseria en el mundo... no es real, el noventa por ciento es a causa de los ideales que se te han impuesto. Y no te permiten reír, no te permiten disfrutar. Un hombre
que no tenga ideales jamás hará sentirse culpables a los demás.

Precisamente anoche vino un joven y me dijo: «Me siento
muy, muy culpable acerca de mi homosexualidad. Es innatural.» Pero ¿qué habría ocurrido si hubiera ido a Mahatma Gandhi o al papa del Vaticano o al *Shankaracharya* de Puri? Le
hubieran hecho sentirse realmente culpable. Y él está dispuesto a caer en manos de cualquier torturador. Él está listo, él mismo está invitando. Está llamando a los *mahatmas* para que
vengan a hacerle sentir culpable. Él solo no puede hacer muy
bien ese trabajo, así que se lo pide a los expertos.

Pero acudió a la persona equivocada. Yo le dije:

–¿¡Y qué? ¿Por qué dices que es innatural?»

–¿No es innatural? –preguntó él sorprendido y perplejo–:
¿no es innatural?

Yo dije:

–¿Cómo podría ser innatural? Mi definición de naturaleza
es: lo que ocurre es natural. En primer lugar, ¿cómo podría
ocurrir lo innatural?

Inmediatamente pude ver que estaba saliendo del agujero;
su cara empezó a sonreír. Y repitió:

–¿No es innatural? ¿No es una perversión? ¿No es cierta
clase de anormalidad?

Y yo le dije:

–¡No lo es!

–Pero –dijo él– los animales no se hacen homosexuales.

Yo dije:

–¡No tienen tanta inteligencia! Su vida ya está fijada; viven en la forma que les permite la biología. Puedes ver un bú-

falo comiendo hierba; sólo come cierta hierba, nada más. Le puedes presentar la mayor elección de comida... ni se preocupará, seguirá comiendo su hierba. No tiene alternativas; su consciencia es muy estrecha, casi nula. El hombre tiene inteligencia; trata de encontrar nuevas formas de relacionarse, de vivir. El hombre es el único animal que descubre nuevas maneras.

»Entonces, si vivir en una casa es innatural, porque ningún animal vive en una casa, ¿es por eso una perversión? O si llevar ropa es anormal, porque ningún otro animal la lleva; ¿es una perversión? Cocinar la comida es innatural, ¡ningún animal lo ha hecho jamás! ¿Está mal comer comida cocinada? Invitar a alguien a tu casa a tomar una copa o a comer es innatural, porque ningún animal invita a los demás, de hecho los animales siempre buscan la intimidad para comer. Dale algo a un perro... se irá inmediatamente a una esquina y mantendrá a todos los demás atrás, y comerá con prisa. Nunca invitará, nunca llamará a los amigos: "¡Venga, vamos!". Eso es natural para un perro, pero tú no eres un perro; tú eres muy superior. Tienes más inteligencia, más posibilidades. El hombre hace todas las cosas a su manera; esa es su naturaleza.»

Él se sintió aliviado. Yo podía ver que el peso que llevaba sobre su cabeza, la gran montaña, había desaparecido. Pero no sé durante cuanto tiempo seguirá libre y sin preocupaciones. Algún *mahatma* puede atraparle y ponerle la idea de que esto es innatural. Los *mahatmas* son sádicos o masoquistas; ¡evítales! Cuando veas un *mahatma*, corre lo más rápido que puedas antes de que te meta alguna culpabilidad en la mente.

Todo lo que puedas ser lo eres. No hay meta. Y no vamos a ninguna parte. Simplemente celebramos aquí. La existencia no es un viaje, es una celebración. ¡Piensa en ella como una celebración, una delicia, una alegría! No la conviertas en un sufrimiento, una obligación, un trabajo. ¡Deja que sea un juego!

A esto es a lo que me refiero cuando digo volverse religioso: sin culpabilidad, sin ego, sin manías de ninguna clase... simplemente estando aquí ahora... estando con los árboles, los pájaros, los ríos, las montañas y las estrellas.

No estás en una prisión. Estás en la casa de Dios, en el templo de Dios. Por favor, no lo llames prisión; no lo es. Lo has entendido mal, lo has interpretado erróneamente. Escuchándome a mí también puedes interpretar muchas cosas erróneamente, porque tú siempre interpretas.

Dos escenas. Una...

Un horticultor que estaba dando una conferencia en una reunión del club de jardinería puso el énfasis en las ventajas de usar el abono de su viejo caballo para fertilizar jardines. Durante el período de preguntas y respuestas, una señorita de ciudad levantó la mano. El orador asintió y ella preguntó seriamente:

—Ha dicho que el abono de su viejo caballo era el mejor fertilizante. ¿Le importaría decirme que edad debe tener el caballo?

La segunda...

Una aldeana llevó a su hijo a la escuela del pueblo. Al preguntarla acerca de su esposo ella confesó:

—Nunca he sabido mucho del padre de este niño. Él paso por aquí, me cortejó y nos casamos. Poco después me di cuenta de que era monosexual.

—Querrá decir homosexual —la corrigieron.

—No, señor, quiero decir monosexual. Él no era más que un inútil, apasionado.

Cada uno tiene su propia interpretación de las palabras. Así que cuando yo digo algo, no sé qué es lo que vais a entender.

Cada uno tiene un diccionario privado escondido en el inconsciente. Ese diccionario privado va infiltrando, cambiando, coloreando.

Yo os he dicho es que hay que llegar a ser libre y vosotros me habéis entendido mal, habéis creído que estabais en una prisión. Sí, yo digo "hazte libre", e inmediatamente lo interpretáis como si yo dijera que estáis en una prisión, el énfasis ha cambiado totalmente. Yo pongo el énfasis en *ti*: ¡sé libre! Tú pones el énfasis en la prisión. Tú dices: «estoy en una prisión y, a no ser que salga de ella, ¿cómo puedo ser libre?». Yo pongo el énfasis en: sé libre, y si eres libre, la prisión no existe. Es tu hábito de no ser libre lo que crea la prisión.

¡Observa! El énfasis ha cambiado... y parece que casi significa lo mismo. Cuando yo digo: «¡Sé libre! que diferente es de si alguien dice: «¡Sí, estoy en una prisión!» *muchísima* diferencia, una gran diferencia. La cosa ha cambiado completamente. Cuando tú dices: «Estoy en una prisión» es una cosa totalmente diferente. Entonces los responsables son los guardias y la prisión. Entonces a no ser que ellos te lo permitan, ¿cómo vas a salir? Has delegado tu responsabilidad en los demás.

Cuando yo decía: «¡sé libre!» estaba diciendo: «tú eres responsable». Ser libre o no es cosa *tuya*. Si tú eliges no ser libre, entonces existirá una prisión, entonces habrá guardias y preso. Si eliges ser libre, los guardias, la prisión y todo lo demás desaparece. Simplemente, abandona el hábito de no ser libre.

¿Cómo puedes abandonarlo? La libertad y la consciencia van de la mano; a más consciencia, más libertad; a menos consciencia, menos libertad. Los animales son menos libres porque son menos conscientes. La piedra es menos libre todavía porque la piedra no tiene consciencia, casi nada. El hombre es el animal más altamente evolucionado, por lo menos en esta tierra. El hombre tiene un poco de libertad, el *buda* tiene libertad absoluta... Su consciencia...

Así que es una cuestión de grado de consciencia. Tu prisión consiste en las capas de tu inconsciencia; empieza a hacerte consciente porque la inconsciencia es la única prisión. Y recuerda: la mente es muy astuta, siempre puede encontrar maneras de engañarte; ha aprendido muchísimas maneras de engañar. La mente puede usar otra palabra y tú puede que ni siquiera veas la diferencia. La diferencia puede ser muy sutil, puede que las palabras sean casi sinónimos; y la mente te ha hecho el truco.

Así que cuando diga algo, por favor, no lo interpretes. Simplemente escúchalo tan atentamente como te sea posible; no cambies ni una sola palabra, ni siquiera una sola coma. Simplemente escucha lo que estoy diciendo. No metas la mente, si no, oirás otra cosa. Estáte siempre alerta de la astucia de la mente... y tú has cultivado esa astucia. No la has cultivado para ti mismo, pero la has cultivado para otros. Tratamos de engañar a todo el mundo; poco a poco la mente se vuelve experta en el arte de engañar, luego empieza a engañarte a ti.

He oído...

Un periodista murió. Naturalmente, siendo un prestigioso periodista, había estado invitado hasta en la casa del presidente y el primer ministro; ni siquiera necesitaba cita previa. Así que se fue derecho el cielo (¿por qué tendría que ir al infierno?), pero san Pedro le paró y le dijo:

–¡Espera! Aquí no se necesitan más periodistas, ya tenemos el cupo lleno; sólo necesitamos una docena. De hecho hasta ellos son innecesarios, porque en el cielo no se imprime ningún periódico.

«¡En realidad no hay noticias! Aquí nunca ocurre nada. Las cosas van muy suaves; ¿cómo va a haber noticias?, ¿y qué noticias vas a dar acerca de la vida de los santos? Están sentados bajo su árbol, meditando... Así que el periódico no es una gran cosa, pero se publica simplemente por publicarlo, tan sólo como una formalidad; y cada día se escribe "ídem"... igual que el día anterior.

»No necesitamos ningún periodista, vete al infierno. Allí cada día necesitan más periodistas porque hay muchas noticias, y muchísimos periódicos... y siguen pensando en abrir nuevos periódicos, lo acabo de oír. ¡Ve allí y tendrás un gran trabajo; te gustará mucho!»

Pero el periodista quería quedarse allí, así que dijo:

–Haz una cosa. Yo conozco a los periodistas; si me las arreglo para que alguno de estos doce periodistas vaya al infierno, ¿me darían su plaza?

A san Pedro le dio pena y le dijo:

–De acuerdo, ¿cuánto tiempo necesitas para convencer a un periodista para que se vaya al infierno?

Él dijo: Veinticuatro horas, tan sólo veinticuatro horas.

Así que le permitieron entrar en el cielo durante veinticuatro horas. Inmediatamente él empezó a correr el rumor siguiente: «Se está planeando abrir uno de los mayores periódicos, y se necesita un redactor jefe, asistentes de redacción, subdirectores. Es una gran oportunidad; pero habría que ir al infierno».

Durante veinticuatro horas fue de acá para allá. Se encontró con todos los periodistas, y después de las veinticuatro horas cuando fue a ver a san Pedro para saber si se había ido alguno, san Pedro simplemente cerró la puerta y le dijo: «¡No tienes que marcharte, se han ido *todos*!

Pero el periodista dijo:

–No, entonces me tengo que ir; ¡puede que haya algo de verdad en el rumor! Así que, por favor, no trates de pararme, me *tengo* que ir.

Él mismo había extendido el rumor, pero si doce personas se lo han creído, entonces uno mismo se lo empieza a creer. Así es como la mente se ha vuelto tan astuta. Has estado engañando y engañando... la mente se ha vuelto tan experta engañando que te engaña hasta a ti mismo.

El denunciante en un caso de daños por accidente, apareciendo en una silla de ruedas, consiguió una gran indemnización. Enfurecido, el abogado de la compañía de seguros avanzó hacia el denunciante que estaba en su silla de ruedas y le gritó:

—¡Está fingiendo y yo lo sé! Así que, con la ayuda de Dios, voy a perseguirle el resto de mi vida hasta que pueda probarlo.

El abogado sabía perfectamente bien que aquel hombre estaba fingiendo, que la silla de ruedas era una actuación; estaba perfectamente bien, no le pasaba nada malo a su cuerpo. Así que dijo: «Así que, con la ayuda de Dios, voy a perseguirle durante el resto de mi vida hasta que pueda probarlo».

—Adelante —respondió el hombre de la silla de ruedas con una sonrisa—. Déjeme que le cuente mis planes. Primero voy a ir a Londres a hacer algunas compras, luego a la Riviera a tomar el sol, y después de eso, a Lourdes a por un milagro.

La mente es muy astuta, siempre encuentra salidas. Puede ir a Lourdes... Pero una vez que usas esos trucos con los demás, antes o después tú mismo serás víctima de ellos. Vigila tu propia mente; no confíes en ella, duda de ella. El momento en el que empiezas a dudar de tu mente es un gran momento. En el momento en que surgen dudas acerca de la mente, empiezas a confiar en ti mismo. Si confías en la mente, dudas de ti mismo. Si desconfías de la mente, empiezas a confiar en ti mismo.

Éste es el significado de confiar en un maestro. Cuando vienes a mí, es simplemente una técnica para ayudarte a dudar de tu propia mente. Empiezas a confiar en mí; tú dices: «Te escucharé. No escucharé a mi mente. He estado escuchando a mi mente demasiado tiempo; no conduce a ninguna parte, es un círculo vicioso. Una y otra vez te lleva a los mismos temas; es una repetición, es monótono». Así que dices: «Te escucharé a ti».

Un maestro es simplemente una excusa para deshacerte de la mente. Una vez te has deshecho de la mente no hay necesidad de confiar en el maestro, porque habrás llegado a tu propio maestro. El maestro es sólo un pasillo hacia tu propio maestro. A través del maestro se vuelve fácil; si no, la mente te seguirá engañando, y no sabrás qué hacer con ella.

Escuchando al maestro, confiando en el maestro, poco a poco se va abandonando la mente. Y tienes que abandonar la mente muchas veces, porque lo que el maestro dice va en su contra; ¡siempre va en su contra! Abandonada, la mente empieza a morir. Si no se confía en ella, la mente empieza a morir. Vuelve a su verdadero tamaño. En este momento está aparentando, en este momento está aparentando ser toda tu vida. Es tan sólo un mecanismo pequeño, minúsculo: bueno para usar, pero muy peligroso para ser tu propio maestro.

La mente dice: «¡llega a ser!» El maestro dice: «¡sé!» La mente dice: «¡desea!» El maestro dice: «¡deléitate!» La mente dice: «tienes un largo camino por recorrer»; el maestro dice: «has llegado. Tú eres Saraha; tú ya has acertado en la diana».

Tercera pregunta:

Querido Osho, ¿qué piensas acerca de la civilización? ¿Estás absolutamente en contra de ella?

No hay civilización en ninguna parte, así que ¿cómo voy a estar en contra de ella? No existe. Es simplemente una apariencia. Sí, el hombre ha perdido su primitiva y primordial inocencia, pero el hombre no se ha vuelto civilizado; porque ésa no es la forma de volverse civilizado. La única forma de volverse civilizado tiene que estar basada en tu inocencia, basada en tu inocencia primitiva, y desde ahí, crecer.

Por eso Jesús dice: a menos que volváis a nacer, a no ser que seáis como niños de nuevo, nunca conoceréis la verdad. Esta llamada civilización es un engaño, es una moneda falsa. Estando en contra de ella no estoy en contra de la civilización, porque esto no es civilización. Estoy en su contra porque no es en absoluto civilización, es un engaño.

He oído...

Alguien preguntó al anterior príncipe de Gales:
—¿Qué piensa de la civilización?
—Es una buena idea —contestó él— alguien debería ponerla en práctica.

Me encanta la respuesta. Sí, alguien debería ponerla en práctica, todavía no se ha hecho. El hombre no está civilizado, sólo lo aparenta.

Yo estoy en contra de todas las apariencias. Estoy en contra de todas las hipocresías. El hombre sólo aparenta estar civilizado; escarba un poco en su superficie y encontrarás un hombre incivilizado. Escarba un poquito y verás que todo lo bueno es superficial, y que todo lo malo está arraigado muy profundamente. Ésta es una civilización superficial. Todo va bien, estás contento y feliz; viene alguien y te dice algo, te insulta y tú te vuelves loco, te conviertes un energúmeno dispuesto a matar. Hace tan sólo un momento estabas sonriente; y tan sólo un momento después estás dispuesto a matar, tus posibilidades asesinas han salido a la superficie. ¿Qué clase de civilización es ésta?

Un hombre puede estar civilizado sólo cuando se ha vuelto verdaderamente meditativo. Sólo la meditación puede traer la verdadera civilización al mundo. Sólo los budas son civilizados. Y ésta es la paradoja: los budas no están en contra de lo primitivo; usan lo primitivo como base, usan la inocencia infantil como la base. Y sobre esa base se erige un gran templo. Esta civilización destruye la inocencia de la infancia, y luego solamente te da monedas falsas, primero destruye tu inocencia original... Una vez que se destruye la inocencia original te haces astuto, taimado, calculador; entonces estás atrapado, entonces esta sociedad sigue civilizándote.

Primero te aliena de ti mismo. Una vez que estás alienado, te da monedas falsas; tienes que depender de ella. La verdadera civilización no estaría en contra de tu naturaleza, no estaría en contra de tu infancia; sería un crecimiento desde ella. No tendría ningún antagonismo con la inocencia primitiva, sería su florecimiento. Se elevaría más y más, pero estaría arraigada en la inocencia original.

Esta civilización no es más que una locura. ¿No te das cuenta de que toda la Tierra se ha convertido en un gran manicomio? La gente ha perdido su alma, ha perdido su propio ser, ha perdido su individualidad. ¡Lo han perdido todo! Tan sólo fingen; llevan máscaras, han perdido sus rostros originales.

Yo estoy completamente a favor de la civilización; pero no de esta civilización, es por eso por lo que estoy en contra de ella. Me gustaría que el hombre fuera realmente civilizado, realmente culto. Pero esa cultura sólo puede crecer; no se la puede forzar desde fuera, sólo puede venir de dentro. Puede expandirse hacia la periferia, pero debería surgir (no *ha* surgido) desde el centro.

Esta civilización está haciendo exactamente lo opuesto, fuerza las cosas desde fuera. En todo el mundo se predica el pacifismo: Mahavira, Buda, Jesús, todos enseñan pacifismo. Enseñan pacifismo porque han disfrutado de la paz. Pero, ¿y los seguidores? Nunca han disfrutado un momento de paz. Sólo conocen la violencia. Pero son seguidores, así que aparentan ser pacifistas, se fuerzan a sí mismos a ser pacíficos, crean un carácter. Ese carácter está sólo a su alrededor. Es una armadura. En lo profundo están bullendo como volcanes listos para entrar en erupción, y en la superficie tienen una falsa sonrisa, una sonrisa plástica.

Esto no es civilización. Esto es un fenómeno muy feo. Sí, me gustaría que el pacifismo viniera de dentro, que no fuera cultivado desde fuera, sino que se lo ayudara a crecer. Éste es el significado de la palabra educación en su raíz. Es casi como sacar agua de un pozo: educación significa sacar afuera, eso es lo que significa la palabra educación en su raíz. ¿Pero qué ha estado haciendo la educación? Nunca ha sacado nada hacia fuera, siempre fuerza hacia dentro. Va forzando cosas en la cabeza del niño; no se preocupa en absoluto por el niño, no piensa en el niño. El niño se utiliza simplemente como un mecanismo en el que se puede introducir más y más información. Eso no es educación.

Hay que sacar el alma del niño. Se tiene que sacar lo que está escondido en el niño. No hay que moldearle; se debería dejar su libertad intacta y ayudar a su consciencia a que crezca. ¡Más información no es más educación! Más consciencia es educación, más amor es educación. Y la educación crea la civilización.

Esta civilización es falsa, esta educación es falsa; por eso estoy en contra de ella. Estoy en contra de ella porque no es verdaderamente una civilización.

Querido Osho, tus chistes me hacen mucha gracia. Me gustaría hacerte una pregunta: ¿por qué un chiste crea tanta risa?

Escucha una cosa: nunca se te ha permitido reír, se te reprime la risa. Es como un manantial reprimido; cualquier excusa

es suficiente para que brote. Se te ha enseñado a estar triste...
caras largas... se te ha enseñado a ser serio.

Si eres serio nadie piensa que estés haciendo algo malo;
eso es aceptado, así es como tienen que ser las cosas. Pero si te
estás riendo, riendo a carcajadas, entonces la gente se siente incómodo. Empieza a pensar que pasa algo extraño: ¿de qué se
ríe este hombre? Y si te ríes sin ninguna razón, entonces piensa que estás loco; te llevarán al psiquiatra, te hospitalizarán.
Dirán: «¡se ríe sin razón alguna!» Sólo los locos se ríen sin ninguna razón.

Mejor dicho, en un mundo más civilizado, en un mundo
realmente civilizado, la risa sería admitida como algo natural. Solamente cuando una persona esté triste la hospitaliza-
ríamos. La tristeza es una enfermedad, la risa es salud. Así
que, como no se te ha permitido, cualquier pequeña excusa
y... Los chistes son excusas para reírse, puedes reírte sin que
te tachen de loco. Puedes decir que te ríes por el chiste, y además el chiste tiene un mecanismo: te ayuda a desinhibirte. El
mecanismo completo de un chiste es muy complejo; por un
lado parece muy simple, pero en el fondo muy complejo. Un
chiste no es un chiste... es un fenómeno muy difícil. En pocas
palabras, en pocas líneas, puede producir un gran cambio en
el ambiente.

¿Qué pasa? Cuando se cuenta un chiste, primero tú ya estás
esperando que te vaya a causar algo de risa. Estás preparado
para ello, te autohipnotizas a ti mismo; te pones alerta. Puede
que estuvieras medio dormido, pero ahora hay un chiste, te pones alerta. Tu espalda se endereza, escuchas atentamente, te
pones más consciente. Y luego la historia discurre por un camino que va creando más y más tensión en ti. Quieres saber la
conclusión. El chiste discurre sobre un plano en el que no parece mucho un chiste, y luego de repente hay un giro... Ese
giro repentino libera tu manantial. Te pones más y más tenso

porque estás esperando y esperando y esperando... Te parece que no hay nada gracioso. ¡Y de repente, ahí está! Y viene tan de repente, tan de la nada, que te olvidas de tu seriedad, que te olvidas de quién eres, que en ese arrebato te vuelves como un niño y te ríes. Y tu risa reprimida se libera.

Los chistes simplemente demuestran que la sociedad ha olvidado cómo reír. En un mundo mejor, donde la gente se riera más, perderíamos una cosa: el chiste. No serían necesarios; la gente se reiría y sería feliz. ¿Por qué? Cada momento sería un momento de risa. Y si vieras la vida, ¡todo es un chiste! Pero no se te permite ver. Te han puesto una venda sobre los ojos; sólo se te permite ver hasta cierto punto. No te permiten ver lo ridículo que es. ¡*Es* ridículo!

Los niños lo pueden ver más fácilmente, por eso los niños se ríen a carcajadas. Y hacen que los padres se sientan incómodos, porque ellos se dan cuenta de lo ridículo que es. Todavía no les han puesto la venda. El padre le dice al niño: «¡di la verdad, di siempre la verdad!» Y luego alguien llama a la puerta y el padre le dice: «ve y dile que tu padre no está en casa». Ahora el niño... el padre no se da cuenta de lo que está pasando, pero el niño se ríe. No se puede creer lo que está pasando, ¡es tan ridículo! Y el niño va a la puerta y le dice a la persona que esta llamando: «mi padre dice que no está en casa.» Le saca todo el jugo, disfruta cada segundo.

Nosotros vivimos con vendas. Estamos educados de tal forma que no vemos lo ridícula que es la vida; si no fuera así, *es* ridícula. Por eso algunas veces aun sin chiste, con cualquier cosita... por ejemplo: cuando el presidente Ford tropezó y se cayó al suelo. ¿Por qué no soltaron una buena carcajada los allí presentes? Puede que no lo mostraran, pero les hizo mucha gracia.

Simplemente piensa... Si un mendigo resbala con una piel de plátano, a nadie le importa. Pero si un presidente de un país resbala con una piel de plátano, todo el mundo se reirá. ¿Por qué?: ¡porque la piel de plátano ha puesto las cosas en su sitio! Esa piel de plátano ha demostrado al presidente que es tan humano como el mendigo. La piel de plátano no hace ninguna distinción: venga un mendigo, venga un presidente o venga un primer ministro, no hay ninguna diferencia; una piel de plátano es una piel de plátano, no le importa.

Si un hombre corriente cae, te causará algo de risa pero no mucha porque es un hombre corriente; nunca ha intentado demostrar que es más que los demás, así que no causa mucha risa. Pero si un presidente resbala con una piel de plátano, de repente la realidad resulta tan ridícula, que este hombre que se creía en la cima del mundo... ¿a quién trataba de engañar? No engaña ni a una piel de plátano. Y te ríes.

Observa... cuando te ríes, la ridiculez de la vida ha entrado a través de tu venda, vuelves a ser. El chiste te lleva de regreso a tu infancia, a tu inocencia. Te ayuda a apartar la venda por un momento.

Escucha unos cuantos chistes...

Uno de los vecinos fue encontrado muerto bajo extrañas circunstancias, por eso se personó un jurado de primera instancia y el juez llamó a testificar a la mujer en cuya cama había muerto el hombre. El juez le aseguró que todos los presentes se conocían entre sí, y que ella debía decir exactamente lo que había pasado con sus propias palabras.

La mujer contó que ella y el hombre, ahora fenecido, se encontraron en el *pub*, y que cuando llegó la hora se fueron a tomar otra copa a su casa. Una cosa llevó a otra y acabaron juntos en la cama. De repente ella noto una extraña mirada en sus ojos que ella describió al jurado así:

—Estaba llegando, pensé, pero se estaba yendo.

Y el segundo...

A un viejo cura que tenía que pasar una noche en un hostal le asignaron una habitación con tres camas individuales, dos de las cuales ya tenían ocupantes. Poco después de apagar la luz, uno de ellos empezó a roncar tan estruendosamente que no dejaba dormir al cura. El tumulto se incrementó según iba pasando la noche, hasta hacerse absolutamente aterrador. Dos o tres horas después de la media noche el que roncaba se dio la vuelta en la cama, soltó un horrible quejido y se quedó en silencio.

El cura supuso que el tercer caballero dormía, pero en aquel momento le oyó decir:

–¡Se ha muerto! ¡Gracias a Dios que se ha muerto!

Y el último es buenísimo; medita acerca de él...

Un día Jesús estaba caminando por un pueblo, se cruzó con una muchedumbre que tenía acorralada a una mujer contra una pared y estaban dispuestos a lapidarla. Levantando la mano Jesús calmó a la muchedumbre, y luego dijo solemnemente:

El que está libre de culpa que arroje la primera piedra. Inmediatamente una pequeña anciana cogió una piedra grande y se la tiró a la mujer.

Madre –dijo Jesús entre dientes–, me exasperas.

Y la última pregunta:

Querido Osho, es obvio que estás enamorado del naranja, pero, si es así, ¿por qué no vas tú de naranja?

Yo... ¿enamorado del naranja? ¡Dios me perdone! ¡Lo odio! Es por eso por lo que os fuerzo a llevarlo; ¡es algo así como un castigo por no haberos iluminado todavía!

5. EL HOMBRE ES UN MITO

Para la mosca que gusta del olor
de la carne podrida,
el aroma del sándalo
es repugnante.
Seres que descartan el nirvana
codiciando la burda esfera del samsara.

Una huella de un buey llena de agua
pronto se secará;
al igual que una mente firme
pero llena de cualidades
que no son perfectas,
esas imperfecciones
a su tiempo se secarán.

Como agua salada del mar que se vuelve dulce
al ser bebida por las nubes,
así una mente firme
que trabaja para los demás
convierte el veneno
de los objetos sensuales en néctar.

Si inefable,
nunca está uno insatisfecho.
Si inimaginable,
debe ser la felicidad misma.

Aunque de la nube
uno tema el trueno,
las cosechas maduran
cuando descarga su lluvia.

El hombre es un mito, y el más peligroso de los mitos, porque si crees que el hombre existe no intentas evolucionar en absoluto, no hay necesidad. Si crees que ya eres un hombre, entonces todo crecimiento se para.

Todavía no eres un hombre, tan sólo eres un potencial que puede realizarse. Puede que lo seas, puede que no, puede que fracases. Recuerda, se puede fracasar.

El hombre no ha nacido; no es un hecho, no puedes darlo por sentado. Es solamente una posibilidad. El hombre existe como semilla, no como árbol; todavía no. El hombre todavía no es un hecho real, y hay una gran diferencia entre el hecho y la potencialidad.

El hombre tal como existe es tan sólo una máquina, a la vez trabaja, a la vez tiene éxito en el mundo, a la vez vive lo que llaman vida, y muere. Pero recuerda, no existe. Sus funciones son como las de una máquina, es un robot.

El hombre es una máquina. Sí, esta maquina puede desarrollar algo en ella que va más allá del mecanismo. Ésta no es una máquina corriente; tiene un tremendo potencial para ir más allá de sí misma. Puede producir algo transcendental para su propia estructura. Algunas veces lo ha producido... un Buda, un Cristo, un Gurdjieff; algunas veces *ha* producido un hombre. Pero no te creas que ya eres un hombre. Si lo crees, tu creencia será suicida; porque una vez que creemos que algo ya está ahí entonces dejamos de buscarlo, entonces dejamos de crearlo, entonces dejamos de descubrirlo, entonces dejamos de evolucionarlo.

Simplemente piensa: si una persona enferma, seriamente enferma, cree que está sana, ¿por qué va ir al médico? ¿Por qué va a tomar medicinas? ¿Por qué se va a poner bajo tratamiento? ¿Por qué va a querer ir al hospital? Ella cree que está sana, que está perfectamente sana... ¡y se está muriendo! Su creencia la matará.

Es por eso por lo que digo que este mito es muy peligroso, el mito más peligroso que jamás hayan desarrollado los sacerdotes y los políticos: que el hombre ya está en la Tierra. Todos esos millones de personas que hay sobre la Tierra no son más que posibilidades y, por desgracia, la mayoría de ellos nunca las llevarán a cabo; por desgracia, muchos de ellos morirán siendo máquinas.

¿A qué me refiero cuando digo que el hombre es una máquina? Quiero decir que el hombre vive en el pasado. El hombre vive en una estructura muerta, el hombre vive en el hábito, vive en la rutina. El hombre se sigue moviendo en el mismo círculo, en la misma ruta, una y otra y otra vez. ¿No te das cuenta del círculo vicioso que es tu vida? Todos los días haces las mismas cosas: esperando, enfadándote, deseando, siendo ambicioso, siendo sensual, sexual, frustrándote, y de nuevo esperando... de nuevo se mueve todo el círculo... Cada esperanza conduce a una frustración, nunca puede ser de otra forma; y tras cada frustración, una nueva esperanza, y el círculo se empieza a mover.

En Oriente lo llamamos la rueda del *samsara*. Es una rueda, los radios son iguales. Y te engañan una y otra vez, de nuevo empiezas a esperar. Y sabes que ya has esperado antes, has esperado millones de veces, y nada ocurre de esa esperanza. Simplemente la rueda sigue moviéndose, sigue matándote, sigue destruyendo tu vida. El tiempo se te escapa de las manos. Cada momento que se pierde se pierde para siempre, y tú sigues repitiendo lo mismo de siempre.

Eso es lo que quiero decir cuando digo que el hombre es una máquina. Estoy absolutamente de acuerdo con George Gurdjieff; él solía decir que tú no tienes alma. Él fue el primer hombre que dijo drásticamente que no tienes alma. Sí, el alma puede nacer en ti, pero tú tendrás que parirla; tendrás que llegar a ser capaz de darla a luz.

A través de los siglos los sacerdotes te han estado diciendo que tú ya tienes un alma, que tú ya eres un hombre. Eso no es así; tú sólo lo eres en potencia. También lo puedes realizar, pero el mito tiene que ser destruido. Date cuenta de este hecho: tú no eres un ser consciente; y si no eres un ser consciente, ¿cómo vas a ser un hombre?

¿Qué diferencia hay entre tú y una piedra? ¿Qué diferencia hay entre tú y un animal? ¿Qué diferencia hay entre tú y un árbol? La diferencia es la consciencia. ¿Pero cuánta consciencia tienes? Tan sólo un parpadeo aquí y allá. Tan sólo algunas veces, en raros momentos, te vuelves consciente; y eso tan sólo por unos segundos y luego vuelves a caer en la inconsciencia. Sí, algunas veces ocurre, porque es tu potencial.

Algunas veces ocurre a pesar de ti... Un día está amaneciendo y entras en armonía con la existencia; y de repente ahí está: su belleza, su bendición, su fragancia, su luz. Está ahí de repente y tú has catado lo que sería, lo que puede ser, lo que es. Pero para cuando te das cuenta de que está ahí, ya se ha ido. Sólo queda el recuerdo. Sólo en raros momentos: alguna vez en el amor, observando la luna llena, el amanecer, algunas veces en la montaña sentado en una cueva silenciosa o viendo jugar a un niño sonriente; sí, alguna vez con la música... Pero esos momentos son muy raros.

Si un hombre corriente, el llamado hombre, consiguiera siete momentos de consciencia en toda su vida, sería demasiado. Raramente, muy raramente, entra tan sólo un rayo, y luego desaparece. Y regresas a tu vida trivial, aburrida y apagada. Y esto no sólo ocurre con la gente común, también ocurre con lo que llamamos gente extraordinaria.

Precisamente el otro día estaba leyendo un libro sobre Carl Jung, uno de los más grandes psicólogos de nuestra era... aunque a veces uno se pregunta si llamar a esta gente psicólogos o no. Él era un hombre muy inquieto, totalmente inquieto. No podía sentarse en silencio ni por un solo momento; no paraba de moverse, siempre estaba haciendo una cosa u otra. Si no tenía nada que hacer, se fumaba una pipa, porque era un fumador empedernido. Tuvo un ataque al corazón y los médicos le dijeron que dejara de fumar, que lo dejara totalmente. Pero dejar de fumar es muy difícil. Empezó a sentirse demasiado inquieto, empezó a sentirse como loco. Caminaba por su habitación de un lado a otro, salía fuera, sin razón alguna; se sentaba en una y otra silla. y finalmente reconoció que la pipa había sido de muchísima ayuda. Era una liberación, un tipo de liberación de su inquietud. Así que le preguntó a los médicos: «¿Me puedo poner la pipa vacía en la boca? ¿Se me permite hacer eso? –¡una pipa vacía!– Eso me ayudará».

Se lo permitieron, y a partir de entonces solía llevar una pipa vacía en la boca, tan sólo aparentando que fumaba. Y luego cogía la pipa, la tenía en las manos, jugaba con ella. ¡Y se trata de un gran psicólogo de nuestra era! ¡Qué inconsciencia! ¡Estar tan en las garras de los hábitos, tan en las garras de la inconsciencia!; parece muy infantil. Y luego seguimos encontrando racionalizaciones; nos seguimos engañando a nosotros mismos, seguimos protegiéndonos y defendiéndonos a nosotros mismos por estar haciendo esto.

A los cuarenta y cinco años Carl Jung se enamoró de una mujer. Él estaba casado con una mujer muy cariñosa. No había nada que estuviera mal, pero debe haber sido su inquietud. Casi siempre ocurre cerca de los cuarenta y cinco que uno empieza a sentir que la vida se está yendo. La muerte se va acercando y, cuando la muerte se acerca, o te vuelves más espiritual o te vuelves más sexual.

Ésas son las dos únicas defensas: o bien das un giro en busca de la verdad, de lo eterno, lo que no morirá, o empiezas a hundirte a ti mismo en fantasías más eróticas. Y particularmente los intelectuales (aquellos que han vivido toda su vida en la cabeza) son más víctimas de la crisis de los cuarenta y cinco. Entonces la sexualidad se toma la revancha. Ha sido rechazada; ahora la muerte se acerca y ¿quién sabe si volverás otra vez al mundo o no, si habrá otra vida o no? La muerte está presente y tú has vivido la vida en la cabeza. La sexualidad entra en erupción como una venganza.

Carl Gustav Jung se enamoró de una mujer joven. Lo cual iba muy en contra de su prestigio. Su esposa estaba dolida, ella le había amado y confiado en él inmensamente. Él racionalizó todo esto maravillosamente. Fíjate en su racionalización: «lo estoy haciendo muy conscientemente; de hecho, es lo que hay que hacer». Así es como vive el hombre inconsciente. Hace algo inconscientemente, luego trata de racionalizarlo e intenta probar que lo está haciendo conscientemente.

¿Qué hizo entonces? En seguida desarrolló la teoría de que hay dos clases de mujeres en el mundo: Una, la maternal, la atenta, la esposa; y la otra la amante, la amada, la que se convierte en una fuente de inspiración. Y el hombre las necesita a las dos; y un hombre como Carl Gustav Jung ciertamente necesitaba ambas. Él también necesita inspiración. Necesita una mujer atenta; eso lo satisface su esposa (ella es cariñosa, el tipo maternal, pero no satisface todas sus necesidades). Además necesita inspiración, además necesita una mujer romántica, una amante que le pueda hacer soñar intensamente; eso es esencial para él. Jung desarrolló su teoría... eso es racionalización.

Ahora bien, él nunca desarrolló la otra parte: que hay dos clases de hombres. Ahí es donde puedes darte cuenta de que es una racionalización. Si hubiera sido una verdadera visión habría tenido la otra parte, que hay dos clases de hombres, el tipo paternal y el tipo amante...; y entonces la mujer de Jung también necesitaría dos hombres! Si Jung cree que él es del tipo amante, entonces ella necesitaría otro del tipo paternal; por el contrario, si él cree que es del tipo paternal, entonces ella necesitaría otro del tipo amante. Pero eso él nunca lo desarrolló. Es así como puedes darte cuenta de que no es una visión; es simplemente una mente truculenta, una racionalización.

Estamos racionalizando todo el tiempo. Hacemos las cosas inconscientemente, las hacemos sin saber por qué las estamos haciendo. Pero no podemos aceptar este hecho; es muy humillante aceptar el hecho de que: «he estado haciendo algo de lo que no soy consciente ni se por qué lo he hecho». Vigila las racionalizaciones.

¿Cómo pueden esas personas ser beneficiosas para los demás? Es un hecho bien conocido que muchos de los pacientes de Carl Jung se suicidaron. ¿Por qué? Si venían a que les ayudaran, ¿por qué se suicidaron? Algo tiene que funcionar básicamente mal. Su análisis es sencillamente horrible. Él es un hombre muy arrogante, muy egoísta, constantemente dispuesto a pelear. Puede que todo su psicoanálisis sólo desarrollara su arrogancia contra Sigmund Freud. Puede que de nuevo sólo sea otra racionalización, porque él mismo parece sufrir del mismo problema del que piensa que está ayudando a los demás.

Jung siempre tuvo miedo de los fantasmas; hasta en su vejez les tuvo miedo. Nunca publicó su libro más importante porque tenía miedo de que la gente llegara a conocer su realidad. Así que sus memorias se publicaron, pero él se aseguró de que sólo se publicaran después de haber muerto. Y bien, ¿qué clase de verdad y autenticidad es ésta? Tenía tanto miedo de que se descubriera que estaba equivocado, o que estuviera haciendo mal algo, que nunca permitió que ningún hecho acerca de su vida se descubriera mientras estaba vivo.

He leído una anécdota...

Un hombre fue al psiquiatra y procedió a desempolvar toda la historia de su vida, cubriendo sus experiencias infantiles, su vida emocional sus hábitos gastronómicos, su problema vocacional y todo lo que se le pudiera ocurrir.

–Bien –dijo el doctor–, a mí no me parece que usted tenga ningún mal. Parece estar tan sano como yo.

–Pero, doctor –protestó el paciente con una nota de terror que desgarraba su voz–, son esas mariposas. No las puedo soportar. Se me suben por todas partes.

–¡Por el amor de Dios! –gritó el doctor, retrocediendo–, no me las eche a mí!

Los pacientes y los médicos son todos iguales. El psicoanalista y el analizado no están muy distantes. Es un juego. Puede que el psicoanalista sea más listo, pero esto no significa que conozca la realidad, porque para conocer la realidad tendrás que volverte tremendamente consciente; no hay otra forma. No es una cuestión intelectual, no tiene nada que ver con tu filosofar. Para conocer la realidad uno tiene que crecer en consciencia.

Gurdjieff solía hablar acerca de cierta psicología futura. Él solía decir que la psicología no existe todavía, porque ¿cómo va existir? ¡Ni siquiera existe el hombre! Si el hombre no existe, ¿cómo puede haber una ciencia que estudie al hombre? Primero tiene que existir el hombre, luego podrá existir la ciencia sobre el hombre. En este momento lo que sea que exista no es psicología. Puede que sea algo acerca de la máquina que es el hombre.

La psicología sólo puede existir alrededor de un buda. Con

consciencia, vive Buda. Puedes descubrir lo que es su psique, lo que es su alma. El hombre corriente vive sin alma. Sí, puedes encontrar algo erróneo en su mecanismo, y lo que esté mal se pueda arreglar. Lo que nosotros conocemos como psicología no es otra cosa que reglas de conducta. Y en ese sentido, Pavlov y Skinner tienen mucha más razón que Freud y Jung, porque ellos creen que el hombre es una máquina. Tienen razón acerca del hombre actual, aunque no tengan toda la razón al pensar que ahí se acaba todo, que el hombre no puede ser de otra forma. Ésta es su limitación: piensan que el hombre sólo puede ser una máquina. Tienen razón en lo que concierne al hombre actual (el hombre *es* una máquina), pero piensan que el hombre no puede ser de otra forma. Ahí se equivocan, Pero Freud, Jung y Adler están aún más equivocados porque piensan que el hombre ya está sobre la Tierra; lo único que necesitas es estudiar al hombre y te darás cuenta. Pero el hombre no está ahí. Es un fenómeno muy inconsciente.

El hombre es un mito. Deja que ésa sea una comprensión básica. Eso te ayudará a salir de la mentira, de la decepción.

El Tantra es un esfuerzo para hacerte más consciente. La propia palabra Tantra significa expansión de la consciencia. Viene de la raíz sánscrita *tan*: tan significa expansión. Tantra significa expansión de la consciencia; y el hecho básico, el más fundamental que hay que entender es que tú estás dormido. Hay que despertarte.

El Tantra cree en escuelas de aprendizaje: también eso tiene que ser entendido. En ese sentido Gurdjieff es uno de los mayores tántricos de nuestro tiempo. Por ejemplo, si uno esta dormido hay muy pocas posibilidades de que se despierte por sí solo. Míralo de esta manera: el día de año nuevo tú piensas igual que has pensado siempre... y han pasado muchos días de año nuevo, y siempre has hecho la promesa de que nunca volverás a fumar; y de nuevo llega el año nuevo y piensas que esta vez lo vas a conseguir. Haces la promesa de que no volverás a fumar, pero no se lo dices a los demás, te da miedo. Decírselo a los demás es peligroso porque te conoces a ti mismo, has roto tus promesas muchas veces; entonces sería muy humillante. Así que te lo guardas para ti solo. Así sólo hay una probabilidad entre cien de que mantengas tu promesa; hay noventa y nueve probabilidades de que tarde o temprano la romperás.

Tú eres un ser inconsciente; tus promesas no significan mucho. Pero si se lo dices a todo el mundo: amigos, colegas, hijos, esposa... díselo a todo el mundo: «he hecho la promesa de que no voy a fumar», hay más probabilidades, por lo menos el diez por ciento, de que no vuelvas a fumar. Antes sólo había una probabilidad, ahora hay diez. Ahora el noventa por ciento de las probabilidades son de que fumarás, pero dejar de fumar tiene más base, más solidez; del uno por ciento ha pasado al diez por ciento. Pero si te unes a un grupo de no fumadores, si te haces socio de una sociedad de no fumadores, entonces hay aún más probabilidades: habrá un noventa y nueve por ciento de probabilidades de que no vuelvas a fumar. ¿Qué sucede?

Cuando estás solo no tienes ningún apoyo del exterior; estás solo, te puedes quedar dormido fácilmente. Y nadie lo sabe, así que tampoco te preocupa. Cuando todos lo saben, que lo sepan te ayudará a mantenerte más alerta. Ahora tu ego está en juego, tu respeto y tu honor están en juego. Pero si te haces socio de una sociedad de no fumadores, entonces las probabilidades son aún mayores, porque tú vives a través de los hábitos. Alguien saca del bolsillo su cajetilla de cigarrillos, y de repente tú empiezas a buscar en tu bolsillo. Te comportas mecánicamente: alguien está fumando y tú piensas en lo maravilloso que era fumar. Si nadie fuma, y estás en una sociedad de no fumadores, entonces nadie te lo recuerda; y poco a poco el hábito desaparecerá, de no usarlo. Si no se usa un hábito, poco a poco desaparece; tiende a morir, pierde su poder sobre ti.

El Tantra dice: el hombre sólo puede despertar a través de métodos de grupo, a través de las escuelas. Por eso yo insisto tanto en favor del *sannyas*. Solo, no tienes ni una posibilidad. Juntos, hay muchas más posibilidades. Es como si diez personas se perdieran en un desierto que por la noche fuera muy peligroso: los enemigos pueden matarles, los animales salvajes pueden matarles, pueden venir ladrones, pueden venir asesinos; es una situación muy difícil. Así que se deciden por un método de grupo, dicen: «cada uno estará despierto una hora». Pensar que cada uno será capaz de mantenerse despierto durante toda la noche sería pedir demasiado para un hombre inconsciente, pero cada uno puede permanecer despierto durante una hora. Y antes de irse a dormir debe despertar a otro, entonces hay más probabilidades de que por lo menos uno del grupo estará despierto durante toda la noche.

O como Gurdjieff solía decir: tú estás en una prisión y quieres salir de ella. Solo no tienes muchas probabilidades; pero si todos los prisioneros se agrupan, entonces hay muchas más probabilidades; pueden echar a los guardias, pueden matarlos, pueden derribar el muro. Si todos los prisioneros se unen, entonces tienen muchas más probabilidades de salir a la libertad.

Pero las probabilidades aumentarán más aún si están en contacto con personas de fuera de la prisión, que ya son libres. Eso es lo que significa encontrar un maestro: encontrar a alguien que ya está fuera de la prisión. Puede ser de gran ayuda por muchas razones. Puede proporcionar las cosas necesarias, cosas que te serán necesarias para salir de la prisión; puede mandar herramientas, limas, para que puedas escapar de la prisión. Él puede vigilar desde fuera y puede informarte de cuándo se hacen los cambios de guardia; en ese intervalo hay una posibilidad de escapar. Puede informarte de cuándo se duermen los guardias. Puede arreglar que los guardias estén borrachos en una noche en particular, puede invitar al carcelero a una fiesta en su casa; él puede hacer mil y una cosas que tú no puedes hacer desde dentro. Él puede encontrarte ayuda desde fuera. Puede crear un ambiente para que cuando estés fuera de la cárcel seas aceptado por la gente, te den cobijo, te lleven a sus casas. Si la sociedad no está preparada desde fuera para recibirte, puede que salgas de la cárcel pero la sociedad te devolverá a las autoridades carcelarias.

Estar en contacto con una persona que ya está despierta es una necesidad. Y estar junto a aquellas personas que están pensando en despertarse también es una necesidad. Esto es lo que significa método de escuela, un método de grupo. El Tantra es un método de grupo. Dice: estad juntos, descubrid todas las posibilidades. Puede unirse mucha gente y juntar sus energías. Algunos serán muy inteligentes y otros serán más cariñosos; ambos son la mitad, pero juntos se convierten en algo más que una unidad, más que la suma de las mitades.

El hombre es la mitad, la mujer es la otra mitad. Excepto el Tantra, todos los buscadores lo han intentado sin el otro. El hombre lo ha intentado solo, la mujer lo ha intentado sola. El Tantra dice: ¿por qué no juntos, con las manos unidas? La mujer es la mitad, el hombre es la otra mitad; juntos son una energía mayor, una energía más total, una energía más sana. ¡Uníos! Dejad que el *yin* y el *yang* funcionen juntos. Habrá más probabilidades de salir.

Otros métodos usan la lucha y el conflicto. El hombre empieza a luchar contra la mujer, empieza a escapar de la mujer; en vez de utilizar la posibilidad de ayuda empieza a pensar que la mujer es su enemiga. El Tantra dice que esto es pura imbecilidad, estás malgastando innecesariamente tus energías luchando contra la mujer, ¡porque hay cosas más importantes contra las que luchar! Es mejor estar en compañía de la mujer;

déjala que te ayuda, y tú ayúdala a ella. Id juntos como una unidad y tendréis más probabilidades de oponeros a la naturaleza inconsciente.

Utiliza todas las posibilidades; sólo así habrá alguna probabilidad de evolucionar hacia un ser consciente, tú puedes convertirte en un buda.

Ahora los *sutras*... estos *sutras* son muy significativos. Primer *sutra*:

> *Para la mosca que gusta del olor de la carne podrida*
> *el aroma del sándalo es repugnante.*
> *Seres que descartan el nirvana*
> *codiciando la burda esfera del samsara.*

Lo primero: tal como ya he dicho, el hombre es una máquina. El hombre vive a través de los hábitos, del pasado, de las memorias; el hombre vive del conocimiento que ha adquirido. Así que se va perdiendo lo nuevo, y la verdad es siempre lo nuevo. Es como la mosca que gusta del olor de la carne podrida, el olor repugnante y fétido; el aroma del sándalo le resulta repugnante. Ella tiene una cierta clase de memoria, cierto pasado; ha pensado siempre que el olor de la carne podrida es un grato aroma. Eso es lo que ella sabe, ése es su hábito, ésa es su costumbre; éste es su pasado muerto. Ahora de repente se cruza con el sándalo: el aroma del sándalo le parecerá a la mosca un olor repugnante y fétido.

No te sorprendas... eso es lo que te está pasando a ti. Si has vivido demasiado en el cuerpo entonces con tan sólo acercarte a un hombre que vive en el alma notarás que algo va mal. Al estar ante un buda, tú no sentirás el aroma; puede que hasta empieces a sentir un mal olor. Tu interpretación... si no ¿por qué la gente mató a Jesús? ¡Jesús era sándalo! y la gente simplemente le mató. ¿Por qué la gente envenenó a Sócrates? ¡Sócra-

tes era sándalo! Pero las moscas entienden su propio pasado,
interpretan de acuerdo a su pasado.

Un día leí...

Una prostituta, la más famosa prostituta de Atenas, una vez
fue a ver a Sócrates. Y unas cuantas personas estaban allí sentadas, y Sócrates les hablaba. La prostituta miró a su alrededor
y le dijo a Sócrates:

–¿Por qué?; un gran hombre como tú, ¿y sólo hay esta poca
gente escuchándote? ¡Creí que todo Atenas estaría aquí! Y no
veo a los más respetables, a los más honorables (políticos, sacerdotes, intelectuales) no los veo por aquí. ¿Qué pasa? Ven,
Sócrates, a mi casa un día; ¡te los encontraras haciendo cola!

Sócrates dijo:

–Tienes razón; porque tú abasteces una demanda universal. Yo no. Yo sólo atraigo a unos pocos, unos pocos elegidos.
Los demás no pueden sentir mi aroma, ¡me evitan! Aunque se
crucen conmigo, se escapan, tienen miedo. Es un aroma completamente diferente.

La prostituta debía de ser tremendamente inteligente. Miró
a los ojos de Sócrates, se inclinó ante él, y dijo:

–Sócrates, acéptame como amiga tuya –y nunca se marchó; formó parte de aquella pequeña escuela.

Debe haber sido una mujer de gran consciencia... un cambio tan repentino, ¡ella lo entendió inmediatamente! Pero Atenas mató a Sócrates, era un hombre que no les gustaba. El hombre parecía muy peligroso. Había muchas acusaciones en su
contra. Una era que él destruía las creencias de las personas,
que destruía la mente de los jóvenes, que era anárquico, que si
se le permitía seguir viviendo la sociedad se desarraigaría. Él
es un enemigo peligroso.

¿Qué es lo que él estaba haciendo? Estaba haciendo algo

completamente diferente: estaba intentando crear un estado de no-mente. Pero la gente pensaba: «él destruye las mentes de las personas». Las moscas también tienen razón. Sí, los jóvenes sentían una gran atracción por Sócrates; porque sólo los jóvenes pueden sentirse atraídos por esas cosas. Sólo la juventud tiene el coraje. Aunque gente mayor venga a mí o a Sócrates, son gente joven; por eso vienen, de no ser así no podrían venir. Una mente vieja y oxidada no puede venir a mí. Puede que su cuerpo sea viejo, pero si un hombre o una mujer mayor viene a mí, viene solamente porque tiene un alma joven, en alguna parte todavía es joven; todavía es capaz de comprender lo nuevo, de aprender lo nuevo. Se dice que a un perro viejo no se le pueden enseñar trucos nuevos... es muy difícil; el perro viejo conoce viejos trucos y va repitiéndolos. Es muy difícil enseñarle algo nuevo a una mente vieja.

Y estas cosas son *tan* radicalmente diferentes, tan dramáticamente opuestas a todo lo que se te ha enseñado, que a no ser que un hombre sea *realmente* joven no puede ni siquiera escuchar. Por eso atraía a los jóvenes. Ésa era la señal de que algo de lo eterno, algo de la juventud eterna del universo se colaba a través de Sócrates.

Si Jesús estuviera vivo verías jóvenes siguiéndole. No verás gente joven yendo a ver al papa: sólo la gente vieja, la gente muerta, muerta hace mucho, mucho tiempo... va a ver al papa. Cuando el Shankaracharya original estaba vivo hubieras visto mucha gente joven a su alrededor. Pero al shankaracharya de Puri sólo le escuchan cadáveres, cuerpos muertos. ¿Gente viva? No la encontrarás.

Puedes ir y mirar en cualquier templo y encontrarás viejas y viejos; la juventud no está allí. De hecho siempre que realmente hay una religión, la gente joven se siente atraída; cuando hay verdad, la juventud se siente atraída. Cuando sólo quedan mentiras (doctrinas, dogmas, credos), entonces vienen los viejos. Que la juventud se sienta atraída significa que la verdad es joven y eso atrae a la juventud. Cuando la verdad es vieja, casi muerta, entonces atrae a los viejos.

Atrae a los viejos sólo por su miedo a la muerte. En la vejez hasta los ateos se vuelven creyentes... temerosos. Cuando un hombre joven se siente atraído hacia algo, no es por miedo a la muerte, ya que todavía no sabe nada de la muerte; es por un enorme amor a la vida. Y ésa es la diferencia entre la religión verdadera y la religión falsa. La falsa religión está orientada hacia el miedo. La verdadera religión está orientada hacia el amor.

Debes haber oído... esta fea expresión existe en todas las lenguas del mundo: temor de Dios. Debe haber sido acuñada por gente muerta, aburrida, vieja. ¿Temor de Dios? ¿Cómo se puede tener temor de Dios? Y si temes a Dios, ¿cómo vas a amarle?, del miedo sólo puede salir odio, nunca amor. Desde el miedo se puede estar en contra de Dios, porque él será tu enemigo; ¿cómo vas a amarle? Y si le amas, ¿cómo le vas a temer? ¿Has tenido miedo alguna vez a una persona que amas? ¿Has tenido miedo de tu madre alguna vez si la amabas? ¿Has tenido miedo alguna vez de tu mujer si la amabas? Si amas no hay miedo: el amor destierra todo miedo. Amor de Dios... románticamente enamorado de Dios... extásicamente enamorado de Dios...

Pero eso sólo es posible para la mente joven. Que la mente joven esté en un cuerpo joven o en un cuerpo viejo es irrelevante; pero sólo es posible para una mente joven. Sócrates fue castigado porque atraía a la gente joven. Buda fue castigado porque atraía a la gente joven. Pero recuerda siempre: siempre que nace una religión aparece gente de todos los rincones del mundo.

Ellos deberían ser la señal de que ha sucedido algo. Cuando los viejos aparecen en cualquier lugar puedes estar seguro de que allí no está sucediendo nada; ¡aquí no es donde está la

acción! Donde va la gente joven, Ahí es donde está la acción.
Pero:

Para la mosca que gusta del olor de la carne podrida,
el aroma del sándalo es repugnante.
Seres que descartan el nirvana
codiciando la burda esfera del samsara.

La verdad es lo desconocido, lo misterioso. No puedes
abordarla desde tus hábitos pasados. Sólo puedes abordarla
cuando estás desnudo de todos los hábitos.

Al vestido de los sacerdotes cristianos se le llama hábito.
Es una maravillosa utilización de la palabra hábito. Sí, yo digo,
cuando estés desnudo de todos los hábitos, se tienen que abandonar todos los vestidos, tú no funcionas a través de la memoria sino a través de la consciencia... ésas son dos funciones diferentes. Si funcionas a través de la memoria, entonces no ves
lo que es; continúas viendo lo que habías visto antes. Continúas interpretando el presente en términos del pasado, continúas imponiendo algo que no está ahí; continúas viendo cosas que no están, y no ves las cosas que están. La memoria se
tiene que poner a un lado. La memoria es buena, úsala, pero
la verdad nunca ha sido conocida a través de la memoria.
¿Cómo vas a conocer la verdad a través de la memoria? Nunca has conocido la verdad en el pasado.

La verdad no se conoce. La verdad es un extraño. Tendrás
que poner toda la memoria a un lado; tendrás que decirle a tu
mente: «¡Estáte tranquila, déjame ver sin ti! Déjame ver con
claridad, no con los ojos nublados: sin pensamiento, sin creencias, sin escrituras, sin filosofías, sin religiones. Déjame mirar
directamente, inmediatamente! Déjame mirar aquí ahora, déjame mirar a lo que se me enfrenta». Sólo entonces estarás en
armonía con el misterio de la verdad.

Y recuerda: la verdad nunca se convierte en una memoria. Aunque la hayas conocido, nunca se convierte en una memoria. La verdad es tan inmensa que, no cabe en la memoria. Y siempre que vuelva a aparecer, y tu lo sabrás, será otra vez nueva. Nunca es vieja, siempre es nueva, siempre es fresca. Ésa es una de sus cualidades, que nunca se hace vieja. Siempre es joven.

Así que si quieres conocer la verdad, Saraha le dijo al rey: «Señor, si usted realmente quiere conocer la verdad de lo que me está sucediendo, ponga a un lado su mente. Yo sé que usted es como una mosca; usted ha vivido la vida con el cuerpo y la mente, usted no conoce nada más allá de ellos. Yo estoy aquí; yo estoy más allá de ambos. Y no hay manera de explicársela de acuerdo a su mente; no, no se puede explicar. Si realmente quiere experimentarla, puede experimentarla, pero no se puede explicar».

No se puede definir a Dios. No se puede explicar a Dios. Por favor recuerda: nunca lo expliques, porque si lo explicas, según lo vayas explicando se irá marchando. Dios no cabe en ningún pensamiento. Pero Dios puede ser vivido, Dios puede ser amado. ¡Tú puedes convertirte en Dios! (eso es posible), pero la mente no puede contener a Dios. La mente es un recipiente muy pequeño, es como una cucharilla; ¿Y tú quieres meter el océano Pacífico en una cucharilla? Sí, puedes poner un poco de agua salada en tu cucharilla, pero eso no da la idea del océano Pacífico, de la inmensidad. En tu cucharilla no habrá tormentas, no surgirán grandes olas. Sí, tendrá su sabor, pero no será un océano.

Saraha dice: si quiere verme, señor, tendrá que poner su mente a un lado. Usted tiene la mente de una mosca. Usted tiene ciertos hábitos al pensar, al sentir; usted tiene ciertos hábitos viviendo. Usted ha vivido una vida de cuerpo y alma; como mucho, todo lo que sabe hasta ahora lo ha oído, lo ha leído en

las escrituras... El propio Saraha le había leído escrituras al
rey en el pasado, él lo sabía bien. Él sabe lo que el rey sabe: su
conocimiento era tan sólo información. Saraha dice: ¡Me ha
sucedido! Pero para verlo necesitará un tipo de visión diferente.

La mente nunca se encuentra con la verdad, nunca se cruza
con la verdad. Los caminos de la verdad y los caminos de la
mente van totalmente separados. Es una realidad aparte. De
ahí la insistencia de todos los místicos del mundo en alcanzar
un estado de no-mente. Eso es exactamente la meditación: un
estado de no-mente, un estado de no-pensar y a la vez plenamente consciente, iluminado de consciencia. Cuando no hay
un solo pensamiento, tu cielo está libre de toda nube y brilla
el sol.

Normalmente estamos nublados con tantos pensamientos,
deseos, ambiciones y sueños que el sol no puede brillar. Se esconde detrás de esas oscuras nubes: el deseo es una nube, el
pensamiento es una nube, la imaginación es una nube, y uno
necesita estar despejado para saber lo que hay.

Saraha dice:

> *Seres que descartan el nirvana*
> *codiciando la burda esfera del samsara.*

"Samsara" significa vivir como cuerpo, como mente, como
ego. "Samsara" significa vivir hacia afuera, "Samsara" significa vivir con las cosas. "Samsara" es vivir con la idea de que
todo es materia y nada más. "Samsara" significa tres venenos:
poder, prestigio e influencia; vivir en el mundo con la idea de
tener más poder, más prestigio, más dinero, más influencia...
esto y lo otro; vivir en las cosas y para las cosas. Ése es el significado de la palabra "Samsara"; el mundo.

Simplemente obsérvate a ti mismo: ¿has vivido alguna vez
con personas o vives solamente con cosas? ¿Tu esposa es una

persona o un objeto? ¿Tu marido es una persona o un objeto?
¿Tratas a tu marido como a una persona, como a una soberbia
e intrínsecamente valiosa persona, o simplemente como una
utilidad que provee el pan y la mantequilla, o como si ella fue-
se una ama de casa, la que cuida a los niños? ¿Es tu esposa un
fin en sí misma, o simplemente es una utilidad, una comodidad
para ser usada? Algunas veces usas su sexualidad, otras veces
la usas en otras formas; pero usar a una persona significa que
la persona es un objeto para ti, no una persona.

Una persona no puede ser usada; sólo los objetos pueden
ser usados. No se puede comprar a una persona; sólo los objetos se pueden comprar. Una persona tiene tal inmenso valor,
tal divinidad, tal dignidad que ¿cómo puedes usar a una persona? Sí, él o ella pueden dar desde su amor, pero no puedes
usarla. Y tienes que estar agradecido. ¿Te has sentido alguna
vez agradecido a tu esposa? ¿Te has sentido alguna vez agradecido a tu padre, con a madre? ¿Te has sentido alguna vez
agradecido a tus amigos? Algunas veces te sientes agradecido
a un extraño pero nunca a tu propia gente, porque lo das por
sentado.

Vivir con objetos es vivir en *samsara*.

Vivir con personas es vivir en *nirvana*.

Y una vez que empiezas a vivir con personas, los objetos
empiezan a desaparecer. Normalmente hasta las personas son
reducidas a objetos, y cuando una persona se vuelve meditativa hasta los objetos empiezan a convertirse en personas; hasta
un árbol se convierte en una persona. Poco a poco todas las cosas empiezan a tener cierta personalidad, porque Dios se extiende sobre toda la existencia.

Saraha dice: señor, usted ha vivido en el *samsara* y no puede comprender los caminos del *nirvana*. Si realmente quiere entenderlo tendrá que vivirlo, no hay otra forma. Para saber tendrá que saborearlo. Y yo estoy aquí, enfrente de usted, ¡y está

pidiendo explicaciones! El *nirvana* está enfrente de usted, ¿y está pidiendo teorías? No sólo eso (debe de estar completamente ciego) ¡ha venido a persuadirme de que vuelva al *samsara*! Una mosca me está persuadiendo para que abandone el bosque de sándalo y su aroma por el olor de la carne podrida.

«¿Se ha vuelto loco? –dijo Saraha al rey–. Será mejor que yo le persuada a usted de que venga a mi mundo a que usted me persuada de ir al suyo. Yo he conocido su mundo y he conocido también esta nueva realidad, no se puede comparar.»

Cuando un buda dice que este mundo es ilusorio, medita sobre ello, porque él también ha conocido este mundo. Cuando algún ateo, materialista, algún comunista diga que este mundo es solamente ilusorio, no hay ninguna necesidad de preocuparse por ello, porque él no lo ha conocido. Él conoce solamente este mundo; no puedes confiar en su afirmación sobre el otro mundo. Él no ha meditado nunca, nunca ha entrado en él.

Fíjate en esto: de todos los que han meditado, ni siquiera uno ha negado la realidad interior. ¡Ni siquiera uno! Sin excepción alguna, todos los meditadores se han hecho místicos. Los que no han meditado sólo conocen el mundo de la mosca y el mundo del repugnante y fétido olor de la carne podrida. Ellos viven en el oxidado mundo de los objetos, pero sólo conocen eso, y ciertamente no se puede confiar en sus afirmaciones. Se puede confiar en un Buda, un Cristo, un Mahavira; ellos han conocido ambos mundos. Han conocido lo bajo y lo elevado, y conociendo lo más elevado dicen algo acerca de lo bajo, acerca de lo que hay que meditar. No lo rechaces directamente.

Por ejemplo: Marx, Engels, Lenin, Stalin, Mao, nunca han meditado, y dicen que Dios no existe. Es casi como si un hombre que nunca ha entrado en un laboratorio de ciencia, hablara sobre ciencia. Un hombre que nunca ha entrado en un laboratorio y dice que la teoría de la relatividad es un camelo, no puede ser digno de crédito. Tienes que entrar en el laboratorio, tienes que entrar en las altas matemáticas, ¡tienes que probarlo! Simplemente porque no puedas entenderlo no te puedes permitir negarlo.

Hay muy poca gente que pueda entender la teoría de la relatividad. Se decía que en tiempos de Einstein, en todo el mundo, solo había doce personas que entendieran la teoría de la relatividad. Y algunos piensan que esto aún es una exageración, que este número no es cierto, que no había ni siquiera doce personas que entendieran su teoría correctamente. Pero por eso no se puede decir que no sea correcta; no es algo acerca de lo que se pueda votar, no se puede decidir en unas elecciones. Tendrás que ir a través del mismo proceso.

Cuando Marx dice que Dios no existe simplemente está haciendo una afirmación estúpida... Nunca meditó, nunca fue contemplativo, nunca rezó; su afirmación es irrelevante. Los que han meditado, los que han hurgado un poco más adentro de en su ser, han llegado a las mismas verdades.

Seres que descartan el nirvana
codiciando la esfera del samsara.

Saraha está diciendo: usted descarta el *nirvana* y va tras ilusiones. ¿Usted ha venido a persuadirme, señor? ¡Míreme, el éxtasis en el que estoy! Míreme; yo no soy la misma persona que abandonó su corte, soy una persona completamente diferente.

Estaba intentando traer la consciencia del rey al momento presente, y lo consiguió. Debe de haber sido un hombre de gran presencia. Él sacó al rey fuera del mundo de las moscas, fuera del mundo de la carne podrida. Le sacó hacia el mundo del sándalo y su aroma.

Segundo *sutra*:

Una huella de buey llena de agua
pronto se secará; al igual que una mente firme
pero llena de cualidades que no son perfectas,
esas imperfecciones a su tiempo se secarán.

Él dice: ¡Mire! Un buey ha pasado por aquí, y hay una huella en el suelo, y la huella está llena de agua, agua de lluvia. ¿Cuánto tiempo durará? Antes o después se evaporará, y la huella del buey ya no estará ahí. Pero el océano siempre está ahí. Aunque el agua de la huella sea parte del océano, es algo diferente.

El océano permanece siempre, nunca aumenta, nunca disminuye. Grandes nubes surgen de él pero nunca disminuye. Grandes ríos desembocan sus aguas en él pero nunca aumenta. Siempre está igual. Pero esta pequeña huella de buey que está llena ahora mimo; en unas horas o en unos días habrá desaparecido, se habrá secado. Así es el cráneo de la mente humana: es tan sólo una huella de buey, algo tan pequeño. Tan sólo tiene un poquito de agua; no confíes demasiado en ella, ya se está secando, desaparecerá. El cráneo es algo muy pequeño... no creas que vas a meter el universo en el cráneo. Y sólo puede existir temporalmente, nunca puede ser eterno.

Una huella de buey llena de agua
pronto se secará; al igual que una mente firme
pero llena de cualidades que no son perfectas,
esas imperfecciones se secarán a su tiempo.

¿Qué es lo que hay en tu pequeño cráneo? ¿Cuál es su contenido? Deseos, sueños, ambiciones, pensamientos, imaginación, voluntad, emociones; éstas son las cosas que contiene. Todas ellas se secarán, todo el contenido se secará. Así que cambia el énfasis del contenido al recipiente; ése es todo el secreto del Tantra. Fíjate en el recipiente y no en el contenido. El cielo está lleno de nubes; no mires a las nubes, mira al cielo. No mires a lo que hay en tu cabeza, lo que hay en tu mente; tan sólo mira a tu consciencia. Hay emociones, hay ira, hay amor, hay egoísmo, hay miedo, hay envidia: ése es el contenido. Justo detrás de ellos está el cielo infinito de la consciencia.

El hombre que vive a través del contenido vive como una máquina. Y el hombre que cambia el énfasis del contenido al recipiente vive la vida de la consciencia, del buda.

Y Saraha dice: señor, el contenido de su mente pronto se secará. ¡Fíjese en la huella del buey! su cabeza no es más grande que ella, el cráneo no es más grande que ella. Pero su consciencia es infinita.

Ahora bien, esto hay que entenderlo: en tu cabeza hay emociones, pero la consciencia no está en tu cabeza. ¡De hecho tu cabeza está en tu consciencia! La consciencia es inmensa, infinita. Las emociones, los deseos, las ambiciones están en tu cabeza y se secarán. Pero hasta cuando se te haya caído completamente la cabeza y haya desaparecido en la tierra, tu consciencia no habrá desaparecido. Tú no contienes la consciencia dentro de ti; la consciencia te contiene a ti, es más grande que tú.

Hay personas que preguntan... algunas veces alguien viene a mí y me pregunta: «¿En qué parte del cuerpo humano está el alma? ¿En el corazón? ¿En el ombligo? ¿En la cabeza? ¿Dónde está el alma?». Creen que están haciendo una pregunta muy pertinente. No está en ninguna parte del cuerpo: tu cuerpo está en el alma. El alma es un fenómeno más grande que el cuerpo, el alma te rodea.

¡Y tu alma y mi alma no son diferentes! Vivimos en la existencia, vivimos en un océano de alma. Un alma nos rodea, por dentro y por fuera. Todo es una energía; yo no tengo un alma diferente y tú no tienes un alma diferente. Tenemos cuerpos diferentes. Es casi como la electricidad que enciende la bombilla, la radio, la TV, mueve el ventilador y hace mil y una cosas. El ventilador es diferente a la bombilla, pero la electricidad que corre a través de ellos es la misma.

Somos una energía. Nuestras expresiones son diferentes, pero nuestra realidad es una. Si tú te fijas en el contenido y yo me fijo en el contenido, entonces ciertamente tus sueños son diferentes a los míos. No podemos compartir nuestros sueños. Yo tengo mis ambiciones, tú tienes las tuyas. Y no es sólo que no podamos compartir nuestros sueños, sino que nuestros sueños están en conflicto. Mi ambición va en contra de tu ambición; tu ambición va en contra de mi ambición. Pero si nos olvidamos del contenido y tan sólo nos fijamos en la consciencia, la pura conciencia, el cielo sin nubes, entonces ¿dónde estás «tú» y dónde estoy «yo»? Somos uno.

En ese momento hay unidad. Y en ese momento hay consciencia universal.

Toda consciencia es universal. La inconsciencia es privada, la consciencia es universal. El día que te vuelvas realmente un hombre, serás un hombre universal. Eso es lo que significa «cristo»: hombre universal, hijo de Dios. Eso es lo que significa «buda»: hombre universal que llega a la consciencia total y absoluta.

El hombre como máquina es diferente... esto tiene que ser entendido. Si tú tienes problemas de riñón, no son los míos; si yo tengo un dolor de cabeza, tú no lo tienes; aunque me ames no puedes compartir mi dolor de cabeza. Aunque yo te ame no puedo sentir tu dolor. Pero si nosotros dos estamos sentados meditando y llega un momento en el que yo no tengo ningún contenido en mi mente y tú tampoco tienes ningún contenido en tu mente, nosotros no seremos dos. Los meditadores comienzan estando separados, pero acaban siendo uno.

Si todos vosotros estáis aquí sentados en meditación, escuchándome, entonces no seréis muchos, seréis uno. Entonces no sólo vosotros sois uno: el orador y el oyente no están separados, entonces hay un puente que nos une. Veinte meditadores meditando en una sala, cuando llegan a la verdadera meditación ya no son veinte: en la sala sólo habrá una cualidad meditativa.

Hay una historia...

Unas cuantas personas entraron a ver a Buda. Ananda estaba sentado haciendo guardia a la entrada de la sala, pero aquella personas tardaban tanto que Ananda empezó a preocuparse. Miró dentro muchas veces, pero ellos continuaban y continuaban y continuaban... Entonces él entró en la habitación para ver lo que estaba sucediendo. Y allí no encontró a nadie, solamente a Buda sentado. Así que él preguntó:

–¿Adónde se han ido esas personas? No hay ninguna otra puerta... y yo estoy sentado en la única puerta, así que ¿adónde se han ido?

Y Buda dijo:

–Están meditando.

Es una preciosa historia. Todos ellos entraron en meditación, y Ananda no podía verlos porque él no era un meditador. No podía ver este nuevo fenómeno, este cambio total de energía. Ellos no estaban allí, porque no estaban allí como cuerpos, no estaban allí como mentes. Aquellos egos se disolvieron. Ananda podía ver sólo lo que *él* podía ver. Había sucedido una nueva realidad.

Una vez un gran rey vino a ver a Buda. Su primer ministro le convenció para que viniera, pero él era un hombre muy suspicaz, como lo suelen ser los políticos y los reyes, muy suspicaz. En primer lugar él no quería venir... Vino a verle tan sólo por razones políticas porque en la capital se estaba extendiendo el rumor de que él estaba en contra de Buda, y toda la gente estaba a favor de Buda; esto no era diplomático, así que le entró miedo. Y decidió ir con su primer ministro a verle.

Cuando llegó cerca de la arboleda donde Buda estaba sentado con sus diez mil monjes, le entró mucho miedo. Sacó su espada y le dijo a su primer ministro:

–¿Qué sucede? Tú me has dicho que ahí hay diez mil personas, estamos muy cerca y no se oye ningún ruido! ¿Hay alguna conspiración?

El primer ministro se rió y dijo:

–Usted no conoce a la gente de Buda. ¡Envaine su espada! Venga conmigo; no hay ninguna conspiración ni nada por el estilo. No tiene por qué tener miedo, no le van a matar. No conoce a los hombres de Buda.

Pero muy receloso, con su mano en la empuñadura de la espada, el rey entró en la arboleda. Se sorprendió. No podía creer que había diez mil personas sentadas en silencio bajo los árboles, como si no hubiera nadie. Él le preguntó a Buda:

–¡Esto es un milagro!; diez mil personas... ¡hasta diez personas hacen más ruido! ¿Qué hace esta gente? ¿Qué le ha ocurrido, ha ocurrido algo malo? ¿Están vivos todavía?; ¡parecen estatuas! ¿Y qué están haciendo aquí sentados? ¡deberían hacer algo!

Y Buda dijo:

–Están haciendo algo, pero no tiene nada que ver con lo de fuera. Están haciendo algo en su mundo interior. No están en sus cuerpos, están en sus seres, en el mismo centro. Y éstos no son diez mil personas en este momento, son todos partes de una consciencia.

Tercer *sutra*:

Como el agua salada del mar que se vuelve dulce
al ser bebida por las nubes,

así una mente firme que trabaja para los demás, convierte
el veneno de los objetos sensuales en néctar.

La actitud básica del Tantra es: lo sensual puede ser transformado en lo sublime, la materia se puede transformar en
mente, lo inconsciente puede ser transformado en consciencia.
La física dice que la materia se puede transformar en energía, que la energía puede ser transformada en materia. De hecho no son dos, sino la misma energía funcionando en dos
formas. El Tantra dice que el sexo puede ser transformado en
samadhi; el mismo enfoque, muy básico y fundamental. Lo
bajo se puede transformar en lo elevado, porque lo bajo y lo alto
están unidos; son una escalera. Nunca están separados, no están separados en ninguna parte, no hay un espacio entre ellos.
Puedes subir desde lo bajo a lo alto y puedes bajar desde lo
alto a lo bajo.

Y esa escalera es lo que el hombre es. Si quiere, puede existir en el estadio inferior; ésa es su decisión. Puede existir como
bestia o puede existir como buda; ambos estadio le pertenecen, el bajo y el alto. Y el hombre es una escalera: puede caer en
profunda inconsciencia y convertirse en una piedra, o se puede elevar hasta la consciencia absoluta y convertirse en Dios.
Pero no están separados, ésa es la belleza del Tantra.

El Tantra no es divisivo, el Tantra es la única religión que
no es esquizofrénica. El Tantra es la única religión realmente
cuerda, la más cuerda de las religiones, porque no divide. Si
divides creas una separación. Si dices que el cuerpo es malo,
que el enemigo es el cuerpo, que el cuerpo debe ser condenado, que el cuerpo está al servicio del diablo, entonces estarás
creando una separación en el hombre, entonces el hombre empezará a tener miedo al cuerpo. Y luego, poco a poco, se va
creando un abismo infranqueable y él se divide en dos partes,
se separa en dos direcciones opuestas. El cuerpo intenta sepa-

rar al cuerpo en dos, la mente intenta separar a la mente en dos; hay conflicto y confusión.

El Tantra dice que eres uno, no hay necesidad de ninguna confusión. Puedes fusionarte en una realidad. No hay necesidad de conflicto alguno, no hay necesidad de estar separado, no hay necesidad de volverse loco. Puedes amar todo lo que está a tu disposición, y puedes desarrollarlo. El cuerpo no es el enemigo de tu alma, el cuerpo es simplemente la vaina de tu espada. El cuerpo es simplemente el templo, es tu morada. No es tu enemigo, es tu amigo.

El Tantra abandona toda clase de violencia, no sólo la violencia hacia los demás sino también la violencia contra uno mismo. El Tantra dice: ama la realidad en su totalidad. Sí, se puede evolucionar mucho, pero toda evolución es a través del amor. Y no hay necesidad de luchar.

Como agua salada de mar que se vuelve dulce
al ser bebida por las nubes...

No se puede beber el agua salada del mar, es demasiado salada; es todo sal. Morirías si bebieses agua salada de mar. Pero cuando una nube viene y absorbe el agua del mar, se vuelve dulce, y entonces se puede beber.

Saraha dice: el *samadhi* es como una nube, la energía meditativa es como una nube que transforma tu sexualidad en estados elevados, que transforma tu existencia física en existencia no física, que transforma lo salado, las experiencias amargas del mundo, en dulces experiencias de *nirvana*, dulces como el néctar. El propio *samsara* se transforma en nirvana si puedes crear la nube que lo transforme. De hecho a esa nube Buda la llama *"dharmamegha samadhi"*, el *samadhi* de la nube de la ley fundamental; *dharmamegha samadhi*.

Tú puedes crear esa nube. Esa nube se crea con meditación. Puedes continuar meditando intensamente, abandonando los pensamientos, abandonando los deseos, las ambiciones... poco a poco tu consciencia será un fuego ardiente; esa nube estará ahí. Ahora puedes transformar cualquier cosa con ese fuego; ese fuego transmuta, ese fuego es alquímico. A través de la meditación lo bajo se convierte en lo elevado, el plomo se convierte en oro.

> *Como agua salada de mar que se vuelve dulce*
> *al ser bebida por las nubes,*
> *así la mente firme que trabaja para los demás*
> *convierte el veneno de los objetos sensuales en néctar.*

Dos cosas: la primera, uno tiene que crear una nube de meditación en su propio ser, y la segunda cosa es la compasión: uno que trabaja para los demás. Buda insiste en dos cosas: meditación y compasión, *pragyan* y *karuna*. Él dice que algunas veces ocurre que un meditador se puede volver egoísta; entonces también se agria. Medita, deléitate, pero compártelo, continúa compartiéndolo. No lo acumules, porque una vez que empiezas a acumular, empieza a surgir el ego. Nunca acumules nada. En el momento en que recibas algo, dalo, y recibirás más y más y más. Cuanto más dés, más recibirás. Entonces todo se convierte en néctar. Todo es néctar; simplemente tenemos que saber cómo transformarlo, simplemente tenemos que conocer la alquimia.

Último *sutra*:

> *Si inefable, nunca está uno insatisfecho,*
> *si inimaginable, debe ser la felicidad misma.*
> *Aunque de la nube uno tema el trueno,*
> *las cosechas maduran cuando descarga su lluvia.*

Lo inefable... Saraha dice: No me pregunte lo que es; es inefable, no puede ser dicho. No puede ser expresado, no existe ningún idioma que pueda expresarlo. Pero sí que puede experimentarse. ¡Mire qué contento estoy! ¡Mire qué satisfecho me he vuelto! Usted me ha conocido también antes, qué inquieto era, qué insatisfecho con todas las cosas. Y todo estaba a mi disposición; yo era su favorito, todo estaba a mi disposición, y aun así no estaba satisfecho. ¡Ahora, mire! ¡Vivo en un cementerio, sin ni siquiera un techo sobre mi cabeza! Y no vivo con reyes y reinas, estoy viviendo con esta mujer arquera. Pero míreme a los ojos... lo contento que estoy. ¿No puede ver que algo inefable ha ocurrido? ¿No puede sentir mi vibración? ¿Está tan aburrido y muerto que necesita explicaciones?

Si inefable, nunca está uno insatisfecho...

Éste es el único criterio para saber si un hombre ha alcanzado la verdad o no: él nunca estará insatisfecho, estará absolutamente contento. No le puedes sacar de su alegría, no puedes hacerle infeliz; ocurra lo que ocurra él siempre está igual, contento. Éxito o fracaso, vida o muerte, con amigos o sin amigos, con amantes o sin amantes, no hay ninguna diferencia. Su tranquilidad, su sosiego es completo y absoluto. Él está centrado... *Si inefable, nunca está uno insatisfecho.*

Si lo que no puede ser dicho ha sucedido, entonces sólo hay una manera de saberlo, y esa manera es ver la alegría.

Si inimaginable, debe ser la felicidad misma.

Y yo sé, dice él, que usted no se puede imaginar lo que me ha ocurrido. ¿Cómo se lo va a imaginar si usted no lo ha conocido nunca? La imaginación está siempre repitiendo lo mismo que has conocido.

Puedes imaginar la felicidad; has conocido pequeños retales de ella. Puedes imaginarte la infelicidad; la has conocido en grandes cantidades. Se puede imaginar la felicidad aunque no se la haya conocido; la puedes imaginar como lo contrario a la infelicidad. ¿Pero cómo vas a imaginar el éxtasis? No lo has conocido. Y no tiene ningún contrario, no es una dualidad. Es imposible de imaginar.

Así que Saraha dice: entiendo... usted no puede imaginarlo, pero no estoy diciendo que lo imagine. ¡Mire! Está presente aquí ahora. Y si no puede imaginarlo, eso también es un criterio para discernir la verdad: la verdad no puede ser imaginada. Puede ser vista, pero no imaginada. Puedes tener una visión de ella, pero no puedes soñar con ella. Y esta es la diferencia entre un sueño y una visión.

El sueño es tuyo. La visión no es tuya.

Cristo vio a Dios, y en las escrituras dice que tuvo una visión. Pues bien, los psicoanalistas dirían que simplemente se trataba de un sueño y que él no discernía entre un sueño y una visión. El sueño es algo tuyo: tú lo has imaginado, tú lo has creado, es tu fantasía. Una visión es algo que sale de la nada, que a ti nunca se te habría ocurrido, que no se te habría ocurrido nunca ni por asomo. Es algo tan completamente nuevo... luego es una visión. La visión es de Dios; los sueños, de tu mente. *Si inimaginable, debe ser la felicidad misma...*

Míreme a mí; no puede imaginar lo que ha ocurrido. ¿No puede verlo? Tiene ojos para ver; ¡mire, observe, tome mi mano! Acérquese a mí, simplemente sea vulnerable a mí, para que mis vibraciones puedan hacer vibrar su ser, y lo inimaginable y lo inefable pueda ser experimentado.

Aunque de la nube uno tema el trueno...

Y Saraha dice: yo sé... Debe haber visto al rey un poco asustado. Yo lo veo todos los días. La gente viene a visitarme y yo la veo temblando, asustada, temerosa, y dicen: «tenemos miedo, Osho». ¡Lo sé! Saraha debió ver al rey temblando por dentro... puede que no por fuera. Él era un gran rey, debió ser un hombre muy disciplinado, debía estar erguido; pero por dentro debía de tener miedo.

Siempre ocurre cuando estás cerca de un hombre como Saraha, o como Buda, así tiene que ser. Precisamente la otra noche un hombre joven vino y me dijo: «¿por qué te tengo miedo? Tú no me has hecho nada malo; ¿por qué te tengo miedo? En realidad yo te amo, pero ¿por qué te tengo miedo?».

Es natural. Cuando te acercas a un abismo, ¿qué esperas? Tendrás miedo. Hay muchas posibilidades de que puedas caerte y no seas capaz de recuperarte; sería irrevocable, irrecuperable. Desaparecerás en él completamente, totalmente. No te será posible rehacerte. El miedo es natural.

Saraha dice: *Aunque de la nube uno tema el trueno...* Él está diciendo: yo soy una nube y usted tiene miedo a los truenos, a los relámpagos. Pero recuerde, *"las cosechas maduran cuando descarga su lluvia"*. Señor, si me permite llover sobre usted, la semilla germinará, y el hombre que está escondido detrás de usted, y que todavía no ha nacido, nacerá. Le será posible madurar, sazonar, y le será posible florecer. Yo le invito, dice Saraha, a una gran cosecha... la cosecha de la consciencia, de la atención.

6. YO SOY UN DESTRUCTOR

¿Qué hay acerca del soñar despierto?

*¿Estás diciendo que nuestros problemas
se pueden dejar ahora mismo?*

*¿También tus acciones traen
la misma proporción de bien
y mal al mundo?*

*¿No es el ego también una
manifestación de Dios,
un juego jugado por la existencia?*

*Por favor, dime que estoy segura
bajo tus alas.*

*¿Qué es lo que me está abstrayendo
de ver lo obvio?*

*¿Alguna vez te sientes perdido
con las palabras?*

Primera pregunta:

*Querido Osho, últimamente he estado soñando despierto
con la iluminación; más deliciosa aún que el amor y la fama.*

¿Tienes algún comentario que hacer acerca del soñar despierto?

La pregunta es de Prem Pankaja. Soñar despierto es absolutamente correcto en lo que concierne al amor y a la fama. Forman parte del mundo de los sueños, puedes soñar tanto como quieras. El amor, al igual que la fama, es un sueño; ambos son compatibles con el soñar. De hecho, al dejar de soñar ambos desaparecen. Existen en la misma dimensión, la dimensión de los sueños.

Pero no puedes soñar con la iluminación. La iluminación sólo es posible cuando desaparecen los sueños. La iluminación es la ausencia de sueños, estés despierto o dormido, no importa. Iluminación significa que ahora tu consciencia está plenamente alerta; en una conciencia alerta no pueden existir sueños. Soñar es como la oscuridad, existe cuando no hay luz. Cuando hay luz la oscuridad sencillamente no puede existir.

Los sueños existen porque la vida es oscura, turbia, tenebrosa. Los sueños existen en sustitución: soñamos porque no tenemos una verdadera alegría. Porque no tenemos realmente nada en la vida, por eso soñamos. De no ser así ¿como íbamos a soportar el vacío en el que estamos?, ¿como íbamos a soportar nuestra existencia? Sería absolutamente insoportable. Los sueños lo hacen soportable, soñar nos ayuda. Se nos ha dicho: «¡Espera! ¿Las cosas no van bien hoy? No te preocupes, mañana todas las cosas volverán a su cauce. Todo *tiene* que volver a su cauce. Lo intentaremos; puede que todavía no lo hayamos intentado lo suficiente. Puede que no hayamos trabajado en la dirección correcta. Puede que la fortuna no estuviera de nuestro lado, que Dios estuviera en nuestra contra, pero no puede seguir siendo siempre así...» Y además Dios es compasivo, bondadoso; todas las religiones del mundo dicen que Dios es muy bondadoso, muy compasivo. Es una esperanza.

Los mahometanos repiten constantemente: Dios es *rahim, rahman*; compasivo, bondadoso. ¿Por qué? ¿Para qué repiten esto una y otra vez? Cada vez que pronuncian la palabra "Dios" repiten «el compasivo, el bondadoso». ¿Por qué? ¿Y si no es bondadoso, entonces dónde estarían nuestras esperanzas y nuestros sueños? Él *tiene* que ser bondadoso para que nuestro sueño pueda existir, porque ahí radica nuestra esperanza; en su bondad, en su compasión. Mañana las cosas irán bien, mañana todo irá bien.

Soñar despierto está bien en lo concerniente al amor y la fama, en lo que concierne a las energías enfocadas hacia fuera, porque cuando nos orientamos hacia fuera estamos en un sueño. El mundo es un fenómeno soñado; a eso es a lo que los hindúes se refieren cuando lo llaman *maya*, ilusión. Está hecho de la misma materia de la que están hechos los sueños. Es un soñar despierto con los ojos abiertos.

Pero la iluminación es un plano completamente diferente del ser. Allí los sueños no existen. Y si continúas soñando, la iluminación no será posible.

Precisamente el otro día leí esta preciosa anécdota...

Un párroco tenía un loro, pero a pesar de todos los esfuerzos por enseñarle a hablar, el pájaro seguía mudo. El párroco le mencionó esto a una anciana feligresa que había venido a visitarle. Ella se interesó y dijo:

—Yo también tengo un loro que no habla. Puede que sea una buena idea poner a los dos loros juntos y ver lo que pasa.

Pues bien eso hicieron, y después de poner a los loros en una jaula grande, el párroco y la anciana los dejaron solos y se pusieron a escuchar. Al principio todo estaba tranquilo, luego se escuchó un revoloteo y a continuación se oyó al loro de la feligresa exclamar:

—¿Qué tal un pequeño espacio para el amor, querido?

A lo que el loro del párroco contestó:

—Eso es lo que he estado esperando y por lo que he estado rezando durante años. Y hoy que se ha cumplido mi sueño, me he quedado sin palabras.

Si estás esperando, soñando y rezando para que el amor y la fama lleguen, ¡un día llegarán! No es un fenómeno difícil. Uno simplemente necesita testarudez, y llegan. Uno simplemente necesita seguir y seguir y seguir... tienen que llegar, porque es *tu* sueño. Encontrarás uno u otro lugar donde puedas proyectarlo y puedas verlo, casi como si se hubiera convertido en una realidad.

Cuando te enamoras de una mujer o un hombre, ¿qué es exactamente lo que estás haciendo? Tú llevabas un sueño dentro de ti; ahora de repente la mujer hace de pantalla y proyectas tus sueños en ella. Empiezas a creer: «se ha cumplido mi sueño». La mujer proyecta sus sueños en ti; tú haces de pantalla, y ella cree que su sueño se ha cumplido. Si sigues soñando un día u otro encontrarás una pantalla, y tu sueño se cumplirá.

Pero la iluminación no es un sueño, es abandonar todos los sueños. Así que, por favor, no sueñes con la iluminación. El amor es posible a través de los sueños; de hecho *sólo* es posible a través de los sueños. La fama es posible a través de los sueños; de hecho sólo es posible a través de los sueños, sólo le llega a los soñadores. Pero la iluminación no es posible a través de los sueños; la propia existencia del sueño la haría imposible.

Si sueñas con ella la perderás. Si la esperas la perderás. Si tienes esperanzas la perderás. Entonces, ¿qué se supone que deberías hacer? Lo que se supone que deberías hacer es entender el mecanismo del sueño. Puedes dejar la iluminación a un lado, no es asunto tuyo. Tú simplemente mira en lo profundo de la facultad de soñar, entiende cómo funciona el soñar; ese mismo entendimiento traerá cierta claridad. En esa claridad los sueños cesan, desaparecen.

Cuando no hay sueños hay iluminación.

¡Olvídate de la iluminación! No tienes ni que pensar en ella. ¿Cómo vas a pensar en ella? Lo que sea que tú pienses será erróneo. ¿Como puedes tener esperanzas en ella? Todas las esperanzas acerca de ella estarán equivocadas. ¿Cómo la vas a desear? No puede ser deseada. Entonces, ¿qué se supone que deberíamos hacer?

Intenta entender el deseo. Intenta entender la esperanza. Intenta entender el sueño. Eso es lo que hay que hacer. Simplemente trata de entender cómo ha venido funcionando tu mente hasta ahora. Viendo su funcionamiento, la mente desaparece. Simplemente un buen vistazo al mecanismo interno de la mente, y de repente se para. En esa parada hay iluminación. Esa parada tiene el sabor de una nueva dimensión de la existencia.

El sueño es una dimensión, la existencia es otra. La existencia es. El sueño es simplemente una creencia.

Segunda pregunta:

Querido Osho, tú has hablado en varios discursos recientes sobre el no-problema, la no existencia de nuestros problemas. Habiéndome criado en una represiva familia católica, y habiendo pasado veintiún años en un sistema igualmente desquiciado... ¿Estás diciendo acaso que todas las armaduras, todos los condicionamientos y todas las represiones, no existen?, ¿que se pueden abandonar inmediatamente; AHORA? Entonces, ¿qué pasa con todas las impresiones que quedan en el cerebro, en la musculatura del cuerpo?

Ésta es una pregunta muy significativa. Es de Jayananda. La pregunta es significativa porque muestra dos enfoques diferentes respecto a la realidad interior del hombre. El enfoque de Occidente es pensar en el problema, descubrir las causas del problema, ahondar en la historia del problema, en el pasado del problema, para erradicarlo desde el mismísimo principio, para descondicionar la mente, o para recondicionar la mente y recondicionar el cuerpo, para sacar todas esas impresiones que se han quedado en el cerebro; éste es el enfoque occidental. El psicoanálisis se dirige a la memoria, trabaja ahí. Se dirige a tu niñez, a tu pasado, retrocede: descubre de dónde procede el problema. Puede que hace cincuenta años, cuando eras niño, surgió el problema en las relaciones con tu madre... entonces el psicoanálisis retrocederá.

¡Cincuenta años de historia! es mucho tiempo arrastrando un asunto. Y aun así no es de gran ayuda porque hay millones de problemas, no es que sólo haya un problema. Puedes meterte en la historia de un problema, puedes buscar en tu autobiografía y descubrir las causas. Quizá puedas eliminar un problema, pero hay millones de problemas. Si empezaras a meterte en cada problema, para resolver los problemas de una vida necesitarías millones de vidas. Déjame repetirlo: para resolver los problemas de *una* vida tendrías que nacer una y otra vez, millones de veces. Esto no es en absoluto factible, eso no se puede hacer. Y todos esos millones de vidas en los que estés resolviendo los problemas de esta vida, a su vez crearán sus propios problemas... y podríamos seguir así. Te hundirías más y más en los problemas... ¡esto es absurdo!

Ahora se usa ese mismo enfoque psicoanalítico con el cuerpo: el *rolfing*, la bioenergía y otros métodos tratan de eliminar lo que ha quedado impreso en el cuerpo, en la musculatura. De nuevo tienes que meterte en la historia del cuerpo. Pero una cosa es cierta acerca de ambos enfoques, los cuales están en los mismos patrones de lógica: que el problema viene del pasado, así que tendrá que ser abordado en el pasado.

La mente del hombre siempre ha estado intentando hacer cosas imposibles. Una de ellas es reformar el pasado; algo que no se puede hacer. El pasado ha ocurrido, *realmente* no puedes ir al pasado. Cuando piensas que vas al pasado, como mucho vas a su memoria; no es el pasado real, es tan sólo la memoria del pasado. El pasado ya no está ahí, así que no puedes reformarlo. Ésta es una de las metas imposibles de la humanidad; el hombre ha sufrido mucho por querer deshacer el pasado. ¿Cómo vas a deshacerlo? El pasado es absoluto. Pasado significa que todas las potencialidades se han acabado, que se ha hecho real. Ahora ya no hay ninguna posibilidad de reformarlo, de deshacerlo, de rehacerlo. No puedes hacer *nada* con el pasado.

Y la segunda idea que siempre ha dominado la mente humana es establecer el futuro, que de nuevo es algo que tampoco se puede hacer. Futuro significa: lo que no es todavía, lo que no se puede establecer; el futuro permanece sin establecerse, el futuro permanece abierto. ¡El futuro es pura potencialidad! Hasta que no ocurra no se puede estar seguro de él. El pasado es pura realidad, ha ocurrido. Ahora no se puede hacer nada respecto a él.

En medio de éstos dos está el hombre en el presente, siempre pensando en imposibles. Él quiere hacer todo lo posible para que el futuro sea seguro, para que el mañana sea seguro; lo cual *no se puede* hacer. Deja que esto entre en tu corazón lo más profundamente posible: no se puede hacer. No malgastes tu momento presente haciendo un futuro seguro; el futuro es incierto, ésa es una de las cualidades del futuro. Y no malgastes tu tiempo mirando hacia atrás; el pasado ha ocurrido, es un fenómeno muerto, no se puede hacer nada respecto a él. Lo más que puedes hacer es reinterpretarlo, eso es todo. Eso es lo que el psicoanálisis está haciendo: reinterpretarlo. Se puede reinterpretar, pero el pasado permanece igual.

Psicoanálisis y astrología... la astrología de alguna manera trata de confirmar el futuro, y la psicología trata de rehacer el pasado. Tampoco es una ciencia. Ninguna de las dos son ciencias, ambas cosas son imposibles, pero ambas tienen millones de seguidores, porque al hombre le *gusta* así. Él quiere estar seguro acerca del futuro, así que visita al astrólogo, consulta el I Ching, visita a los lectores de Tarot, y hay mil y una formas de engañarse a uno mismo, de embaucarse uno mismo. Y además, hay personas que dicen que pueden cambiar el pasado; a éstos también va a consultarles.

Una vez que abandonas estas dos cosas, te liberas de toda clase de tonterías; entonces no vas ni al psicoanalista ni al astrólogo. Entonces sabes que el pasado se ha acabado... acaba tú también con él. Y el futuro no ha ocurrido; ya veremos si ocurre, en este momento no se puede hacer nada. Sólo puedes destruir el momento presente, que es el único momento disponible, real.

El Occidente siempre ha estado mirando en los problemas, cómo resolverlos. El Occidente se toma los problemas muy en serio. Y cuando sigues cierta lógica, dadas las premisas, esa lógica parece perfecta.

Acabo de leer una anécdota...

Un gran filosofo y matemático de renombre universal subió a bordo de un avión. Estaba sentado en su butaca pensando en grandes problemas matemáticos cuando de repente llegó un comunicado del capitán:

Lo siento, habrá un ligero retraso. El motor número uno se ha parado y ahora volamos con tres motores.

Unos diez minutos más tarde otro comunicado:

–Me temo que el retraso será más largo; se han parado los motores numero dos y tres y sólo queda el número cuatro.

Así que el filosofo se gira hacia el compañero que va a su lado y le dice:

–¡Buen Dios! ¡Si se para el cuarto vamos a estar aquí arriba toda la noche!

Cuando sigues cierta línea de pensamiento, su misma dirección hace que ciertas cosas sean posibles, también cosas absurdas. Una vez que te tomas los problemas humanos muy en serio, una vez que empiezas a pensar en el hombre como si fuera un problema, has aceptado ciertas premisas; has dado el primer paso en falso. Ahora puedes ir en esa dirección, y seguir, y seguir... En este siglo ha surgido una maravillosa literatura acerca del fenómeno de la mente, el psicoanálisis; se han escrito millones de papeles, tratados y libros. Una vez que Freud abrió la puerta de cierta lógica, dominó el siglo entero.

Oriente tiene una visión totalmente diferente. Primero, dice que ningún problema es serio. En el momento en que dices que ningún problema es serio, el problema está casi muerto en un noventa y nueve por ciento. Toda tu visión acerca de él cambia. La segunda cosa que Oriente dice es: el problema existe porque tú estás identificado con él. No tiene nada que ver con el pasado, nada que ver con la historia. Tú te has identificado con él; ésa es la *realidad*. Y ésta es la llave para resolver todos los problemas.

Por ejemplo: eres una persona violenta. Si vas al psicoanalista, él dirá: «Ve al pasado... ¿Cómo surgió esta ira? ¿En qué situaciones se te quedó impresa y te condicionó? Tendremos que borrar todas esas impresiones; tendremos que lavarlas. Tendremos que lavar tu pasado completamente».

Si vas a un místico oriental, dirá: «Tú piensas que eres ira, te sientes identificado con la ira; ahí es donde van mal las cosas. La próxima vez que te pongas furioso, tú simplemente sé un observador, tú simplemente sé un testigo. No te identifiques con la ira, no digas: "estoy furioso". Simplemente ve cómo ocurre como lo verías en una pantalla de TV. Mírate a ti mismo como si estuvieras mirando a otra persona».

Tú eres pura consciencia. Cuando la nube de la ira te envuelva, tan sólo observa, y permanece alerta para no identificarte. La cuestión es cómo no identificarse con el problema. Una vez que lo has aprendido... entonces no importa que tengas «tantos problemas»... porque la llave, la misma llave abrirá todas las cerraduras. Lo mismo que pasa con la ira, pasa con el egoísmo, con el sexo; simplemente permanece sin identificarte. Recuerda (a eso es a lo que Gurdjieff se refiere cuando dice «autorecordarse». ¡Recuerda que tú eres un testigo! ¡estáte atento!); eso es lo que dice Buda. ¡Estáte atento de que está pasando una nube! Puede que las nubes vengan del pasado, pero eso no significa nada. Tienen que tener cierto pasado, no pueden salir de la nada; deben venir de cierta secuencia de eventos; pero eso es irrelevante. ¿Por qué preocuparse por eso? *Ahora mismo*, en este mismo momento, puedes desligarte de ellas, puedes cortar con ellas. El puente se puede romper ahora; y *sólo* puede romperse en el ahora.

Ir al pasado no servirá de nada. Hace treinta años surgió la ira y tú te identificaste con ella aquel día. Ahora tú no puedes desidentificarte de ese pasado que ya no existe. Pero te puedes desidentificar en este momento, en este mismo momento. Y entonces toda la serie de iras de tu pasado no serán parte de ti.

La pregunta es relevante. Jayananda ha preguntado: «Tú has hablado en varios discursos recientes sobre el no-problema, la no existencia de nuestros problemas. Habiéndome criado en una represiva familia católica...» Puedes dejar de ser católico ahora mismo. ¡Y digo ahora! No tendrás que regresar y deshacer todo lo que tus padres, tu sociedad, tu sacerdote y tu iglesia han hecho. Eso sería un puro desperdicio de precioso tiempo presente. No sólo ha destruido muchos años ya, sino que además ahora está destruyendo tus momentos presentes. Tú puedes simplemente salirte, igual que una culebra se sale de su vieja piel.

«Habiéndome criado en una represiva familia católica, y habiendo pasado veintiún años en un igualmente desquiciado sistema educacional; ¿estás diciendo que todas las armaduras, todos los condicionamientos y todas las represiones no existen...?» No, existen. Pero existen o en el cuerpo o en la mente; no existen en tu consciencia, porque tu consciencia no puede ser condicionada. ¿La consciencia *permanece* libre! La libertad es su cualidad más esencial, la libertad es su naturaleza. De hecho, hasta al preguntarlo, tú muestras esa libertad.

Cuando tú dices: «veintiún años en un desquiciado sistema educacional», cuando dices: «habiéndome criado en una represiva familia católica», en *ese* momento no estás identificado. Puedes darte cuenta: tantos años de represión católica, tantos años de cierta educación. En ese momento, en que lo estás contemplando, esa consciencia ya no es católica; de no ser así, ¿quién se habría dado cuenta? Si realmente te hubieras *hecho* católico, ¿quién se daría cuenta? No habría ninguna posibilidad de hacerse consciente.

Si puedes decir: «veintiún años en un sistema igualmente desquiciado», una cosa es cierta: tú todavía no estás loco. El sistema ha fracasado, de ahí que tú puedas ver que todo el sistema está loco. Un loco no se da cuenta de que está loco, sólo una persona cuerda puede ver lo que es la locura. Para reconocer la locura como tal, se necesita cordura. Esos veintiún años de desquiciado sistema educacional han fracasado, todos esos condicionamientos represivos han fracasado. En realidad no pueden triunfar. Triunfan sólo en proporción a tu identificación con ellos. Te puedes alejar en cualquier momento... está ahí (yo no estoy diciendo que no exista) pero ya no forma parte de tu consciencia.

Eso es lo bonito de la consciencia: la consciencia se puede despegar de cualquier cosa; no hay barreras para ella, no hay fronteras para ella. Tan sólo hace un momento eras inglés. Un segundo después, al entender el disparate del nacionalismo, ya no lo eres.

No estoy diciendo que tu piel blanca cambiará; seguirá blanca pero tú ya no te identificas con el color de la piel, tú ya no estás en contra del negro. Date cuenta de lo estúpido que es esto. Yo no estoy diciendo que simplemente al darte cuenta dejes de ser inglés, que te olvidarás del idioma inglés, no. Todavía estará en tu memoria, pero tu consciencia se ha despegado, tu consciencia está sobre un otero mirando al valle. Ahora el inglés yace muerto en el valle y tú estás en las colinas, lejos, desligado, desatado.

Toda la metodología de Oriente se puede reducir a una palabra: observar. Y toda la metodología de Occidente se puede reducir a una cosa: analizar. Analizando, das vueltas y vueltas; observando, tú simplemente te sales del círculo.

El análisis es un círculo vicioso. Si *realmente* quieres entrar a analizar, simplemente te quedarás perplejo; ¿cómo es posible? Si, por ejemplo, tratas de entrar en el pasado, ¿dónde acabarás? ¿Dónde exactamente? Si entras en el pasado, ¿dónde empezó tu sexualidad? ¿A los catorce años de edad? ¿Pero entonces salió de la nada? Debe haberse estado preparando en el cuerpo. ¿Así que cuándo? ¿Al nacer? Pero entonces, cuando estabas en el vientre de tu madre, ¿no se estaba preparando? ¿Entonces cuándo? ¿En el momento en que fuiste concebido? Pero antes de eso la mitad de tu sexualidad estaba madurando en el óvulo de tu madre y la otra mitad estaba madurando en el esperma de tu padre. Puedes seguir... ¿Dónde acabarás? Tendrás que llegar hasta Adán y Eva. Y ni si quiera acabaría ahí: tendrías que ir a ver al propio Dios Padre. Para empezar, ¿por qué creó a Adán?...

Los análisis siempre se quedarán a la mitad, así que el análisis realmente no ayuda a nadie, no puede ayudar. Te ajusta un poco más a tu realidad, eso es todo. Es algo así como un ajuste, te ayuda a conseguir un poco de comprensión acerca de tus problemas, sus génesis, cómo han surgido. Y esa pequeña comprensión intelectual te ayuda a ajustarte mejor a la sociedad, pero sigues siendo la misma persona. No hay ninguna transformación a través del análisis, a través de él no sucede ningún cambio radical.

La observación es una revolución. Es un cambio radical; ¡desde las mismísimas raíces! Trae un hombre nuevo a la existencia, porque saca tu consciencia de todos los condicionamientos. Los condicionamientos están en el cuerpo y en la mente, pero la consciencia permanece incondicionada. Es pura, siempre pura; es virgen. Su virginidad no puede ser mancillada.

El enfoque oriental es darte a conocer esta conciencia virgen, esta pureza, esta inocencia. Eso es lo que Saraha le está diciendo al rey una y otra vez. Nuestro énfasis está en el cielo y el énfasis occidental está en las nubes. Las nubes tienen una génesis: si quieres descubrir de dónde vienen tendrás que buscar en el océano, luego en los rayos de sol, en la evaporación de las aguas y en la formación de las nubes... Y así sigue y sigue, dando vueltas y vueltas. Es una rueda. ¿Por dónde te saldrás? Una cosa llevará a otra y te encontrarás dando vueltas.

El cielo no tiene génesis, el cielo no ha sido creado; no ha sido producido por ninguna cosa. De hecho, para que una cosa sea se necesita un cielo obligadamente, es una prioridad: tiene que existir antes de que cualquier otra cosa pueda existir. Puedes preguntar a un teólogo cristiano; él dirá que Dios creó el mundo. Pregúntale si antes de que creara el mundo había o no un cielo. Si no había cielo, ¿dónde solía vivir Dios? Debe haber necesitado cierto espacio... si no había espacio, ¿dónde creó el mundo? ¿Dónde puso el mundo? El espacio es una necesidad... hasta para que viva Dios. No puedes decir: «Dios creó el espacio», eso sería absurdo, porque entonces él no habría tenido espacio para existir. El espacio debe de preceder a Dios.

El cielo siempre ha estado ahí. El enfoque oriental es que seamos conscientes del cielo. El enfoque occidental te hace más consciente de las nubes y te ayuda un poco, pero no te hace consciente de tu capa más profunda. Sí, puedes hacerte un poco más consciente de la circunferencia... pero no del centro. Y la circunferencia es un ciclón; tienes que encontrar el centro del ciclón, y eso sólo sucede a través de la observación.

La observación no cambiará tus condicionamientos, la observación no cambiará la musculatura de tu cuerpo. Pero la observación simplemente te dará la experiencia de que tú estás más allá de toda musculatura, de todo condicionamiento. En ese momento de transcendencia no existen los problemas, no para ti.

Y ahora depende de ti... El cuerpo todavía llevará la musculatura y la mente todavía llevará los condicionamientos; ahora depende de ti: si alguna vez añoras los problemas, puedes meterte en el cuerpo-mente, tener el problema y disfrutarlo. Si no quieres tenerlo, puedes permanecer fuera. El problema se quedará impreso como algo sin importancia en el fenómeno del cuerpo-mente, pero tú estarás lejano y distante de él.

Así es como funciona un buda. Tú usas la memoria; un buda también usa la memoria, pero no está identificado con ella. Él usa la cabeza como un mecanismo. Por ejemplo, yo estoy usando el lenguaje... cuando estoy usando el lenguaje tengo que usar la mente y todas sus impresiones, pero yo no estoy constantemente usando la mente; esa consciencia está ahí. Así que yo sigo siendo el jefe, la mente sigue siendo el sirviente. Cuando se llama a la mente, ella viene; su utilidad está ahí, pero no puede dominar.

Así que tu pregunta es correcta: los problemas existirán, pero sólo existirán en forma de semilla en el cuerpo y la mente. ¿Cómo vas a cambiar tu pasado? En el pasado tu has sido católico; si durante cuarenta años has sido católico, ¿cómo vas a cambiar esos cuarenta años a no serlo? No, esos cuarenta años permanecerán como un período en el que fuiste católico. No, pero te puedes despegar de ello; ahora sabes que tan sólo era identificación. Esos cuarenta años no se pueden destruir, además no hay necesidad de destruirlos. Si tú eres el amo de la casa, no hay necesidad. En cierta forma hasta puedes usar esos cuarenta años en una forma creativa. Hasta esa desquiciada educación puede ser usada en una forma creativa.

«¿Qué pasa con todas las impresiones que han quedado en el cerebro, en la musculatura del cuerpo?» Estarán ahí pero como semillas, potencialmente ahí. Si te sientes demasiado solo y quieres problemas, puedes tenerlos. Si te sientes demasiado desgraciado sin miserias, puedes tenerlas; siempre estarán a tu disposición. Pero no hay necesidad de tenerlas; será tu elección.

La humanidad futura tendrá que decidir si ir por el camino del análisis o cambiar al camino de la observación. Yo uso ambos métodos. Uso el análisis; particularmente con buscadores que vienen de Occidente, los pongo a hacer terapias de grupo. Esas terapias de grupo son analíticas, esas terapias de grupo son producto del psicoanálisis. Han crecido; si Freud levantara la cabeza no podría reconocer la terapia de grupo de encuentro o la terapia primal. Le sería difícil reconocerla. «¿Qué está pasando? ¿Se ha vuelto loca toda esta gente?». Pero están fuera del alcance de *su* trabajo; él fue un pionero, sin él no existiría la terapia primal. Él empezó todo este juego.

Cuando vienen a mí personas occidentales, les pongo a hacer terapias de grupo. Eso es bueno para ellos, y deben empezar por lo que les resulte más fácil. Luego poco a poco voy cambiando. Primero van a terapias catárticas como los grupos de encuentro y primal, luego les empiezo a meter en el de iluminación intensiva y luego en el de *vipassana*. *Vipassana* es una observación. Desde el encuentro al *vipassana* hay una gran síntesis. Cuando vas del grupo de encuentro al de *vipassana*, estás yendo del Occidente al Oriente.

Tercera pregunta:

Querido Osho, ¿tus acciones también traen la misma proporción de bien y mal al mundo?

¿Qué acciones? ¿Puedes detectar alguna acción en mí... excepto hablar? Y en eso también me cuido mucho de contradecir todo lo que digo. Así que al final, sólo vacío... Para eso sirven las contradicciones. Si yo digo más uno, inmediatamente diré menos uno, y el resultado total será cero.

Yo no soy un hacedor, yo no hago nada. Lo único que puedes llamar acción es cuando os hablo, y eso es tan contradictorio que no se puede decir que sea bueno ni malo. Yo voy negándome a mí mismo. Y si tú entiendes este estado de no-acción, habrás entendido la más elevada posibilidad de la consciencia.

La consciencia más elevada no es un hacedor, es un ser. Y si aparece algo que se parezca a la acción, es sólo por diversión. Hablaros es sólo un juego. Y todo mi esfuerzo es que vosotros no os volváis dogmáticos acerca de mí. No podéis hacerlo, yo no permito esa posibilidad. Yo me contradigo tanto que ¿cómo podríais crear un dogma? Si tratarais de crear un dogma, descubriríais inmediatamente que yo ya lo he contradicho.

Un misionero cristiano que solía visitarme me dijo:

—Tú ya has hablado mucho. Lo que ahora se necesita es un pequeño libro que presente tu filosofía, algo así como un catecismo cristiano, un resumen.

Yo dije:

–Eso sería difícil. Si alguien tratara de "resumirme" se volvería loco. Además no encontraría ninguna forma de elegir y qué elegir.

Una vez que yo me haya ido mucha gente se va a volver loca trabajando en su tesis doctorales sobre mí, porque yo he dicho todo lo que se puede decir y he negado todo lo que se puede negar.

Cuarta pregunta:

Querido Osho, una pregunta de mala fe: ¿por qué hablas tanto sobre el ego? ¿No es el ego también una manifestación de Dios, un juego jugado por la existencia?

Si tú lo entiendes así, entonces no hay ningún problema con el ego. Ése es el propósito por el que sigo hablando sobre el ego, para que tú no seas y Dios sea. Si tú has llegado a una comprensión tan profunda de que el ego también es un juego de Dios, ¡entonces está perfectamente bien! Entonces no hay problema, entonces no hay necesidad de abandonar nada porque no tienes nada que abandonar.

Si tú entiendes que el ego es también un juego de Dios, entonces tú no estás en él. Todas las cosas son Dios (eso es lo que quiere decir sin ego), hasta el ego.

¡Ten cuidado! Puede que sólo sea un truco para engañarte a ti mismo; la mente es muy astuta. Puede que estés tratando de salvar tu ego en nombre de Dios. Depende de ti, estate atento. Si *realmente* has entendido que todo es Dios, entonces tú no existes.

Así que, ¿dónde está el ego?, ¿qué significa ego? Significa: yo tengo una vida privada, yo no soy parte del flujo universal. Yo no soy parte del río, yo estoy nadando, estoy yendo contra corriente; tengo mis propias metas privadas. No me importa a dónde vaya la existencia; yo tengo mis propias metas y estoy intentando encontrarlas y conseguirlas. Ego significa tener una meta privada. El ego es idiota.

La palabra idiota es muy bonita. Significa tener un idioma privado, tener una meta privada, un estilo privado. El ego es idiota. Simplemente dice: «yo no soy parte de lo universal; yo soy privado, estoy separado. Soy una isla, no pertenezco al continente». Esta no pertenencia al todo es lo que el ego es, esta idea de estar separado.

Por eso todos los místicos han dicho: abandona el ego. ¿Qué están diciendo? Están diciendo: no estés separado. Abandonar el ego no significa ninguna otra cosa: no estés separado, estáte unido a la existencia.

Y no vayas contra la corriente del río; eso es una tontería; simplemente te cansarás y acabarás derrotado. ¡Ve con la corriente! Todo el camino, ve con el río; eres parte del río. Y entonces habrá relajación, descanso y gozo.

Con el río hay gozo, en contra del río hay tensión, ansiedad. El ego crea ansiedad y tensión.

Tú preguntas: «¿por qué hablas tanto en contra del ego? ¿No es el ego también una manifestación de Dios, un juego jugado por la existencia?» Si has llegado a entender esto, entonces al menos para ti no estoy diciendo que hay que abandonar el ego; entonces tú no tienes ego alguno que abandonar. Pero ten mucho cuidado y ve con cautela: la mente es muy astuta.

He oído una pequeña anécdota...

Un mono y una hiena andaban juntos por la jungla cuando la hiena dijo:

—Cada vez que paso por esos matorrales, un gran león salta sobre mí y empieza a pegarme y pegarme, ¡y no sé por qué!»

–Bueno, yo iré contigo esta vez –dijo el mono– y yo daré la cara por ti.

Así que caminaron juntos, y exactamente al llegar a los arbustos, un león saltó sobre ellos y empezó a pegar a la hiena. El mono se subió a un árbol y se quedó observando. Así que cuando el león se marchó, la hiena medio muerta le preguntó al mono:

–¿Por qué no has bajado a ayudarme?

Y el mono respondió:

–Te estabas riendo tanto que pensé que ibas ganando.

¡Ten cuidado con el ego! Puede encontrar formas y medios de protegerse a sí mismo. Puede racionalizarlo todo; el ego es un gran racionalista, la racionalización es su única función.

Quinta pregunta:

Querido Osho, por favor dime, esto para que pueda dejar de preocuparme de ello: «Arup, todo te va absolutamente bonito. Por mucho que la mente lo intente, ya es demasiado tarde. Te tengo segura bajo mis alas y no hay forma de volver atrás. Y de ahora en adelante serás cada vez más bienaventurada».

Gracia, Osho. Espero que sea así, pero algunas veces lo dudo.

La pregunta es de Arup. Pues bien, lo primero: me pides que te diga: «todo te va absolutamente bonito».

Sólo porque yo lo diga, no va a volverse bonito. Puede que te consuele, pero yo no estoy aquí para consolarte. O aceptas la realidad o no te preocupes en absoluto. El consuelo es algo falso. Es un juguete con el que jugar, es solamente un pasatiempo, y pasar el tiempo es malgastar el tiempo.

Y otra cosa, dices: «todo te va absolutamente bonito»... difícil... «Absolutamente bonito»... difícil. Aquí en la Tierra no hay nada absoluto... excepto la observación. La fealdad no es absoluta, la belleza no es absoluta, la felicidad no es absoluta, la infelicidad no es absoluta; sólo la observación. Y cuando observas, no te sientes ni feo ni bonito, ni feliz ni infeliz; simplemente te sientes un testigo.

Todo mi trabajo consiste en hacer de ti un testigo, pero a ti te gustaría que todo te fuera bonito, tú no quieres ser un testigo. Quieres tener más experiencias placenteras; por eso buscas consuelo constantemente. En realidad la gente no viene a mí para ser ayudada sino para ser consolada. Sólo para que les dé un golpecito en la espalda. Si yo digo que todo va bien, se sienten bien, pero ¿cuánto tiempo va a durar este sentimiento? Tarde o temprano se disipará. Tendrán que venir otra vez, y otra vez tendré que acariciarles la cabeza. Esto no te va a ayudar. Tú necesitas una transformación. Y además esto crearía una dependencia de mí, y yo no quiero hacerte dependiente de mí. Tienes que ser independiente, tienes que ser tú misma, tienes que valerte por ti misma.

«Por mucho que tu mente lo intente, ya es demasiado tarde.»

¡Nunca es demasiado tarde! Puedes volver atrás en cualquier momento, porque la mente siempre está ahí. Puedes meterte de nuevo en tu vieja piel, te puedes identificar de nuevo con ella. Además, cuando *realmente* sea demasiado tarde no harás esta pregunta. Porque entonces sabrás que ya no hay posibilidad de volver atrás. Será una certeza en ti, será tu propio conocimiento; no necesitarás mi certificado. El hecho de que necesitas un certificado demuestra que no ha sucedido. Tú dudas.

He oído...

Mulla Nasruddin estaba en el banquillo de los acusados.

–Este crimen ha sido obra de un asesino profesional –dijo

el acusador–, y fue llevado a cabo de una forma astuta y profesional.

–Señor, adulándome no conseguirá nada –dijo Mulla Nasruddin para el bochorno de su defensor–, no voy a confesar.

Pero ha confesado. Arup ha confesado. Esto no es una pregunta, esto es una confesión de que está preocupada. Es natural. Sería inhumano esperar que no hubiera preocupación, por
lo menos a estas alturas. Algunas veces ella siente dudas... eso
es humano, natural; es mejor aceptarlo que negarlo, mejor que
crear una pantalla y negarlo. «Por favor, dime que puedo dejar
de preocuparme por ello.»

   ¿Cómo dejarías de preocuparte por ello; solamente por que
yo te lo diga? Si fuera así de fácil, se lo hubiera dicho a todo el
mundo. No es así de fácil. Diga yo lo que diga, tú lo interpretarás a tu propia manera, y encontrarás nuevas preocupaciones. Diga yo lo que diga, tú tendrás que interpretarlo; no puedes
aceptarlo completamente, no puedes confiar en ello completamente. Yo no estoy diciendo que *tienes* que confiar en ello
completamente; estoy diciendo que esto es sencillamente natural.

   No te pido nada innatural. Yo no te pido ninguna cosa absurda. ¡Es natural! Algunas veces dudas, algunas veces estás
en contra de mí, algunas veces eres muy negativa. Algunas veces sientes que deberías abandonarlo todo y regresar a tu viejo
mundo. No digo que estés haciendo algo criminal, no; es simplemente humano, es muy natural. Si no estuvieras haciendo
eso, entonces habría algo que anda mal, en algún lugar te habría perdido.

   Cualquier cosa que diga será interpretada por la misma
mente preocupada. Aunque diga exactamente: «sí, Arup, todo
te va absolutamente bonito», tu pensarás: «¿estaba Osho bromeando?, ¿realmente lo decía en serio?» La mente preocupa-

da saltará sobre ello, tus interpretaciones tienen que estar ahí necesariamente.

Escucha esta pequeña historia...

Un sacerdote regresaba de una reunión a altas horas de la noche. De repente, mientras conducía recordó que no había rezado sus oraciones. Aparcó a un lado de la tranquila carretera vecinal, salió del coche y usando los faros empezó a leer sus oraciones.

Poco después de haber empezado, y para su sorpresa, pasó una grúa por allí. El conductor de la grúa, pensando que tendría alguna avería, paró, bajó la ventanilla y le preguntó:

—¿Tiene algún problema, amigo?

—No, todo va bien, gracias —contestó el sacerdote.

—Lo único que puedo decir es: ¡que ese libro que está leyendo debe ser gloriosamente interesante! —gritó el conductor mientras arrancaba para no poder ser contestado.

Ahora simplemente piensa en alguien leyendo un libro en una carretera solitaria con los faros de su coche... ¿tú que pensarías? ¿Puedes imaginarte que alguien va a estar leyendo la Biblia? ¿Qué prisa hay en leer la Biblia? ¿Puede alguien tener tanto interés en leer la Biblia? ¿No puede esperar a llegar a casa para leerla? El conductor de la grúa debe haber interpretado la situación según su propia mente. Tú no oirás lo que yo diga, tú lo oirás a tu manera. Si estás preocupada, te preocuparas por ello. Si estás vacilante, dudarás acerca de ello. Si eres negativa, serás negativa acerca de ello. Si eres confiada, confiarás.

Arup dice: «tan sólo dime esto para que pueda dejar de preocuparme acerca de ello». No, la preocupación no se puede dejar tan fácilmente. El que yo te lo diga no ayudará, tú tendrás que hacer algo; tendrás que hacer lo que yo digo. Tendrás que ser un poco más práctica. Tendrás que hacer observación...

Había tres vagabundos hambrientos, y llegaron a una casa donde el gobernador estaba cocinando arroz. Y les dijo que podían quedarse a dormir y el que tuviera el mejor sueño podría comer algo de arroz caliente.

Así que a la siguiente mañana el primer vagabundo dijo:

–He soñado que era el rey.

El segundo dijo:

–Eso no es nada; yo he soñado que era el mismo Dios.

Y el tercero dijo:

–Yo tuve un sueño muy ordinario, así que no tengo ninguna probabilidad de ganar. Yo soñé que el arroz caliente se estaba enfriando, así que bajé y me lo comí.

¡Esto es a lo que me refiero cuando digo que seas práctica! Así que, Arup, sé práctica. Haz lo que yo digo. Simplemente que yo lo diga no va a servir de nada... y el arroz se está enfriando. Tú quieres que te ayude a crear un sueño y el arroz se está enfriando. Simplemente baja y cómete el arroz.

Si yo digo: «Arup, todo te va absolutamente bonito. Por mucho que la mente lo intente, ya es demasiado tarde. Te tengo segura bajo mis alas y no hay forma de volver atrás», simplemente te estaría dando un sueño.

En primer lugar, no puedo decirlo porque el propio deseo de sentirse seguro, protegido, va en contra del crecimiento espiritual. Yo te estoy empujando hacia parajes peligrosos, te estoy empujando a un abismo. A ti te gustaría estar segura bajo mis alas; pues bien, yo te estoy arrojando al tumulto de la existencia, sin ninguna seguridad, sin ninguna protección. Yo no soy un protector, yo soy un destructor. Yo no estoy en favor de tu seguridad; si *realmente* quieres entenderme, me voy a convertir en tu vida peligrosa.

Si me has entendido, siempre estarás insegura. Nunca pedirás seguridad y protección. Tú aborrecerás la seguridad y la protección, pensarás que son enemigos, y lo son. Disfrutarás estando en un claro, vulnerable a todas las posibilidades que hay en la vida. Sí, también vulnerable a la muerte; "todo" también incluye a la muerte. Una vida *verdadera* encara la muerte a cada momento. Sólo las vidas irreales, de plástico, son seguras.

No, no puedo decir eso... que te tengo segura bajo mis alas y no hay forma de volver atrás. Puedes caer, puedes caer desde el último peldaño. Hasta que te ilumines, te puedes volver atrás, puedes regresar: puedes negar, puedes traicionar, puedes rechazar. Puedes caer de nuevo en la desgracia; te puedes caer hasta desde el último peldaño. Hasta que y a no ser que hayas subido toda la escalera, hasta el último peldaño, hasta que y a no ser que seas simplemente un don nadie, puedes caer hacia atrás. Un ligero ego, un simple temblor del ego es suficiente para llevarte de regreso. Se puede condensar de nuevo, se puede integrar de nuevo, se puede convertir de nuevo en una nueva manía.

Además la seguridad no es mi camino; Ser *sannyasin* significa que estás preparado para vivir la vida sin ninguna seguridad. Ése es el mayor de los corajes, y con ese gran coraje se hace posible una gran bendición.

«Y tú vas a ser más, más y más bendita desde ahora.» Yo no soy un Émile Coué, no soy un hipnotizador. Sí, tú puedes hipnotizarte a ti misma de esta forma: ésa es la metodología de Coué. Él le decía a sus pacientes: «piensa, sueña, imagina, visualiza cada noche antes de irte a dormir, cada mañana al despertarte, repite una y otra vez "voy mejorando, me voy volviendo más sano, me voy volviendo más feliz...". Repítelo, sigue repitiéndolo».

Sí, ayuda un poco, crea una ilusión a tu alrededor, pero ¿te gustaría que yo te ayudara a crear ilusiones? Mi enfoque no es en absoluto el de la hipnosis sino el de la deshipnotización.

No quiero que estés hipnotizada por ninguna ilusión. Yo quiero que estés completamente deshipnotizada de todas las ilusiones. Cuando estás en un estado de desilusión, de desilusión total, la iluminación está muy cerca.

Después Arup dice: «gracias, Osho. Espero que sea así...» ¡Lo ves! Su mente ya ha empezado a interpretar: «*espero que sea así*...» No es así, ella simplemente lo espera. ¡Cómo puedes engañarte a ti mismo!

«Espero que sea así, pero algunas veces dudo.» Yo no condeno tu vacilación; es perfectamente normal dudar alguna vez. ¡Está perfectamente bien! Nunca lo condenes, acéptalo. No intentes crear falsas firmezas: pertenecerán a la mente, y serán decepcionantes, y no te conducirán a ninguna parte. Déjalo que sea tal como es. Acéptalo tal como es, y vuélvete más y más observadora, vete convirtiendo cada vez más en un testigo. Sólo en esa observación estarás segura. Sólo en esa observación te irás haciendo más bendita cada día; ¡no por repetirlo! sólo en esa observación, dejarás de dudar. Sólo en esa observación llegarás al centro de tu ser, donde no existe la muerte, donde sólo hay vida en abundancia, donde uno bebe el néctar del que habla Saraha.

Sexta pregunta:

Querido Osho ¿qué es exactamente lo que esta obstruyendo mi visión de ver lo obvio? Yo simplemente no entiendo qué hacer o qué no hacer. ¿Cuando estaré listo para oír el sonido del silencio?

¿Qué es exactamente lo que está obstruyendo mi visión de ver lo obvio? El propio deseo de verlo. Lo obvio no puede ser deseado, ¡lo obvio es!

Tú deseas, te alejas: empiezas a buscarlo. En ese mismo

momento lo alejas, ya no es obvio, ya no está cerca; tú lo has puesto lejos. ¿Cómo puedes buscar lo obvio? Si entiendes que es obvio, ¿cómo puedes buscarlo? ¡Está ahí! ¿Qué necesidad hay de buscarlo y desearlo?

Lo obvio es divino, lo mundano es sublime, y lo trivial es profundo. En tus actividades diarias, ordinarias, te encuentras con Dios a cada momento, porque no hay nadie más. No puedes encontrar a nadie más, es siempre Dios en mil y una formas. Dios es muy obvio. ¡Sólo Dios es! Pero tú buscas, deseas... y te lo pierdes. En tu misma búsqueda pones a Dios muy distante, lejano. Eso es un truco del ego.

Intenta entender esto: al ego no le interesa lo obvio porque el ego no puede existir en lo obvio. Al ego no le interesa en absoluto la cercanía, al ego le interesa la lejanía, la distancia. Tan sólo piensa: el hombre ha llegado a la Luna, pero no ha llegado todavía a su propio corazón. La distancia... el hombre ha inventado la navegación espacial pero todavía no ha desarrollado el viaje al alma. Ha llegado a la cima del Everest pero no se preocupa de ir dentro de su propio ser. No se reconoce lo cercano pero se ve lo lejano. ¿Por qué?

El ego se siente bien; si el viaje es duro el ego se siente bien, hay algo que probar. Es difícil, hay algo que probar. Ir a la Luna hace sentirse bien al ego, pero ir adentro de uno mismo no es un gran logro.

Hay una vieja historia...

Dios creó el mundo. Luego se vino a vivir a la Tierra. ¿Te imaginas...? Sus problemas eran abundantes, todo el mundo se quejaba, todo el mundo llamaba a su puerta a cualquier hora. La gente venía incluso por la noche y decía:

–Esto está mal, hoy necesitábamos lluvia, hacía mucho calor. Y en seguida venía el siguiente y decía:

–No traigas lluvia; estoy haciendo algo y lo estropearía todo.

Y Dios se estaba volviendo casi loco... «¿Qué hacer? Tanta gente, tantos deseos, y todos esperando, todos necesitan que se les cumplan sus deseos ¡y son tan contradictorios! El agricultor quiere lluvia, pero el alfarero no la quiere, porque ha hecho cántaros y los estropearía; necesita sol caliente durante algunos días...» Y etc., etc.

Entonces Dios llamó a su consejo y preguntó: ¿Qué hacer? Me van a volver loco, no puedo satisfacerles a todos. ¡O, algún día me matarán! Me gustaría tener un sitio para esconderme.

Y le sugirieron muchas cosas. Alguien dijo: Eso no es ningún problema, simplemente vete al Everest. Es el pico más alto del Himalaya, nadie llegará jamás allí.

—¡Tú no lo sabes! —dijo Dios—, pero tan sólo en unos segundos (por Dios que tan sólo en unos segundos) Edmund Hillary llegará allí con Tensing, y entonces empezarán los problemas. Una vez que lo sepan, empezarán a venir en helicópteros y autobuses, y todo será... No, eso no resultará. Sólo resolverá las cosas durante unos segundos». Recuerda, el tiempo de Dios es diferente. En la India decimos que millones de años es un día para Dios, así que unos segundos...

Entonces alguien sugirió:

—¿Y por qué no a la Luna?

Tampoco eso está muy lejos —dijo él—, unos segundos más y alguien llegará a la Luna.

Y le sugirieron estrellas lejanas, pero Dios dijo:

—Eso no resolverá el problema. Es simplemente posponerlo. Yo quiero una solución permanente.

Entonces se acercó un viejo sirviente de Dios, le susurró algo al oído, y Dios dijo:

—Llevas razón. ¡Eso servirá!

Y el viejo sirviente le dijo:

—Sólo hay un lugar donde nunca llegará el hombre; escóndete dentro del propio hombre. Ése es el último lugar donde el hombre buscaría.

Lo obvio no se ve, porque al ego no le interesa. El ego está interesado en cosas duras, difíciles, arduas, porque esto supone un reto. Si vences, puedes declararlo. Si lo obvio está ahí y vences, ¿qué clase de victoria es ésta? No es que seas un gran vencedor. Es por eso por lo que el hombre sigue sin ver lo obvio y sigue buscando lo lejano. ¿Y cómo vas a buscar lo lejano cuando ni siquiera puedes buscar lo obvio?

«¿Qué es exactamente lo que esta obstruyendo mi visión de ver lo obvio?»

«Simplemente no entiendo qué hacer y qué no hacer.»

No tienes que hacer nada. Tú simplemente tienes que estar atento a todo lo que pasa a tu alrededor. Hacer es de nuevo otra manía. Haciendo, el ego se siente bien; hay algo que hacer. Hacer es alimento para el ego, le da fuerzas al ego. Al no hacer, el ego cae a plomo; muere, no tiene más alimento.

Así que sé un no-hacedor. No hagas nada en lo que se refiere a Dios, la verdad y su búsqueda. En primer lugar no es una búsqueda, no puedes hacer nada acerca de ello. Simplemente sé. Déjame decirlo de otra manera: si estás en un estado de ser, Dios viene a ti. El hombre no puede encontrarle nunca; él encuentra al hombre. Simplemente permanece en un espacio silencioso (sin hacer nada, sin ir a ninguna parte, sin soñar) y en ese espacio de silencio de repente descubrirás que está allí. ¡Él siempre ha estado ahí! Simplemente tú no estabas en silencio, así que no podías verle, no podías oír su serena y tenue voz.

«¿Cuándo estaré listo para oír el sonido del silencio?»

¿Cuándo?; estás formulando una pregunta errónea. ¡Ahora o nunca! Óyelo ahora, porque está aquí, la música esta sonando, la música está por todas partes. Tú simplemente necesitas estar en silencio para poder oírla. Pero nunca digas "cuándo";

"cuándo" significa que has traído el futuro; "cuándo" significa que has empezado a soñar y a esperar; "cuándo" significa que ahora no. Y siempre es ahora, siempre estamos en el tiempo de ahora. Para Dios sólo hay un tiempo, ahora; y sólo un sitio, aquí. Olvídate de "allí" y de "luego".

Última pregunta:

Querido Osho ¿alguna vez te has sentido perdido con las palabras?

La pregunta es de Rishi. Cada vez que pronuncio una palabra me siento perdido, porque lo que yo quiero decir no puede ser dicho. Lo que yo quiero sugerir no puede ser sugerido. Entonces naturalmente tú te preguntarás que por qué sigo hablando.

Estoy intentando afanosamente. Puede que hoy haya fracasado... ¿quizás mañana? Ayer fracasé... ¿puede que hoy? Voy hablando de diferentes maneras; puede que de esta manera no lo hayáis oído, puede que alguna otra forma sea más cercana a vosotros. De esta manera alguien lo ha oído, pero puede que tú no lo hayas oído; puede que a ti te sea posible oírlo de otra manera. Pero estoy constantemente perdido... Las palabras no vienen fácilmente porque el mensaje es sin palabras. Yo no soy un sacerdote, no estoy tratando de darte ningún dogma, no estoy tratando de explicarte una teoría. Algo ha ocurrido en mí, algo me ha ocurrido a mí; estoy tratando de sugerir *eso*. Estoy tratando de comulgar contigo.

Las palabras son muy inoportunas. Son muy pequeñas e insignificantes, no pueden contener lo que yo quiero que contengan. Así que a *cada* momento me siento perdido. La gente que no tiene ninguna experiencia nunca se siente perdida; cualquier palabra le vale.

He oído una preciosa historia, medita sobre ella...

Un cura párroco estaba teniendo unas palabras con el obispo y en el curso de la conversación dijo:

–Es fácil para usía, cuando prepara un sermón lo puede dar en varias iglesias de la diócesis, pero yo tengo que dar dos sermones cada domingo.

El obispo contestó:

–Usted tendría que dar un sermón acerca de cualquier materia en el momento de la noticia, como yo hago.

–Le tomo la palabra –dijo el párroco–. Venga a mi iglesia el domingo que viene y yo le pondré el tema.

El obispo accedió y cuando llegó la hora se subió al púlpito, donde encontró una tarjeta con la palabra "estreñimiento" escrita en ella. Aquél era el tema. Sin vacilar empezó:

–Y Moisés tomó dos tabletas y salió al monte...

Un cura nunca se siente perdido, tiene tantas escrituras a su disposición que siempre puede encontrar algo en su memoria. Yo me siento constantemente perdido porque lo que yo os quiero decir no es ninguna materia: es mi subjetividad. Lo que yo os *quiero* decir es mi corazón, no es mi mente. Por desgracia tengo que usar la mente porque no hay otra forma. Hasta para sugerir el corazón uno tiene que usar la mente, por eso resulta absurdo. Es muy irracional, ¡es tratar de hacer lo imposible! Pero no hay otra forma... me encuentro impotente.

Pero si preguntas si alguna vez me siento perdido con las palabras, la respuesta es: Sí, constantemente. Cada palabra me hace vacilar: ¿Lo conseguiré? ¿Cómo? El conocimiento no servirá de mucho, pero sigo usándolo: es un mal necesario. El silencio sería mejor, mucho mejor, pero cuando os miro dudo. Si entro en silencio sería aún más difícil para vosotros acercaros a mí. No podéis entender las palabras, ¿Cómo vais a poder

entender el silencio? Y si podéis entender el silencio, también
os será posible oír ese silencio en mis palabras.

Si yo entro en silencio, entonces, como mucho, el cinco por
ciento de vosotros estaría a mi lado. Ese cinco por ciento también puede entender a través de las palabras, porque están escuchando mi silencio, no mis palabras. Así que no hay problema acerca de ese cinco por ciento. Pero el otro noventa y
cinco por ciento que no pueden entender las palabras ni el silencio que ellas contienen se sentirían perdidos. No podría
ayudarles en absoluto. A través de mis palabras por lo menos
siguen por aquí.

En ese seguir por aquí existe la posibilidad de que, en
un momento que bajen la guardia, puedan tener un contacto
conmigo. En algún momento de guardia baja... y a pesar de
ellos mismos, ellos pueden acercarse a mí, pueden tropezar
conmigo; un momento con la guardia baja y yo puedo penetrar en sus corazones, algo tiene que ser removido. Es un
quizá, pero merece la pena seguir.

Ese cinco por ciento sería ayudado de cualquiera de las
maneras, pero al restante noventa y cinco por ciento el silencio no les ayudaría. Y ni siquiera ese cinco por ciento estaría
aquí si yo hubiera estado en silencio desde el principio. Ese
cinco por ciento muestra el camino para que ese noventa y cinco por ciento poco a poco sea al noventa, el ochenta y cinco, el
ochenta...

El día que yo sienta que al menos el cincuenta por ciento
puede entender el silencio, entonces se podrán abandonar las
palabras. Yo no estoy muy contento con ellas, jamás nadie lo
ha estado: ni Lao Tzu ni Saraha ni Buda; nadie jamás lo ha estado. Pero todos ellos tuvieron que usar las palabras. No porque el silencio no pueda ser una comunión; el silencio puede
ser una comunión, pero para eso se necesita una consciencia
muy elevada.

Una vez sucedió...

Dos grandes místicos de la India, Kabir y Farid, se encontraron y estuvieron juntos sentados en silencio durante dos días. Los discípulos estaban muy frustrados: querían que ellos hablaran, querían que hablaran para poder escuchar algo valioso. Estaban esperando, habían estado esperando durante meses que Kabir y Farid se encontraran, y pensaban que habría un gran espectáculo y se lo iban a pasar muy bien. Pero ellos se quedaron simplemente sentados, y los discípulos empezaron a cabecear, a bostezar. ¿Qué hacer? ¿Qué le ha ocurrido a estos dos?»; porque nunca antes habían estado en silencio: ni Kabir ni Farid habían estado en silencio con sus respectivos discípulos. ¿Por qué? ¿Qué ha ocurrido? ¿Se han vuelto mudos? Pero no pudieron decir nada, no era apropiado.

A los dos días, Kabir y Farid se abrazaron y se despidieron (también eso en silencio) y cuando los discípulos se quedaron con sus maestros, se apresuraron a preguntarles. Los seguidores de Kabir decían:

–¿Qué es lo que ha ido mal? Hemos estado esperando durante meses que Farid viniera, y vino y no habéis dicho ni una sola palabra. Estábamos esperando y esperando... ¡estabamos muy cansados! ¡Estos dos días han sido un infierno!

Y Kabir se rió y dijo:

–Es que no había nada que decir, y él puede entender el silencio. Si hubiera dicho cualquier cosa él hubiera creído que yo soy ignorante, porque cuando hay silencio y el silencio puede hablar, ¿para qué sirven las palabras?

Y los seguidores de Farid le preguntaron:

–¿Qué ha ocurrido? ¿Por qué no habéis hablado?

Farid dijo:

–¿Estáis locos? ¿Hablar con Kabir? Estamos exactamente en el mismo espacio, así que no hay nada que sugerir, ¡nada que decir! En el momento en que yo le miré a él a los ojos y él me miró a los míos, nos dimos cuenta. ¡El diálogo terminó en el primer momento!

–Pero dos días... ¿qué hicisteis durante dos días?

Y Farid dijo:

–Simplemente nos disfrutábamos el uno al otro, el espacio del otro; éramos invitado el uno del otro. Nos superpusimos el uno sobre el otro, nos mezclamos. Danzamos, cantamos, pero todo ocurrió en silencio. Cuando el silencio puede hablar, ¿para que se necesita el lenguaje?

Yo me siento constantemente perdido con las palabras. Pronuncio cada palabra muy vacilante, sabiendo que nunca será suficiente, que no es la adecuada. Nunca jamás es lo adecuado. La verdad es muy extensa y las palabras muy pequeñas.

7. LA VERDAD NO ES
NI SAGRADA NI PROFANA

Está en el principio,
en el medio,
y en el final;
sin embargo el final y el principio
no están en ningún otro lugar.
Todos aquéllos cuyas mentes
están engañadas por pensamientos interpretativos
están en dos mentes,
y así hablan de la nada
y la compasión como dos cosas.

La abeja sabe que en las flores
se encuentra la miel
que el samsara y el nirvana
no son dos.
¿Cómo podrían los engañados
llegar a entenderlo?

Cuando los engañados se miran en un espejo
ven una cara, no un reflejo.
Así la mente que niega la verdad
confía en lo que no es real.

Aunque la fragancia de una flor
no se pueda tocar,

es todo persuasiva
y en seguida perceptible.
Así, por los seres sin un patrón de sí mismos
reconoce el redondel
de los círculos místicos.

La verdad es. Simplemente es. Tan sólo es. Nunca viene a la existencia, nunca sale de la existencia. Nunca viene, nunca se va; perdura. De hecho, a aquello que perdura lo llamamos verdad; permanece. Lo que permanece, permanece para siempre, se llama verdad. Está en el principio, está en el medio y está al final. De hecho no hay principio ni medio ni final. Lo cubre todo.

Míralo profundamente, el principio está en ella, el medio está en ella, el final está en ella; lo invade todo, porque sólo ella es. Es la misma realidad que se expresa en millones de formas. Las formas son diferentes, pero la substancia, la esencia, es la misma.

Las formas son como las olas, y la existencia el océano.

Recuerda, el Tantra no habla de Dios. Hablar de Dios es un poco antropomórfico. Es crear a Dios a la imagen del hombre, es pensar en Dios en términos humanos, y eso crea limitaciones. Dios tiene que ser como los seres humanos, verdad, pero también tiene que ser como los caballos, y como los perros, y tiene que ser como las piedras y como las estrellas... Él tiene que ser como todo. Sí, el hombre estará incluido como una forma, pero el hombre no puede ser *la* forma.

Imagínate a Dios como si fuera un caballo; eso sería absurdo. Imagínate a Dios como si fuera un perro; sería sacrílego. Sin embargo seguimos pensando en Dios como si fuera un hombre, ¿no es esto sacrílego? Es el ego humano. El hombre se siente muy, muy feliz cuando puede pensar en términos de

Dios siendo como él. En la Biblia se dice que Dios creó al hombre a su imagen... seguro que esto ha sido escrito por un hombre. Si los caballos escribieran su propia Biblia no dirían eso, seguro que no. Podrían incluso escribir que Dios creó al diablo a la imagen del hombre, porque Dios, ¿cómo va a crear al hombre a su propia imagen, siendo el hombre tan cruel con los caballos? Nada en el hombre parece ser divino; pregúntaselo a un caballo. Puede que a la imagen del diablo, puede que sea una representación de Belcebú, pero en absoluto de Dios.

El Tantra abandona todo ese antropomorfismo. El Tantra vuelve las cosas a su verdadera dimensión, pone al hombre en su sitio. El Tantra es una gran visión: no está centrado en el hombre, no está centrado en ninguna actitud parcial. Ve la realidad tal como es, en su realidad, en su *tathata*, en su veracidad. No habla de Dios. En lugar de Dios el Tantra habla de la verdad.

La verdad es no-personal, impersonal. La verdad puede tener las cualidades de todo, no tiene limitaciones. La Biblia dice: En el principio Dios creo el mundo. El Tantra dice: ¿Cómo puede haber un principio y un final? y cuando no hay principio ni final, ¿cómo puede haber un medio? Todo es eternidad, no es tiempo; el Tantra es una visión más allá del tiempo. En el tiempo hay un principio, un medio y un final, pero en la eternidad no hay ni principio ni medio ni final. Simplemente es.

La verdad no es temporal. De hecho el tiempo en la verdad es como una onda, y el espacio en la verdad es como una onda. Y no es viceversa. La verdad no existe en el espacio, no existe en el tiempo. El tiempo y el espacio existen en la verdad, son modos de la verdad. Al igual que el caballo y el hombre, también el espacio es una forma, en una onda mayor, igual que el tiempo.

La verdad es intemporal. La verdad no tiene espacio. La verdad es transcendencia. La verdad existe por sí misma. Todas las demás cosas existen con la ayuda de la verdad. La verdad es autoevidente; no hay ninguna otra cosa que sea autoevidente. La verdad es la mismísima base, el substrato esencial de la existencia.

El Tantra no crea ningún ritual, no crea ningún culto, no crea ningún templo, no crea el sacerdocio; no son necesarios. El hombre puede ponerse cara a cara con la verdad en relación directa; no se necesita ningún mediador, ningún sacerdote. Los sacerdotes hablan de la verdad, de Dios, del cielo y mil y una cosas, sin tener ni idea de lo que están hablando. Palabras, meras palabras... ellos no la han experimentado, sus palabras están vacías.

Leí una historia acerca de un famoso sacerdote que durante algún tiempo no se sentía bien; llamó a su médico, el cual le sometió a un minucioso chequeo.

–Bien –le dijo–, seré franco con usted: siento tener que decirle que sus pulmones no están en buena forma. Debería pasar unos meses en Suiza.

–Oh, querido –respondió el sacerdote–, creo que no podré hacerlo. No me será posible. Mi economía no me lo permite. Soy un hombre pobre, ¿sabe?

–Bien, depende de usted. O va a Suiza o al cielo.

–Ah, muy bien, entonces Suiza –dijo el sacerdote después de pensarlo un momento.

¿Quién quiere ir al cielo?; ni siquiera el sacerdote que siempre está hablando de él. Es un truco para pintar la muerte de bonitos colores, pero tú sabes todo el tiempo que es la muerte. ¿Cómo vas a engañarte a ti mismo?

Gurdjieff solía decir que si quieres librarte de la religión... vive cerca de un sacerdote y te librarás de ella. Puede que engañe al hombre común, ¿pero cómo va a engañar a un sacerdote? Es él mismo el que está creando toda esta superchería. Nunca engaña a un sacerdote. Dicen una cosa, pero saben otra. Dicen una cosa, y hacen otra.

Leí sobre un rabino...

Un judío, un hombre joven, fue a su rabino.

–Rabino, ¿puedo pedirle consejo acerca de una cosa importante?

–Por supuesto –contestó el rabino.

–Bien, me pasa lo siguiente: estoy enamorado de dos chicas... Es decir, *creo* que lo estoy. Pues bien, una es muy bonita pero no tiene dinero, mientras que la otra, no está mal, aunque tiene cantidad de dinero. ¿Qué haría usted en esas circunstancias? Si usted estuviera en mi lugar, rabino ¿qué haría?

–Bien –dijo el rabino–, Estoy seguro de que tu corazón ama a la bonita, así que deberías casarte con ella.

–¡Perfecto! –dijo el muchacho–. Gracias, rabino. Eso es lo que voy a hacer.

–Ah, por casualidad –le dijo el rabino cuando se disponía a partir–, ¿podrías darme las señas de la otra muchacha?

El sacerdote, el rabino, el cura, saben muy bien que todo lo que dicen son tonterías. Es para los demás, está *pensado* para los demás.

El Tantra no crea sacerdocio. Cuando no hay sacerdocio, la religión es pura. Si entra el sacerdote lo envenena. Si entra el sacerdote tiene *necesariamente* que envenenarlo, porque el sacerdote tiene su propio interés en ello.

Un hombre entró en un bar y mientras bebía vio un borracho que salía del bar casi arrastrándose, tambaleándose. Y entonces de repente el borracho que acababa de salir del bar empezó a hacer gestos como si estuviera conduciendo un coche y haciendo el sonido del motor y del claxon.

El recién llegado estaba sorprendido. Pregunto al dueño del bar:

–¿Por qué no le dice a ese pobre hombre lo que está haciendo?

El dueño del bar dijo:

–Él siempre hace eso, siempre que ha bebido demasiado hace eso. Ahora lo hará casi toda la noche, dará vueltas y vueltas por el barrio; cree que conduce un gran coche.

Así que el recién llegado dijo:

–¿Pero por qué no se lo explica?

El dueño contestó:

–Por qué tendríamos que explicárselo? él deja un dólar a la semana para que le laven el coche.

Cuando tienes cierto interés en la ilusión de alguien, no puedes destruir esa ilusión. Te gustaría que la ilusión continuara. Una vez que entra el sacerdote, él tiene intereses en todas tus ilusiones: ilusiones sobre Dios, sobre el alma, sobre el cielo, sobre el infierno; él tiene mucho en juego. Él depende de tus ilusiones, vive de tus ilusiones, explota tus ilusiones.

El Tantra es una desilusión. No ha creado ningún sacerdocio.

El Tantra dice que es entre tú mismo y la verdad. Deja que tu corazón se abra a la verdad y la verdad es suficiente. No necesita que nadie la interprete, tú eres suficiente para saber lo que es. De hecho cuanto más lleno estés de interpretaciones, menos probabilidades tendrás de saber lo que es.

La verdad está en el principio, en el medio y al final. De hecho no hay ni medio ni principio ni final: todo es uno. La verdad no pasa, perdura.

Éste es el primer sutra. Saraha le dice al rey:

Está en el principio, en el medio y en el final;
sin embargo el final y el principio no están en ningún otro lugar.

El final y el principio no están en ningún otro lugar. ahora es el tiempo de la verdad, y aquí es el espacio de la verdad. *Este* mismo momento la verdad converge aquí... Ahora. *Este* mismo momento es el principio, el medio y el final. No necesitas ir al pasado para saber cuándo comienza la existencia, este mismo momento es el comienzo. No necesitas ir al futuro para saber cuándo acabará la existencia, está acabando en este mismo momento. Cada momento es un principio, un medio y un final, porque la existencia es nueva a cada momento. Cada momento está muriendo y renaciendo. Cada momento todo entra en un estado de no manifestación y regresa al estado de manifestación.

Ahora, en la física moderna se rumorea que esta actitud del Tantra podría ser verdad, puede ser esencialmente verdad. Puede ser que a cada momento todo desaparezca y regrese de nuevo, aparezca de nuevo; desaparece y aparece de nuevo. Pero el intervalo es tan corto que no podemos verlo. El Tantra dice que por eso permanece fresco, por eso la existencia permanece fresca.

Excepto el hombre todo es fresco, porque sólo el hombre lleva la carga, el equipaje de su memoria. Por eso el hombre se vuelve sucio, desaseado, cargado, preocupado; de no ser así toda la existencia sería nueva y fresca. No carga con ningún pasado y no imagina ningún futuro. Está simplemente aquí, ¡totalmente aquí! Cuando cargas con el pasado, mucho de tu ser está implicado con el futuro, el cual no existe, no todavía. Estás extendido en una capa muy fina; por eso tu vida no tiene intensidad.

El Tantra dice que para conocer la verdad sólo hace falta una cosa: intensidad, intensidad *total*. ¿Cómo crear esta intensidad total? Abandona el pasado y el futuro. Entonces toda tu energía estará enfocada en el pequeño aquí ahora, y en ese enfoque eres fuego, eres un fuego vivo. Eres el mismo fuego que Moisés vio en la montaña, y Dios estaba en el fuego, pero el fuego no le quemaba. El fuego ni siquiera quemaba el arbusto verde; el arbusto estaba vivo, fresco y joven.

Toda la vida es fuego. Para conocerlo necesitas intensidad, de otra forma uno vive tibiamente. El Tantra dice que sólo hay un mandamiento: no vivas tibiamente. Ésa no es manera de vivir, eso es un suicidio lento. Cuando comas, estáte intensamente presente. Los ascetas han condenado mucho a los tántricos; ellos dicen que no son más que gente que sólo come, bebe y se divierte. En cierto sentido llevan razón, pero por otra parte están equivocados, porque hay una gran diferencia entre una persona que sólo come, bebe y se divierte y un tántrico.

El tántrico dice: este es el camino para conocer la verdad; mientras comes, deja que sólo exista el comer y nada más, deja que el pasado y el futuro desaparezcan; Deja que toda tu energía se vierta en tu comida. Deja que haya amor, afecto y gratitud hacia la comida. Mastica cada bocado con una inmensa energía y no sólo obtendrás el sabor de la comida sino que también obtendrás el sabor de la existencia, porque la comida es parte de la existencia. Trae vida; trae vitalidad, trae *prana*. Te hace latir, te ayuda a permanecer vivo, no es sólo comida.

La comida puede ser el recipiente: la vida es el contenido. Si sólo le sacas el sabor de la comida y no le sacas el sabor de la existencia, estarás viviendo una vida tibia; entonces tú no sabes cómo vive un tántrico. ¡Cuando bebas agua, conviértete en sed! Deja que haya intensidad en ello, que cada gota de agua fresca te produzca un gozo inmenso. En la misma experiencia de esas gotas pasando por tu garganta y dándote un gran alivio, saborearás a Dios, saborearás la realidad.

El Tantra no es la indulgencia ordinaria: es una indulgencia extraordinaria. No es la indulgencia ordinaria porque indulge en el propio Dios. Pero el Tantra dice: es a través de las pequeñas cosas de la vida como lo saboreas. No hay grandes cosas en la vida, todas las cosas son pequeñas. La pequeñas cosas se hacen grandes, completamente, totalmente, enteramente.

Al hacer el amor con una mujer o un hombre, sé el amor.

¡Olvídate de todo! En ese momento deja que no haya nada más. Deja que toda la existencia converja en tu hacer el amor. Deja que ese amor sea salvaje, inocente, inocente en el sentido de que no esté la mente para corromperlo. No pienses en él, no te lo imagines, porque todo ese pensar y todo ese imaginar te mantienen extendido en una fina capa. Deja que todo pensamiento desaparezca. Deja que el acto sea total. Estáte en el acto... perdido, absorto, ido... y luego, a través del amor, sabrás lo que es Dios.

El Tantra dice: se puede conocer bebiendo, se puede conocer comiendo, se puede conocer amando. Se puede conocer desde todos los espacios, desde todas las esquinas, desde todos los ángulos, porque todos los ángulos son suyos. Todo es verdad.

Además yo no creo que hayas sido desafortunado por no haber estado en el principio cuando Dios creó el mundo. ¡Él está creándolo en este mismo momento! Tienes suerte de estar aquí, puedes verle creando este momento. Y no creas que te vas a perder el momento en el que el mundo desaparezca en un estallido; está desapareciendo ahora mismo. Se crea cada momento y desaparece cada momento. Nace cada momento y muere cada momento.

Por eso el Tantra dice: deja que tu vida también sea así, muriendo cada momento al pasado; naciendo nuevo cada momento. No lleves la carga. Permanece vacío. Y...

Sin embargo el principio y el final no están en ningún otro lugar.

Están aquí ahora.

Todos aquellos cuyas mentes están engañadas por pensamientos
    interpretativos
éstán en dos mentes
y así hablan de la nada y la compasión como dos cosas.

Bien, hay dos formas de describir esta experiencia de la verdad, esta experiencia existencial de lo que es, la experiencia de la esencialidad. Hay dos formas de describirla porque hay dos formas de hablar, la positiva y la negativa. Saraha pone el énfasis en la negativa, porque así lo hacía Buda.

A Buda le gustaba mucho la negativa por una razón. Cuando describes la existencia con una palabra positiva, la propia palabra le pone cierta limitación; todas las palabras positivas tienen limitaciones. Las palabras negativas no tienen ninguna limitación; lo negativo es ilimitado.

Por ejemplo, si llamas a la existencia todo, Dios, absoluto, entonces le estás poniendo ciertas limitaciones. En el momento en que la llames «absoluto» surge la idea de que la cosa está terminada, que ya no es un proceso en marcha. Si la llamas "Brahma", entonces parece que ha llegado a la perfección; ahora no hay nada más que añadir. Si la llamas Dios, le das una definición, y la existencia es tan extensa que no puede ser definida. Es tan extensa que todas las palabras positivas se quedan cortas.

Por eso Buda escogió la negativa. Él lo llamó *shunya*, nada, cero. Simplemente escucha la palabra... nada. Saboréala, dale vueltas y vueltas: no puedes encontrar ninguna limitación en ella. Nada... es ilimitada. ¿Dios?; inmediatamente hay una limitación. En el momento que dices "Dios", la existencia se hace un poco más pequeña. En el momento que dices "nada", todas las limitaciones desaparecen.

Buda puso el énfasis en lo negativo por esta razón, pero recuerda: Al decir "nada" Buda no solamente quiere decir nada. Cuando Buda dice "nada" quiere decir sin ninguna cosa. Ninguna cosa puede definir a la existencia porque todas las cosas están en ella y es más grande que todas las cosas. Es más que todas las partes juntas. Ahora, eso tiene que ser entendido... ésa es una de las actitudes del Tantra.

Miras a una rosa. Puedes ir a un químico; él puede analizar de qué sustancias está constituida la flor; de qué materia, de qué productos químicos, de qué colores. Puede diseccionarla, pero si le preguntas: «¿dónde está su belleza?» El se encogerá de hombros. Él dirá: «No he podido encontrar ninguna belleza en ella. Esto es todo lo que he podido encontrar: tantos colores, tanta materia, estos productos químicos. Eso es todo. Y no me he olvidado de nada y nada ha quedado fuera. Lo puedes pesar: pesa exactamente lo mismo que la flor. Así que no se ha perdido nada. Debe de ser una ilusión tuya; esa belleza debe de haber sido una proyección tuya».

El Tantra dice: la belleza existe, pero la belleza es más que todas las partes puestas juntas. El todo es más que la suma de todas sus partes; ésa es una de las actitudes del Tantra, de una gran importancia. La belleza es más que aquello de lo que está constituido.

Por ejemplo, un niño pequeño, exultante de alegría, riendo, feliz; ahí está la vida. Disecciona al niño, pon al niño en la mesa del cirujano; ¿qué encontrarás después de la disección? No habrá alegría exultante, no habrá sonrisas, no habrá risas. No se encontrará ninguna inocencia, no se encontrará ninguna vida. En el momento en que cortas al niño, el niño se ha ido, la vida desaparece. Pero el cirujano insistirá en que no se ha pasado nada por alto. Puedes pesarlo; las partes pesan lo mismo que solía pesar el niño entero. No se ha dejado nada, es exactamente el mismo niño; ¿pero puedes convencer a la madre de que es el mismo niño? Y si el niño es del propio cirujano, ¿estaría él convencido de que es el mismo niño que esos pedazos muertos sobre la mesa?

Algo ha desaparecido. Quizá ese algo no se pueda pesar, quizá ese algo no sea mensurable. Puede que ese algo no sea físico, puede que ese algo no sea material, pero algo se ha ido. El niño ya no danzará, no reirá, no comerá ni reirá ni dormirá ni llorará ni estará cariñoso ni enfadado; algo se habrá marchado.

El Tantra dice: el total no es el todo. La suma total de las partes no es el todo. El todo es más que la suma total de las partes. Y ese más es la experiencia de la vida.

"Nada" significa: sin ninguna cosa. Todas las cosas puestas juntas no harían la existencia, la existencia es más. Siempre es más que sus partes. Ésa es su belleza, ésa es su vida. Por eso es tan tremendamente deliciosa, por eso es celebración.

Así que estas dos palabras (positivas y negativas) tienen que ser recordadas. El Tantra estará usando palabras negativas, especialmente el Tantra budista. El Tantra hindú usa palabras positivas. Ésa es una de las diferencias entre el Tantra hindú y el Tantra budista. Buda siempre usa el «no» para describir lo esencial, porque dice que una vez que empieces a darle atributos, esos atributos son factores limitantes.

Por eso Buda dice: ve eliminando; *neti, neti*; ve diciendo "esto no es, esto no es". Y entonces, lo que quede después de negarlo todo, es.

Así que recuerda que nada no significa vacío, significa plenitud, pero una plenitud indescriptible. Esa indescriptibilidad ha sido descrita a través de la palabra nada.

Todos aquellos cuyas mentes están engañadas
por los pensamientos interpretativos
están en dos mentes.

Saraha dice: aquellos que sean muy analíticos, interpretativos, que piensen constantemente en categorías de la mente, siempre están engañados, están divididos. Siempre tienen un problema. El problema no está en la existencia, ese problema viene de su propia mente dividida; su propia mente no es una unidad.

Ahora también puedes preguntar a los científicos: ellos te dirán que la mente está dividida en dos partes, la derecha y la izquierda, y ambas funcionan diferentemente; no sólo diferentemente, ambas funcionan diametralmente opuestas entre sí. La parte izquierda de la mente es analítica, y la parte derecha es intuitiva. La parte izquierda de la mente es matemática, lógica, silogística. La parte derecha de la mente es poética, artística, estética, mística. Y viven en categorías diferentes, y sólo hay un pequeño puente entre las dos, tan sólo un pequeño nexo.

Algunas veces ha ocurrido en algún accidente que ese nexo se ha roto y el hombre se dividió en dos. En la segunda guerra mundial hubo muchos casos en los que el nexo se rompió y el hombre se dividía en dos. Entonces no era un hombre. Entonces algunas veces decía una cosa por la mañana y por la tarde se había olvidado completamente de ello y decía otra. Por la mañana funcionaba un hemisferio y por la tarde funcionaba el otro; y estos períodos cambiaban.

La ciencia moderna tiene que fijarse en esto profundamente. El Yoga lo ha observado muy profundamente: el Yoga dice: cuando tu respiración cambia... durante unos cuarenta minutos respira por un agujero de la nariz y luego durante otros cuarenta minutos por el otro. Hasta ahora la ciencia moderna no ha reparado en ello, por qué cambia la respiración y cuáles son las implicaciones de esto, pero el Yoga ha pensado profundamente en esto.

Cuando tu agujero izquierdo esté trabajando, funcionará tu mente derecha; cuando tu agujero derecho esté trabajando, funcionará tu mente izquierda. Esto es algo así como un arreglo interior, para que una mente funcione durante cuarenta minutos y luego pueda descansar. De alguna manera, el hombre ha sentido, aun sin saber por qué, que cada cuarenta minutos tienes que cambiar de trabajo. Es por eso por lo que en las escuelas, colegios y universidades cambian de clase cada cuarenta minutos. Una parte de la mente se siente cansada. Cuarenta minutos parecen ser el límite, después necesita un descanso. Así que si has estado estudiando matemáticas, después de cuarenta minutos está bien estudiar poesía; luego puedes volver otra vez a las matemáticas.

Esto se hizo patente durante la segunda guerra mundial; que el puente es muy pequeño, muy frágil, y se puede romper con cualquier accidente. Y una vez que se rompe, el hombre funciona como dos, entonces no es sólo un hombre. Durante cuarenta minutos es un hombre y los cuarenta minutos siguientes es otro. Si toma dinero prestado, a los cuarenta minutos lo negará, dirá: «nunca lo he tomado». Y no estará mintiendo; recuérdalo, no estará mintiendo. La mente que lo ha tomado ya no está funcionando, así que no tiene memoria de ello. La otra mente nunca ha tomado prestado, la otra mente simplemente lo negará de plano: «¿Te has vuelto loco? Nunca he tomado nada prestado de ti».

Y esto sucede hasta en aquellos cuyos nexos no están rotos. Puedes observar tu propia vida y constantemente encontrarás un ritmo. Tan sólo hace un momento estabas cariñoso con tu esposa, y de repente algo hace clic y ya no estás cariñoso; estás preocupado. Al estar unido, tienes una pequeña memoria, un recuerdo de tan sólo hace unos minutos. Estabas tan cariñoso y floreciente... ¿qué ha ocurrido? De repente se detiene el flujo, te quedas congelado. Quizá estabas sosteniendo la mano de tu esposa y la mente ha cambiado y ha entrado la otra. Su mano está sobre tu mano, pero de repente la energía ya no fluye, ahora quieres soltar esta mano y escapar de esta mujer. De hecho empiezas a pensar: «¿Qué estoy haciendo aquí? ¿Por qué estoy perdiendo el tiempo con esta mujer? ¿Qué es lo que ella tiene?». Y también sientes mucha ansiedad, porque hace un momento le estabas prometiendo: «te amaré para siempre». Y eso te preocupa porque piensas que no está bien: «hace tan sólo un momento que lo prometí y ya estoy rompiendo mi promesa».

Estás enfadado y quieres matar a alguien, y sólo un momento después la ira ha desaparecido, ya no estás enfadado. Hasta empiezas a sentir compasión por la otra persona. Empiezas a sentirte feliz: «está bien que no le haya matado». Observa tu mente y encontrarás este cambio continuamente; va cambiando de marchas.

El Tantra dice: cuando el nexo no es un pequeño puente sino que las mentes están *realmente* unidas, hay un estado de unidad. Esta unidad es el encuentro real entre un hombre y una mujer, porque una parte de la mente, la mente derecha, es femenina, y la mente izquierda es masculina. Y cuando estás haciendo el amor con un hombre o una mujer, cuando sucede el orgasmo, tus dos mentes se acercan mucho; por eso sucede el orgasmo. No tiene nada que ver con la mujer, no tiene nada que ver con ninguna cosa exterior. Está justamente dentro de ti. Observa...

Loa tántricos han estado observando el fenómeno del amor muy en profundidad; porque ellos piensan (y tienen razón) que el mayor fenómeno de la Tierra es el amor, y la mayor experiencia de la humanidad es el orgasmo. Así que si hay alguna verdad, esa verdad tiene que estar más cerca en el momento del orgasmo que en cualquier otro momento. Esto es simplemente lógica. No se necesita ser muy lógico para entender esto; es una cosa muy obvia que éste es el mayor gozo del hombre, así que este gozo de alguna forma debe estar abriendo una puerta al infinito... puede que muy ligeramente, muy lentamente, puede que sólo en parte, pero algo del infinito entra. Por un momento el hombre y la mujer se pierden, ya no están en sus egos; sus cápsulas desaparecen.

¿Qué es exactamente lo que ocurre? También puedes preguntar a los fisiólogos... El Tantra ha descubierto muchas cosas. He aquí alguna de ellas: una, cuando estás haciendo el amor

con una mujer y te sientes orgásmico y feliz, eso no tiene nada
que ver con la mujer; todo está ocurriendo dentro de ti. No tiene nada que ver con el orgasmo de la mujer, uno y otro no tienen ninguna relación en absoluto.

Cuando la mujer tiene su orgasmo, ella está teniendo su orgasmo; no tiene nada que ver contigo. Puede que tú hayas fun-
cionado como el mecanismo que lo provoca, pero el orgasmo
de la mujer es su orgasmo privado. Ambos estáis juntos, pero
tu orgasmo es tuyo; y cuando tú estás teniendo tu orgasmo tu
mujer no puede sentir tu gozo. No, es absolutamente tuyo. Es
privado. Ella puede ver que algo está sucediendo (en tu cara,
en tu cuerpo) pero eso es sólo una observación desde fuera.
Ella no puede participar en él. Cuando la mujer está teniendo
su orgasmo, tú eres tan sólo un espectador, ya no eres un participante en ello.

Y aunque los dos tengáis el orgasmo juntos, tampoco así tu
gozo orgásmico será mayor o menor; no estará afectado por el
orgasmo de la mujer, ni el orgasmo de la mujer estará afectado
por ti. Tú eres completamente privado, totalmente en ti mismo:
una cosa. Eso significa que todo orgasmo, en lo profundo, es
masturbatorio. La mujer es sólo una ayuda, una excusa; el hombre es una ayuda, una excusa, pero no una necesidad.

La segunda cosa que los tántricos han estado observando es
que cuando el orgasmo está ocurriendo, no tiene nada que ver
con tus centros sexuales, nada que ver con ellos, porque si se
cortan los centros sexuales del cerebro tendrás orgasmo pero
no sentirás ningún gozo. Así que, en el fondo, no está ocurriendo en el centro sexual, está ocurriendo en el cerebro. Algo se
dispara en el cerebro desde el centro sexual, está ocurriendo
en el cerebro. Y las investigaciones modernas concuerdan perfectamente con esto.

Debes haber oído hablar del famoso psicólogo, Delgado.
Él ha ingeniado pequeños instrumentos... él pone electrodos

en la cabeza y esos electrodos pueden ser controlados por control remoto. Puedes tener una pequeña caja con botones para el control remoto. Puedes llevar la caja en el bolsillo y en el momento que quieras tener un orgasmo sexual, sólo tienes que apretar un botón. No tendrá nada que ver con tu centro sexual; ese botón simplemente pulsará algo en tu cabeza. Pulsará esos mismos centros dentro de tu cabeza que la energía sexual pulsa cuando se libera. Los pulsará directamente y tú tendrás un gran orgasmo. O puedes pulsar otro botón y enfadarte inmediatamente. O puedes pulsar otro botón y caer en una profunda depresión. Puedes tener todos los botones que quieras y puedes cambiar tu estado de animo como quieras.

Cuando Delgado experimentó por primera vez con animales, particularmente con ratones, se sorprendió. Le puso un electrodo a su ratón favorito, el cual estaba muy bien entrenado; había estado experimentando con él durante muchos días, y era un ratón muy inteligente... Le puso un electrodo al ratón en la cabeza y le dio el control remoto y le enseñó a que pulsara los botones. Una vez que aprendió que cuando pulsaba un botón tenía un orgasmo sexual, el ratón se volvió loco. En un día seis mil veces... Murió, porque no se movía del sitio. No iba a comer, no dormía, no iba a... se olvidó de todo. Sencillamente se volvió loco pulsando una y otra y otra vez.

Esta moderna investigación del cerebro humano dice exactamente lo mismo que ha estado diciendo el Tantra. Primero, el orgasmo no tiene nada que ver con la persona exterior, tu hombre o tu mujer. Segundo, no tiene nada que ver con tu energía sexual. La mujer provoca tu energía sexual, tu energía sexual provoca tu energía cerebral; se dirige a un centro del cerebro, y el orgasmo ocurre exactamente allí, en el cerebro, en la cabeza.

Por eso la pornografía tiene tanto atractivo, porque la pornografía puede estimular directamente al cerebro. Que la mujer sea bonita o fea no tiene nada que ver con el orgasmo; una mujer fea te puede dar un orgasmo tan delicioso como una mujer hermosa. ¿Pero por qué no te gusta la mujer fea? Porque no es atractiva para la cabeza, eso es todo. De no ser así, en lo concerniente al orgasmo ambas son igual de capaces. La mujer más fea o la mujer más hermosa, una Cleopatra, es indiferente. Pero tu cabeza, tu cerebro, está más interesado en las formas, en la belleza. El Tantra dice: una vez que hayamos entendido todo este mecanismo del orgasmo, puede surgir una gran comprensión.

Un paso más: el orgasmo ocurre en el cerebro, las investigaciones modernas están de acuerdo hasta este punto. El orgasmo de la mujer ocurre en el lado derecho del cerebro; acerca de eso las investigaciones modernas no son capaces de decir nada, pero el Tantra sí. El orgasmo de la mujer ocurre en el cerebro derecho, porque ése es el centro femenino; y el orgasmo del hombre ocurre en el izquierdo, ése es el cerebro masculino. El Tantra va más lejos en este trabajo, y dice que cuando ambas partes del cerebro se unen surge un gran gozo, ocurre un orgasmo total.

Y estos lados del cerebro se pueden unir muy fácilmente. Cuanto menos analítico seas, más cerca estarás. Es por eso por lo que una mente interpretativa no es nunca una mente feliz. Una mente no interpretativa es más feliz. La gente primitiva es más feliz que la llamada civilizada, educada, culta. Los animales son más felices que los seres humanos, los pájaros son más felices; ellos no tienen una mente analítica. La mente analítica hace mayor la separación.

Cuanto más lógicamente pienses, mayor será la separación entre las dos mentes. Cuanto menos lógicamente pienses, más se unirán. Cuanto más poético, más estético sea tu enfoque, más se acercarán y mayor será la posibilidad de gozo, deleite y celebración.

Y el último punto, al que creo que a la ciencia le quedan muchos siglos para llegar... El último punto es que el gozo tampoco ocurre exactamente en el cerebro: ocurre en el testigo que está detrás de ambos lados del cerebro. Ahora, si el testigo está demasiado ligado a la mente masculina, entonces no habrá mucho gozo. O si, por el contrario, el testigo está demasiado ligado a la mente femenina, entonces tendrá un poco más de gozo, pero no mucho más.

¿No te das cuenta? Las mujeres son criaturas más felices que los hombres. Por eso son más hermosas, más inocentes, más jóvenes. Viven mucho tiempo, viven más pacíficamente, más satisfactoriamente. No se preocupan demasiado; no se suicidan tanto, no se vuelven locas tan a menudo. La proporción es doble: el hombre se vuelve loco en el doble de ocasiones, el hombre se suicida en proporción doble. Y si consideras todas las guerras, si las incluyes entre las actividades suicidas y asesinas, entonces, el hombre no ha estado haciendo otra cosa. A través de los siglos se ha estado preparando para la guerra, para matar gente.

La mente femenina es más alegre porque es más poética, más estética, más intuitiva. Pero si no estás ligado a ninguna de las dos partes y eres simplemente un testigo, entonces tu gozo es total, definitivo. A este gozo nosotros lo llamamos *anand*, bendición. Conocer a este testigo es hacerse uno, absolutamente uno; entonces la mujer y el hombre en ti desaparecen completamente, entonces se pierden en una unidad. Entonces el orgasmo es tu existencia momento a momento. Y en ese estado, el sexo desaparece automáticamente, porque no se necesita. Cuando una persona vive orgásmicamente las veinticuatro horas del día, ¿qué necesidad hay?

En tu atestiguar te haces orgásmico. Entonces el orgasmo no es una cosa momentánea, entonces es sencillamente tu naturaleza. Esto es el éxtasis.

Todos aquéllos cuyas mentes están engañadas
por pensamientos interpretativos
están en dos mentes
y así hablan de la nada y la compasión como dos cosas.

Saraha dice que la existencia es la nada. Pero no te preocupes: cuando decimos la nada no queremos decir que esté vacía de todas las cosas. De hecho queremos decir que está llena; está tan llena que la llamamos nada. Si la llamamos algo estaríamos poniendo una demarcación, y es ilimitada, así que la llamamos nada, pero los budistas han preguntado una y otra vez: si es nada, ¿entonces de dónde viene la compasión? ¿Entonces por qué Buda habla de compasión?

Saraha dice: la nada y la compasión son dos aspectos de la misma energía. La nada, en la existencia, significa: no tengo que ser egoísta. Ego significa: yo soy algo. Si la existencia es la nada y yo tengo que participar de esta existencia, si tengo que formar parte de esta existencia, tengo que abandonar el ego. El ego es lo que me convierte en algo, me da una definición, una limitación. Cuando la existencia no tiene una identidad, es la nada, *anatta*. Entonces yo también tengo que ser una nada; sólo así esas dos cosas serán capaces de encontrarse y disolverse entre sí. Me tengo que convertir en un sin ego, y en ese sin ego está la compasión.

Con ego es pasión, sin ego es compasión. Con ego hay violencia, sin ego hay amor. Con ego hay agresión, ira, crueldad; sin ego hay amabilidad, solidaridad, afecto. Por eso Saraha dice que la compasión no tiene que ser cultivada. Si puedes vivir en la nada, la compasión florecerá por sí misma.

He oído...

Un hombre fue a ver al director de su banco para pedir un préstamo. Después de haber examinado sus referencias, el director dijo:

–Según estos datos debería denegar su petición, pero le daré una oportunidad. Bien... uno de mis ojos es de cristal; si adivina cual es yo le garantizo el préstamo.

El cliente le miró intensamente a los ojos durante unos minutos y luego dijo:

–Su ojo derecho señor.

–Correcto –dijo el director que no se podía creer que lo hubiera adivinado–. ¿Cómo lo adivinó?

–Bueno –respondió el cliente–, tiene un aspecto más compasivo así que pensé que tenía que ser el de cristal.

El ego, la mente calculadora, astuta, jamás es compasiva, no puede serlo. La propia existencia del ego es violenta. Si eres, eres violento. No puedes ser pacífico. Si no quieres ser violento, tendrás que abandonar tu yo, tendrás que volverte una nada. La no violencia sale de la nada. No se trata de practicarla; se trata de convertirse en nadie: entonces fluye. Es el bloque del yo lo que está bloqueando tus energías; si no, la compasión es sencilla.

Saraha dice que la nada y la compasión no son dos cosas. Sé nada y habrá compasión. O llegas a la compasión y descubres que te has convertido en nada, en nadie.

Esta caracterización de la existencia en forma de nada es un gran paso hacia el aniquilamiento del ego. Ésta es una de las grandes contribuciones de Buda al mundo. Otras religiones siguen cultivando, de una forma sutil, el mismo ego. La persona honrada empezará a pensar: «soy una persona honrada»; el moralista pensará: «soy más moral que los demás». El practicante religioso piensa que él es más religioso que los demás. Pero todas estas son cualidades del ego que no te van a ayudar esencialmente.

Buda dice que lo importante no es la cultura, sino la comprensión, la consciencia de que no hay nadie en ti.

¿Has mirado hacia dentro alguna vez? ¿Has entrado alguna vez en tu interior y has echado una mirada? ¿Hay alguien ahí? No encontrarás a nadie; encontrarás silencio, no te cruzarás con nadie.

Sócrates dice: conócete a ti mismo. Y Buda dice: si llegas a conocerte, no encontrarás ningún "tú mismo"; en el interior no hay nadie, hay un puro silencio. No tropezarás con ninguna pared, y no te cruzarás con ningún "tú mismo". Es vacío. Está tan vacío como la propia existencia. Y desde ese vacío florecen todas las cosas; desde esa nada florecen todas las cosas.

> *Las abejas saben que en las flores*
> *se encuentra la miel.*
> *Que el samsara y el nirvana no son dos*
> *¿cómo podrían los engañados llegar a entenderlo?*

¿Te has fijado alguna vez? Alrededor de una preciosa laguna hay muchas flores. Puede que las ranas estén sentadas en las raíces de las flores, pero ellas no saben que las flores tienen miel. *Las abejas saben que en las flores se encuentra la miel.* Los patos, los cisnes, los peces y las ranas no lo saben, aunque estén viviendo justo al lado de las plantas. Para saber que las flores tienen miel, uno tiene que convertirse en una abeja. Saraha dice que el tántrico es como una abeja y el asceta es como una rana. Vive al lado de las flores, pero no es en absoluto consciente de ellas. Y no sólo no es consciente, sino que además lo niega. Piensa que las abejas son descuidadas, que las abejas son alocadas, que se están destruyendo a sí mismas.

Saraha dice que los ascetas son como las ranas, y el tántrico es como la abeja. En el fenómeno del sexo está escondido lo sublime. En la energía del sexo está la llave que nos puede abrir las puertas de la existencia. Pero las ranas no lo sabrán. El Tantra dice que es un hecho obvio que la vida nace a través de la energía sexual: eso significa que el sexo tiene que estar en el núcleo central de la vida. La vida viene a través de la energía sexual. Un nuevo niño nace a través de la energía sexual, un nuevo ser entra en la existencia, un nuevo invitado entra en la existencia, a través de la energía sexual. La energía sexual es la más creativa de las energías. Seguro que si la investigamos en profundidad, encontraremos aún mayores posibilidades en ella, más creativas.

El Tantra dice: el sexo es el escalón más bajo de la energía sexual, de la libido. Si entras en él con más atención y lo investigas profundamente, encontrarás escondida en él la más alta de las posibilidades, *samadhi*.

El sexo es como el *samadhi* caído en el lodo; es como un diamante que ha caído en el lodo. Limpia el diamante, el lodo no puede destruirlo. El lodo es sólo la superficie; simplemente lava el diamante y volverá a brillar con todo su lustre y toda su gloria.

En el sexo se esconde el diamante. En el amor se esconde Dios. Cuando Jesús dice, Dios es amor, debe haber cogido esa idea de alguna parte del Tantra, porque el Dios judío no es en absoluto amor; no puede venir de la tradición judaica. El Dios judío es un Dios muy furibundo.

El Dios judío dice: «Soy un Dios celoso, soy un Dios irascible, y si vas contra mí, me vengaré». El Dios judío es un Dios muy dictatorial. El amor no encaja con la idea judía. ¿De dónde sacó Jesús la idea de que Dios es amor? Con toda seguridad vino a través de la escuela tántrica de la India, que los tántricos van extendiendo.

Saraha vivió trescientos años antes que Jesús. ¿Quién sabe?, puede que fueran Saraha y su idea quienes viajaron. Hay muchas razones para pensar eso. Seguramente Jesús vino a la India, seguramente hubo mensajeros que lo extendieron desde la India a Israel.

Pero una cosa es cierta, que ha sido el Tantra el que ha visto a Dios como energía de amor. Pero la cristiandad no lo entendió. A pesar de que Jesús dio la pista de que Dios es amor; no lo entendió. Lo ha interpretado como amor de Dios; no lo ha entendido. Jesús no está diciendo que Dios sea amoroso, Jesús está diciendo que Dios es amor, Dios es igual a amor. Es una fórmula: el amor es igual a Dios. Si entras profundamente en el amor encontrarás a Dios, y no hay otra forma de encontrar a Dios.

> *Las abejas saben que en las flores*
> *se encuentra la miel.*
> *Que el samsara y el nirvana no son dos,*
> *¿cómo podrían los engañados llegar a entenderlo?*

¿Quiénes son esos engañados, esas ranas? Los ascetas, los llamados *mahatmas*, que van negando el mundo porque dicen que Dios está en contra del mundo. ¡Eso es estúpido! Si Dios está en contra del mundo, ¿por qué sigue creándolo? Si estuviera en contra de él podría simplemente detenerlo en cualquier momento. Si estuviera de acuerdo con vuestros mahatmas, ya lo habría parado hace mucho tiempo. Pero él sigue creando. Él no parece estar en contra de ello; por el contrario, parece estar muy a favor.

El Tantra dice que Dios no está en contra del mundo: *el samsara* y *el nirvana* no son dos, son uno. El asceta lucha contra la energía sexual, y a través de esa lucha empieza a separarse de Dios, a separarse de la vida, a separarse de la fuente vital. Y luego vendrán las perversiones... así tiene que ser necesariamente. Cuanto más luchas contra algo, más pervertido te vuelves. Y entonces empiezas a descubrir trucos, empiezas a descubrir puertas traseras por las que entrar de nuevo en el sexo.

Así que el asceta en la superficie lucha contra el sexo, lucha contra la vida, pero en lo más profundo de su interior fantasea con él. Cuanto más lo reprime, más le obsesiona; el asceta es una persona obsesionada. El tántrico es una persona muy natural, él no tiene obsesiones. Pero la ironía, es que el asceta cree que el tántrico es una persona obsesionada, que los tántricos hablan acerca del sexo; «¿por qué si no hablan acerca del sexo?»; pero la verdadera obsesión está en el asceta. Él no habla acerca del sexo (o si habla es sólo para condenarlo) pero piensa constantemente en él. Su mente sigue dándole más y más carrete.

Es difícil ir en contra de Dios. Aunque lo hagas, el fracaso es seguro. La mente encontrará una forma u otra.

He oído...

Un judío que estaba hablando con un amigo dijo:

–Yo prefiero dormir solo; creo en el celibato. De hecho desde que nos casamos, mi mujer y yo siempre hemos tenido habitaciones separadas.

–Pero –dijo el amigo–, supongamos que te apetece un poquito de amor durante la noche ¿qué haces?

–Oh –contestó el otro–, simplemente silbo.

El amigo se quedó atónito, pero siguió preguntando: «Pero supongamos que ocurre lo contrario y es a tu mujer a quien le apetece un poquito de amor; ¿qué ocurre entonces?

–Oh –le respondió–, ella viene a mi puerta y llama, y cuando yo respondo me pregunta: «Querido, ¿has silbado?»

¿Qué importa que estés en la misma habitación o no? La mente encontrará una forma u otra; la mente empezará a silbar. Y por supuesto la mujer no puede silbar; se supone que ella no es tan vulgar como para silbar. Pero ella puede ir a la puerta llamar y preguntar: «¿Querido, has silbado?».

La mente es muy astuta. Pero una cosa es cierta, no te puedes escapar de la realidad de la vida. Si intentas escaparte, tu astuta mente encontrará maneras, y se volverá más astuta. Y estarás más atrapado en la mente. Yo no he visto que ningún asceta haya realizado la verdad; imposible. Él niega la vida, ¿cómo va a realizar la verdad?

La verdad tiene que estar viva, la verdad tiene que estar con la vida, en la vida. Por eso yo no le digo nunca a mis *sannyasins* que dejen la vida. Yo digo estáte en la vida, ¡estáte totalmente en ella! Ahí está la puerta, en alguna parte del mundo.

Que el samsara y el nirvana no son dos —dice Saraha—, *¿cómo podrían los engañados llegar a entenderlo? ¿Pero las ranas?*; ¿cómo podrían llegar a entenderlo? ¡Convirtiéndose en abeja!

Que esto sea algo importante que recordar para vosotros, al menos para mis *sannyasins*: transfórmate en una abeja, no te transformes en una rana. Estas flores de la vida están cargadas de la miel de Dios... ¡cosecha!

> *Cuando los engañados se miran en un espejo*
> *ven una cara, no un reflejo.*
> *Así la mente que ha negado la verdad*
> *confía en lo que no es real.*

La mente es como un espejo: solamente refleja. Tan sólo puede darte la experiencia de una sombra, nunca la real, nunca la original. Es como un lago... se puede ver la luna reflejada en el lago, pero el reflejo no es la verdadera luna. Y si empiezas a pensar que el reflejo es la luna auténtica, nunca encontrarás la auténtica luna.

Saraha dice: *Cuando los engañados se miran en un espejo, ven una cara, no un reflejo.* ¿Cuál es la diferencia entre ver una cara y no un reflejo? Cuando empiezas a ver la cara en el espejo, te engañas; piensas: «Ésa es mi cara». Ésa no es tu cara, ése es el reflejo de tu cara. En el espejo no puede haber ninguna cara real, sólo reflejos.

¡La mente es un espejo! Refleja la realidad, pero si empiezas a creer en ese reflejo estarás creyendo en lo irreal, en la imagen. Y ese mismo reflejo se convertirá en una barrera. Saraha dice: si quieres conocer la verdad pon la mente a un lado; de otra forma seguirá reflejando y tú seguirás mirando al reflejo. ¡Pon la mente a un lado! Si verdaderamente quieres conocer lo real, ve en la dirección opuesta al reflejo.

Por ejemplo, tú ves que la luna llena se refleja en el lago. Y bien, ¿dónde vas a ir a buscar la luna? ¿Vas a saltar al lago? ¿Vas a bucear en la profundidad del lago para encontrar la luna? Entonces nunca la encontrarás. Puede que hasta te pierdas a ti mismo. Si verdaderamente quieres ver la luna auténtica, entonces ve en dirección contraria al reflejo, exactamente en la dirección diametralmente opuesta; entonces encontrarás la luna. No vayas a la mente, ve en dirección diametralmente opuesta a la mente.

Si la mente analiza; tú sintetiza. Si la mente cree en la lógica; tú no creas en la lógica. Si la mente es muy calculadora, muy astuta; tú sé inocente. ¡Ve en la dirección opuesta! Si la mente pide pruebas, razones; tú no pidas pruebas ni razones. El significado de confianza es: ve en la dirección opuesta. La mente es una gran dudadora. Si dudas entras en la mente, si no dudas vas en contra de la mente. ¡No dudes! La vida es para vivirla, no para dudarla. La vida es para confiar en ella. Ve de la mano de la confianza y encontrarás la verdad: ve con la duda y te desviarás.

La búsqueda de la verdad es una búsqueda en la dirección opuesta a la de la mente porque la mente es un espejo, refleja. Y poner la mente a un lado es precisamente de lo que se trata la meditación; poner los pensamientos a un lado, poner el mental a un lado, de eso se trata en la meditación.

Cuando puedes mirar a la realidad sin pensamientos reflejándola, la verdad está aquí ahora; entonces tú *eres* la verdad y todo es la verdad. La mente es la mayor facultad del engaño, de la ilusión, del sueño.

> *Aunque la fragancia de una flor no se pueda tocar,*
> *es todo persuasiva y en seguida perceptible.*
> *Así, por los seres sin un patrón de sí mismos*
> *reconoce el redondel de los círculos místicos.*

¡Un gran *sutra*! *Aunque la fragancia de la flor no se pueda tocar* (no puedes tocar la fragancia de una flor), *es todo persuasiva y en seguida perceptible*... pero puedes olerla. No puedes verla pero puedes olerla, te rodea. No puedes tocarla; no es tangible, no es tocable. Pero si tomas la tangibilidad como el criterio de la verdad, entonces dirás que no es la verdad. La verdad no es pensable. Si piensas, te perderás.

La verdad puede ser experimentada, pero no puede ser conocida. La verdad puede ser realizada, pero no concluida. Igual que la fragancia de la flor no puede ser vista por los ojos, no se puede escuchar con los oídos... Si haces que tu criterio sea: «hasta que no oiga el olor no creeré, hasta que no vea el olor no creeré», entonces estarás creando barreras y jamás llegarás a conocerla.

Y poco a poco, si no lo crees, si no lo crees en absoluto, perderás la facultad de oler porque cualquier facultad que no se use, en la que no se confíe, que caiga en desuso, se va atrofiando poco a poco. ¡La confianza es una facultad! has dudado durante tanto tiempo, has estado casado con la duda durante tanto tiempo, que dices: «primero necesitaré pruebas racionales; dudo». Así que sigues dudando, y la verdad sólo puede ser posible a través de la confianza, exactamente igual que la fragancia sólo se puede conocer a través del olfato. Si hueles, ahí está. Si confías, ahí está la verdad.

Shradda; la confianza, la fe, simplemente indican una cosa: que la duda, el escepticismo, no es la facultad para conocer la verdad. Si insistes en dudar, permaneces con dudas.

Es *todo persuasiva y en seguida perceptible.*

¡Con confianza inmediatamente está ahí, en seguida! Sin perder ni un sólo momento. *Así por los seres sin un patrón de sí mismos...*

¿Y qué es la confianza? Nunca he visto una definición tan bella de la confianza: *Así por los seres sin un patrón de sí mismos...* ¡No te pongas un patrón a ti mismo! Todos los patrones son como corazas, todos los patrones son como protecciones; todos los patrones son formas de eludir. Sé abierto, no te empatrones.

Así por los seres sin un patrón de sí mismos... Si no estás empatronado, si simplemente estás abierto, no llevas ninguna armadura, no te estás protegiendo a ti mismo con la lógica, la duda, y esto y aquello y simplemente eres vulnerable... sin patrón, desprotegido, bajo el cielo abierto, con todas las puertas abiertas... deja que entren amigos y enemigos, cualquiera, pero con todas las puertas abiertas. En esa apertura tú eres un ser en sí mismo, estás en un estado de esencialidad, estás vacío, eres una nada, y reconocerás la verdad.

Reconoce el redondel de los círculos místicos.

Y luego descubrirás que de esta esencialidad surgen dos círculos: uno es el del *nirvana*, el otro es el del *samsara*. En este océano de esencialidad surgen dos olas: una es la de la materia, la otra es la de la mente; pero ambas son olas, y tú estás más allá de ambas. Ahora no hay división, no hay distinción. La verdad no es ni mente ni materia, la verdad no es ni el *samsara* ni el *nirvana*, la verdad no es ni profana ni sagrada; todas las distinciones han desaparecido.

Si te llevas la mente a la suprema realidad, no te dejara verla. Traerá alguna de sus falsedades con ella.

He leído una anécdota... meditad sobre ella.

Un hombre llegó a las puertas del paraíso y al preguntarle su nombre contestó:

–Charlie Pillatodo.

–No creo que tengamos ninguna noticia de su llegada –le informaron– ¿Cuál fue su ocupación en la vida terrenal?

–Chatarrero –contestó el visitante.

–Ah –dijo el ángel– seguiré buscando.

Cuando regresó, Charlie Pillatodo había desaparecido. Al igual que las puertas del paraíso.

Charlie Pillatodo, comerciante en chatarra... tú cargas con tus hábitos hasta el mismísimo final.

Puede que la mente sea útil en lo concerniente al mundo hecho por los hombres. Puede que la mente sea útil en lo concerniente a la materia. Pero llevar esta mente hasta el núcleo central de tu realidad es peligroso; allí será un estorbo.

Déjame decirlo de esta manera: la duda es valiosa en el mundo de la ciencia. De hecho sin duda no habría ciencia; la duda es la mismísima metodología de la ciencia. Por haber prevalecido la ciencia, ya que en el pasado ha tenido mucho éxito, parece que la duda se ha convertido en el único método para investigar. Así que cuando entras en el interior, llevas dudas, y eso no está bien. Cuando vas afuera, la duda es útil; cuando vas hacia dentro, la duda es una barrera. Confía, duda cada vez menos... si quieres entrar, duda cada vez menos y menos, y llegará el momento en que no quede ninguna duda. En ese estado de no-duda, estarás en el centro. En cambio, si quieres conocer el mundo exterior, la confianza no te será de ninguna ayuda.

También eso ha ocurrido en Oriente en el pasado. Llegamos a conocer la realidad interior a través de la confianza, así que pensamos que a través de la confianza también podíamos desarrollar la ciencia. Nunca nos ha sido posible crear ciencia. En Oriente no pudimos crear ninguna de las grandes ciencias; no hemos tenido nada que decir, nada importante. Al haber entrado en el interior con confianza, pensamos que la confianza era el único método para investigar, y eso es una falacia. Tratamos de confiar en las cosas objetivas del exterior y fracasamos; Oriente ha sido un fracaso en lo concerniente a la ciencia. Occidente ha tenido éxito en el campo de la ciencia a través de la duda; pues bien, esto conduce a la misma falacia: ellos piensan que la duda es el único método correcto, válido para saber, y no lo es. Ahora bien, si lo intentas con la duda en el mundo interior fracasarás tan seguro como Oriente ha fracasado en el crecimiento científico.

La duda es buena en cuanto a los objetos, la confianza es buena en cuanto a la subjetividad. La duda es buena si te vas alejando desde tu centro a la periferia, la confianza es buena si te vas alejando de la periferia hacia tu centro. La confianza y la duda son como dos alas.

La humanidad que nazca en el futuro será capaz de confiar y dudar al mismo tiempo. Ésa sería la síntesis más elevada: la síntesis de Oriente y Occidente, la síntesis de la ciencia y la religión. Cuando el hombre sea capaz de dudar y confiar al mismo tiempo... que cuando se necesite dudar, cuando vaya hacia el exterior, él dude; y cuando se necesite confiar ponga la duda a un lado y confíe. Y un hombre que sea capaz de las dos cosas estará por encima de ambas, ciertamente por encima de ambas, porque utilizará ambas y sabrá que está separado de ambas. Eso es transcendencia. Ese estar por encima de ambas es una gran libertad. Eso es exactamente el *nirvana*: una gran libertad.

Medita en estos *sutras*. Saraha está diciendo cosas eleva-
das con palabras sencillas; él estaba vertiendo su descubrimiento en el rey. Tú también puedes tomar parte en este gran
descubrimiento. Puedes profundizar mucho en la realidad humana con Saraha.

Y recuerda siempre, ésa es la única manera de llegar a la
realidad suprema. La realidad humana es la única manera de
llegar a la realidad suprema, porque ahí es donde tú estás. Uno
sólo puede proceder desde el lugar donde está. El sexo es tu
realidad, desde él se puede abordar el *samadhi*. El cuerpo es tu
realidad, a través de él se puede abordar la incorporeidad. Ir hacia afuera es tu realidad, desde esta realidad puedes abordar el
ir hacia adentro.

Tus ojos miran hacia afuera; pueden volverse hacia dentro.

8. SÉ LEAL AL AMOR

¿Si una rana puede estar en un
estado del ser sin patrones,
se convertirá en una abeja?

¿Hay alguna esperanza para mí?

¿Qué rol debe jugar la caridad
en la vida de un sannyasin?

¿Estoy malgastando mi tiempo?

¿Cómo puede transformarse
la energía sexual en samadhi?

¿Va a ser «Osho»
como la cocacola?

Primera pregunta:

Querido Osho, yo soy una rana. Sé que soy una rana por-
que me gusta bañarme en las lóbregas y oscuras aguas verdes
y esperar en viscoso lodo. Además, ¿qué es la miel? Si una
rana puede estar en un estado del ser sin patrones , ¿se con-
vertirá en una abeja?

¡Por supuesto! Ser una abeja es una posibilidad que tiene todo el mundo; todo el mundo puede crecer hacia convertirse en una abeja. Una vida sin patrones, espontánea, viva, una vida momento a momento, es la puerta, es la llave. Si uno puede vivir sin que sea desde del pasado entonces es una abeja, y entonces hay miel por todas partes.

Yo sé que es difícil explicárselo a una rana. La pregunta es correcta: «además, ¿qué es la miel?». La rana jamás la ha conocido. Y vive justamente en las raíces de las plantas de cuyas flores las abejas recogen la miel, pero ella no se ha movido en esa dimensión.

Por "rana" Saraha quiere decir una persona que vive desde el pasado, en la jaula del pasado, en las memorias. Cuando vives a través del pasado sólo vives aparentemente, no vives realmente. Cuando vives a través del pasado, vives como un mecanismo, no como un hombre. Cuando vives a través del pasado, es una repetición, una repetición monótona; te pierdes el placer, el gozo de la vida y la existencia. Eso es la miel: el gozo de la vida, la dulzura de estar aquí ahora, la dulzura de simplemente poder vivir. Ese gozo es la miel... y hay millones de flores abiertas por todas partes. Toda la existencia está llena de flores.

Si sabes cómo recoger la miel, si sabes como ser gozoso, te conviertes en un emperador; si no lo sabes, seguirás siendo un mendigo. Estos pájaros cantando aquí... ¡está lloviendo miel! La abeja la recogerá, la rana se la perderá. Este cielo, este sol, estas personas a tu alrededor... todo el mundo tiene unas fuentes infinitas de miel, todo el mundo fluye con dulzura y amor. Si sabes cómo recogerla y saborearla, está en todas partes; Dios está en todas partes. El sabor de Dios es lo que Saraha llama miel.

La abeja tiene algunas cosas... y éstas tienen que ser entendidas, y además son cosas muy peligrosas. Una: la abeja nunca está atada a ninguna flor. Ése es el secreto más profundo: la abeja no está atada a ninguna flor. No tiene un núcleo familiar, ni esposa, ni marido. Simplemente acude a cualquier flor que la invita. Tiene libertad.

El hombre se ha confinado a la familia. El Tantra está muy en contra de la familia, y éste es un punto de vista muy importante. El Tantra dice que a causa de la familia el amor ha sufrido un gran daño que la dulzura de la vida ha sido completamente envenenada. Las personas se agarran unas a otras, intentan poseerse unas a otras, no para disfrutar sino para poseer. La posesión se ha convertido en la única manera de disfrutar. Ha habido un gran cambio: no estás con una mujer para gozar de ella (*no* la estás disfrutando). No estás con un hombre para gozar de él (no estás disfrutando en absoluto), sino para poseer. Ha entrado la política, ha entrado la ambición, ha entrado la economía... no hay amor.

El amor no conoce la posesión. No estoy diciendo que no puedas vivir con una mujer durante largo tiempo (podéis vivir durante vidas juntos), pero no habrá familia. Cuando digo «familia» quiero decir posesión legal; cuando digo «familia» quiero decir la exigencia. El marido puede exigir de la esposa, puede decir: «¡estás obligada a darme amor!». Nadie está obligado a dar ningún amor. El marido puede forzar a la esposa a darle amor. Cuando puedes forzar a alguien a amar, el amor desaparece; entonces sólo hay apariencias. Entonces la mujer está cumpliendo con una obligación, entonces el marido está cumpliendo con una obligación. ¡La obligación no es el amor! El amor es miel, la obligación es azúcar refinada; tarde o temprano sufrirás de diabetes. Es veneno, es veneno puro, azúcar blanca. Sí, tiene un sabor parecido, un poco como la miel, pero no es miel.

La familia es muy posesiva. La familia va en contra del hombre, va en contra de la sociedad, va en contra de la hermandad universal. La frontera de la familia es tu prisión. Puede que no te des cuenta, porque ya estás acostumbrado a ella.

Al cruzar la frontera de un país, ¿no te has sentido humillado? Entonces te das cuenta de que el país no era tu país, era una gran prisión. Te darás cuenta al entrar y salir: en la aduana, en el aeropuerto, al cruzar la frontera te darás cuenta de que eres un prisionero. La libertad era artificial, simplemente una patraña sagrada. Pero viviendo en un país, si nunca cruzas su frontera nunca te darás cuenta; creerás que eres libre. ¡No eres libre! Sí, la cuerda es larga; te puedes mover, pero no eres libre.

Y lo mismo pasa con la familia. Si empiezas a cruzar su frontera, entonces sabrás que estás encarcelado. Si empiezas a amar a tu prójimo, entonces tu familia estará en contra de ti. Si eres feliz con cualquier otra mujer, tu esposa es tu enemiga. Si bailas con cualquier otro hombre, tu marido se pone como loco contigo. Le gustaría matarte, y tan sólo hace unos días que decía: «te amo tanto que podría morir por ti».

Simplemente cruza la frontera y te darás cuenta de que eres un prisionero. No cruces nunca la frontera y podrás vivir en la bendita ignorancia de que todo está bien.

Lo que destruye tu capacidad para ir de flor en flor, de probar todas las flores, es el apego, la posesividad. Simplemente imagínate una abeja recogiendo miel de tan sólo una flor; esa miel no será muy rica, la riqueza viene de la variedad. Tu vida es aburrida, no tiene riqueza.

Hay gente que viene a mí y dice: «¡estoy aburrido!, ¿qué debería hacer?». Están haciendo todo lo posible por estar aburridos y piensan que el aburrimiento viene de algún otro lugar. Ahora estás viviendo con una mujer que ya no amas, pero tus escrituras dicen que cuando prometes algo tienes que cumplir la promesa: sé un hombre de palabra. Una vez que estás comprometido tienes que cumplir con tu compromiso. Pues bien, el aburrimiento no es ninguna sorpresa: ¡el amor ha desaparecido!

Es como si te obligaran a comer la misma comida todos los días; ¿durante cuánto tiempo podrás disfrutarla? Puede que la hayas disfrutado el primer día, el segundo, el tercero... pero luego empezarás irritarte. ¡Además para siempre...! Empezarás a aburrirte. Y como el hombre se aburre empieza a inventar mil y una maneras de distraer su mente: se queda pegado al televisor durante seis horas (qué estupidez) o va al cine, o escucha la radio, o lee el periódico, o se va al club donde le gusta reunirse con gente aburrida. De alguna forma uno está tratando de distraerse a sí mismo del aburrimiento que surge en las relaciones.

Intenta entender. El Tantra dice: ¡sé una abeja, sé libre! El Tantra no dice que si amas a una mujer no estés con ella. Estáte con ella, pero el compromiso es con el amor, no con la mujer; el compromiso es con el amor, no con el hombre. Ésta es la diferencia básica: estás comprometido con el amor, estás comprometido con la felicidad. Cuando el amor esté desapareciendo, cuando la felicidad se haya ido, entonces di gracias y vete.

Y esto debería ser lo mismo con todas las cosas de la vida. Si eres médico y estás aburrido con tu trabajo, entonces deberías ser capaz de abandonarlo en cualquier momento, a cualquier precio. Con riesgo, la vida se convierte en una aventura. Pero tú piensas: «ahora tengo cuarenta, cuarenta y cinco años, ¿cómo voy a dejar mi trabajo? Además me va muy bien económicamente»... ¡pero espiritualmente, psicológicamente, te estás muriendo! Te estás suicidando lentamente. Estupendo; si quieres destruirte a ti mismo y salvar tu cuenta bancaria, adelante.

Pero en el momento en que sientas que tu trabajo ya no te satisface ¡salte de él! Ésta es la revolución tántrica. En el momento en que ves que algo ya no es atractivo, que ha perdido el aliciente, el encanto, que ya no es magnético, entonces no te

quedes sujeto a ello. Entonces di «lo siento». Entonces siéntete agradecido por el pasado, por todo lo que ha pasado a través
de la persona, el trabajo, cualquier cosa, pero permanece abierto al futuro. Esto es lo que significa ser una abeja. Saraha dice
además: sólo la abeja sabe que cada flor está llena de miel.

Pero yo no estoy diciendo que hay que irse al extremo opuesto. Hay gente que se va al extremo opuesto, el hombre es tan
estúpido... Precisamente el otro día leí acerca de una comuna en
Alemania: la Comuna Acción Análisis. Pues bien, hay una regla en esta comuna por la cual no se puede dormir con la misma mujer dos noches seguidas. Esto también es estúpido. Parece que el hombre es tan tonto que no se le puede ayudar. Si
duermes dos noches consecutivas con la misma mujer, te expul-
san de la comuna.

Ya está claro que un extremo ha resultado erróneo. Pero éste
es otro extremo... ¡que también resultará erróneo! El primer extremo era represivo: tienes que dormir con la misma mujer
durante años, durante toda la vida, con el mismo hombre, sin
saber por qué, por qué continúas. La sociedad lo dice, el estado
lo dice, los curas y los políticos lo dicen: que la estabilidad de
todo el sistema depende del núcleo familiar. Esta sociedad alienada depende de una familia alienada; la unidad es la familia
alienada, el ladrillo con el que se construye toda la prisión.

Los políticos alienados dependen de la familia alienada,
Las religiones alienadas dependen de la familia alienada. Te
han estado reprimiendo; no te permiten separarte de la mujer o
del hombre, no te permiten dejar la relación. Dicen que tienes
que mantenerla, si no serás un criminal, un pecador. Te incul-
can mucho miedo al infierno y al fuego infernal.

Ahora, el extremo opuesto, que no puedes estar otra vez con
la misma mujer dos noche seguidas. Esto también es represivo. Si quieres estar de nuevo otra noche con la misma persona,
¿entonces qué...? Entonces tendrás que reprimirte. Con el pri-

mero, el amor desaparece y entra el aburrimiento. Con el segundo desaparece la intimidad y tú te sentirás alienado, como una isla. No sentirás tus raíces en ningún sitio.

El Tantra dice: Éxactamente en el medio está el camino. Estáte en ese sitio, estáte con esa persona, estáte en ese trabajo en el que disfrutas; si no es así, cambia. Si puedes disfrutar una mujer durante toda tu vida, maravilloso, es algo tremendamente hermoso. Eres afortunado, porque entonces crecerá la intimidad, vuestras raíces se entrelazarán, vuestros seres se entrelazarán. Poco a poco os convertiréis en una persona, un alma, y ésa es una gran experiencia, ¡a través de ella conoceréis las más altas cimas del Tantra! Pero esto no es una familia, esto es un idilio. Has llegado a lo más profundo del amor.

Pero este tipo de gente, esta comuna A. A., ¡este tipo de gente es peligroso! Piensan que están haciendo algo muy importante, y simplemente están reaccionando. La sociedad ha hecho algo equivocado, ahora ellos están reaccionando demasiado y se están yendo al extremo opuesto, que volverá a ser equivocado. El hombre tiene que encontrar un equilibrio en alguna parte; primera cosa.

Segunda cosa... Saraha dice: «un estado del ser sin estructuras, sin patrones». Si vives a través de los hábitos no puedes disfrutar la vida, porque los hábitos pertenecen a lo viejo. ¿Cómo vas a poder disfrutar de la misma cosa una y otra y otra vez? Tu mente siempre es la misma, y llega el aburrimiento. Ni siquiera puedes cambiar de hombre o de mujer. Además, tú siempre eres el mismo, así que el cincuenta por ciento siempre es lo mismo. Vendrá el aburrimiento.

Así que lo primero que dice el Tantra es: nunca te obsesiones con ninguna persona, permanece libre de personalidades. Lo segundo que dice el Tantra es: permanece libre de tu pasado; entonces serás cien por cien libre, como una abeja. Puedes volar a cualquier parte; nada te sujeta, tu libertad es completa.

No persistas en tus viejos patrones. ¡Trata de ser inventivo, intenta innovar! Sé un aventurero, un descubridor, disfruta la vida de maneras nuevas; descubre nuevas maneras para disfrutarla. De hecho descubre nuevas maneras de hacer la misma cosa de siempre, pero descubre nuevas maneras.

Hay infinidad de posibilidades... Puedes llegar a la misma experiencia desde muchas puertas, y cada puerta te dará una visión diferente. Entonces la vida es rica; hay dulzura, hay gozo, hay celebración; eso es la miel. ¡No te quedes confinado en los patrones de una rana! Es verdad que las ranas pueden saltar un poco, de aquí para allá... pero no pueden volar y no pueden saber que cada flor contiene una fragancia divina. Al decir miel, Saraha está haciendo una metáfora poética que quiere decir Dios, que cada ser contiene divinidad.

Muchas personas vienen a mí y me dicen: «queremos conocer a Dios; ¿dónde está Dios?» Pues bien, la pregunta es completamente absurda. ¿Dónde *no* está? Tú preguntas dónde está; debes estar completamente ciego. ¿No puedes verle?, ¿no puedes ver que sólo él existe? En el árbol y en el pájaro, en el animal, en el río, en la montaña, en el hombre, en la mujer... él esta en todas partes. Él ha tomado muchas formas para rodearte, para bailar a tu alrededor. ¡Él está diciendo «hola» desde todas las partes! Y tú no escuchas. Te está llamando desde todas las partes. Te está invitando desde todas las partes: ¡Ven a mí! pero de alguna manera tú estás cerrando los ojos, o los tienes vendados, no miras a ninguna parte.

Tú miras de una forma muy estrecha, de una forma muy enfocada. Si buscas dinero sólo miras al dinero, no miras a ninguna otra parte. Si buscas poder, sólo miras al poder y a nada más. Y recuerda, Dios no es dinero, porque el dinero ha sido hecho por el hombre y Dios no puede ser hecho por el hombre. Cuando yo digo que Dios está en todas partes, recuerda, eso no incluye las cosas hechas por el hombre. Dios no puede ser hecho por el hombre. Dios no es dinero; el dinero es un invento muy ingenioso del hombre. Y Dios no es poder; eso también es otra locura del hombre. Simplemente la misma idea de dominar a alguien es enfermiza. Simplemente la misma idea de que: «yo debo estar en el poder y los demás no deben tener ningún poder», es la idea de un loco, una idea destructiva.

Dios no está en la política ni en el dinero ni en tus ambiciones, pero Dios está en todos los lugares en donde el hombre no le ha destruido, donde el hombre no ha creado algo propio. Ésta es una de las cosas más difíciles de encontrar en el mundo moderno, porque estás rodeado de demasiadas cosas hechas por el hombre. ¿No te das cuenta de este hecho?

Cuando estás sentado cerca de un árbol es fácil sentir a Dios. Cuando estás sentado en una carretera de asfalto... por mucho que busques en las carreteras de asfalto, no encontrarás a Dios. Es demasiado difícil. Cuando estás en una ciudad moderna, tan sólo hay edificios de cemento y hormigón a tu alrededor. En la jungla del cemento y el hormigón no sentirás a Dios, porque las cosas hechas por el hombre no crecen. Ése es uno de los problemas: las cosas hechas por el hombre no crecen. Están muertas, no tienen vida alguna. Las cosas hechas por Dios crecen. ¡Hasta las montañas crecen! Las del Himalaya todavía están creciendo, todavía se están elevando más y más. Un árbol crece, un niño crece.

Las cosas hechas por el hombre no crecen, ni siquiera las más grandes. Ni siquiera una pintura de Picasso crecerá jamás, ¿qué decir del cemento, de los edificios de hormigón? Ni siquiera la música de Beethoven crecerá jamás, ¿qué decir de la tecnología, de las máquinas hechas por el hombre?

¡Observa! Siempre que veas crecimiento, habrá Dios, porque sólo Dios crece y nada más. En todas las cosas sólo Dios crece. Cuando nace una hoja nueva en el árbol, es Dios saliendo del árbol. Cuando el pájaro está en el aire, es Dios en el aire.

Cuando ves a una niña o a un niño riendo, es Dios riendo. Cuando ves lágrimas caer de los ojos de una mujer o de un hombre, es Dios llorando.

Cuando encuentres vitalidad, sí, hay Dios; escucha atentamente, acércate más, siente atentamente. ¿Sé cauto!; estás en suelo sagrado.

El Tantra dice: si te quitas la venda de los ojos... a eso es a lo que el Tantra se refiere cuando dice: «un estilo de vida sin patrones». Si te quitas la venda, si abres los ojos hasta donde tienen capacidad de abrirse, de repente te darás cuenta de que puedes ver en todas las direcciones. La sociedad te ha engañado para que mires solamente en cierta dirección; la sociedad te ha convertido en un esclavo.

Existe una gran conspiración... Se daña a todos y cada uno de los niños; inmediatamente, en el momento en que nace, la sociedad empieza a dañarle. Así que antes de que se dé cuenta, ya es un esclavo, un inválido invalido en mil y un sentidos. Cuando una persona es inválida tendrá que depender de la familia, de la sociedad, del estado, del gobierno, de la policía, del ejército; tendrá que depender de mil y una cosas. Y debido esa dependencia siempre será un esclavo, nunca se convertirá en un hombre libre. Así que la sociedad mutila, mutila de una forma muy sutil. Y tú no sabes: antes de que llegues a saber nada, ya estás mutilado.

El Tantra dice: ¡recupera tu salud! ¡Deshaz lo que la sociedad te ha hecho! Poco a poco date cuenta y empieza a deshacer las impresiones que la sociedad te ha impuesto, y empieza a vivir tu vida. Es tu vida, no es asunto de nadie más, es tu vida *absolutamente*. Es un regalo que Dios te ha hecho, un regalo personal para ti, con tus iniciales en él. ¡Disfrútalo, vívelo! Y aunque tengas que pagar un alto precio por él, merece la pena pagarlo. Aunque algunas veces tengas que pagar la vida con tu vida, es absolutamente correcto.

El Tantra es muy rebelde. Cree en un tipo de sociedad completamente diferente, en la que no habrá posesividad, la cual no estará orientada hacia el dinero, la cual no estará orientada hacia el poder. Cree en un tipo diferente de familia, la cual no será posesiva ni negativa hacia la vida. Nuestras familias son negativas acerca de la vida.

Nace un niño y toda la familia trata de quitarle todo el gozo de la vida. Siempre que un niño está alegre, algo va mal; y cuando está sentado en un rincón, triste, con la cara larga, todo va bien. El padre dice: «¡Bien, hijo! ¡Muy bien!». La madre está muy feliz porque no da guerra. Siempre que el niño es vital, hay un peligro, y todos tratan de matar la alegría del niño.

Y básicamente todo gozo está relacionado con la sexualidad. Y la sociedad y la familia tienen tanto miedo al sexo que no permiten al niño disfrutar sexualmente; ¡Y ésa es la base de todo gozo! Es muy restrictiva: no se le permite al niño ni siquiera tocarse sus órganos sexuales, no puede jugar con ellos. El padre tiene miedo, la madre tiene miedo... ¡todo el mundo tiene miedo! Su miedo viene de sus propios padres; son unos neuróticos.

¿No lo has visto alguna vez? Un niño está jugando con sus órganos genitales y en seguida todo el mundo salta sobre él: «¡Deja eso! ¡No lo vuelvas a hacer!». Y él no está haciendo nada... simplemente está disfrutando su cuerpo, y naturalmente los órganos sexuales son los más sensitivos, los más vivos, los más placenteros. En seguida se corta algo en el niño. Se asusta. Algo en su energía se bloquea. Ahora cada vez que se sienta feliz también se sentirá culpable; ahora se le ha llenado de culpabilidad. Y siempre que se siente culpable, se siente pecador, está haciendo algo malo.

Ésta es mi observación en miles de *sannyasins*: siempre que están felices, se empiezan a sentir culpables. Empiezan a buscar a sus padres que deben estar en alguna parte y que dirán:

«¡Deja eso! ¿Qué estás haciendo?» Siempre que están tristes, todo va bien. La tristeza es aceptada, la desgracia es aceptada; el gozo se niega.

Y de alguna manera se evita que los niños conozcan los gozos de la vida. El padre y la madre están haciendo el amor... los niños lo saben. Oyen los sonidos, algunas veces sienten que está ocurriendo, pero no se les permite participar, ni siquiera estar ahí. Es feo, es destructivo. Los niños deberían participar. Cuando el padre y la madre estén haciendo el amor, los niños deberían estar jugando alrededor; deberían sentirse felices con el padre y la madre haciendo el amor.

Deberían saber que el amor es un fenómeno maravilloso, no algo feo, algo que tenga que ser privado, algo que se tenga que esconder, algo que se tenga que mantener en secreto. ¡No es un pecado, es un gozo! Y si los niños pudieran ver a su padre y a su madre haciendo el amor, miles de enfermedades sexuales se erradicarían del mundo, porque su gozo brotaría. Y sentirían respeto por su padre y su madre. Es verdad, un día también ellos harán el amor, y sabrán que es una gran celebración. Si puedes ver a tu padre y a tu madre haciendo el amor como si estuvieran rezando y meditando, te causaría un gran impacto.

El Tantra dice que el amor debería ser hecho con tal celebración, con tal gran respeto religioso, con tal reverencia, que los niños pudieran sentir que algo grande está ocurriendo. Su alegría crecería, y no habría ninguna culpabilidad en su gozo. Este mundo puede ser tremendamente feliz, pero no lo es. Es muy raro encontrarse con un hombre feliz; muy, muy raro. Y sólo el hombre feliz es sano; el hombre infeliz está loco.

El Tantra tiene una visión diferente, una visión de la vida total y radicalmente diferente. Te puedes convertir en una abeja, en libertad te conviertes en una abeja. Siendo esclavo, eres una rana; siendo libre, eres una abeja.

Segunda pregunta:

Querido Osho, yo soy un maestro de escuela, algo así como una mezcla rebajada de cura, político e intelectual; todo eso que tú aborreces.
¿Hay alguna esperanza para mí? Yo también tengo cincuenta y seis años.
¿Debería mejor vivir el resto de mi vida con paciencia y la esperanza de una mejor suerte la próxima vez?

¡No hay esperanza para los curas, los políticos o los intelectuales, ni siquiera en la próxima vida! Pero puedes dejar de ser cura, político e intelectual en cualquier momento, y entonces hay esperanza. Pero no hay esperanza para el cura, no hay esperanza para el político, ni hay esperanza para el intelectual. De eso estoy absolutamente seguro. Ni en la siguiente vida ni en la que siga a ésta; jamás. Yo nunca he oído que ningún cura alcanzara el *nirvana*, nunca he oído que ningún político encontrara a Dios, nunca he oído que ningún intelectual se volviera consciente, sabio. No, es imposible.

El intelectual cree en el conocimiento, no en la sabiduría. El conocimiento es del exterior, la sabiduría del interior. Los intelectuales confían en la información: la información se va almacenando, se convierte en una pesada carga, pero en el interior no crece nada. La realidad interior permanece igual, tan ignorante como antes.

El político busca el poder: es una cosa del ego. Y los que llegan son gente humilde, no egoístas. Los egoístas nunca llegan; no pueden llegar por su propio egoísmo. El ego es la mayor barrera entre tú y Dios, la única barrera. Así que el político no puede llegar.

Y el cura... el cura es muy astuto. Intenta convertirse en un mediador entre tú y Dios, y no conoce a Dios en absoluto. Él es el *más* embustero, el *más* fraudulento. Está cometiendo el mayor de los crímenes que el hombre pueda cometer: está simulando que conoce a Dios; no sólo eso, sino que además pondrá a Dios a tu disposición, te dice qué si le sigues, él te llevará hasta lo supremo. ¡Y él no sabe nada acerca de lo supremo! Puede que conozca el ritual, cómo rezar, pero no conoce lo supremo. ¿Cómo te va a guiar? Él es un ciego, y cuando un ciego guía a otro ciego, ambos se caen al pozo.

No hay esperanza para el cura ni para el político ni para el intelectual, pero para ti, Anand Tejas, hay esperanza. La pregunta es de Anand Tejas. Hay esperanza para ti, todas las esperanzas.

Y no es una cuestión de edad. Puede que tengas cincuenta y seis años, o setenta y seis, o ciento seis; eso no importa. No es una cuestión de edad porque no es una cuestión de tiempo. Para entrar en la eternidad, cualquier momento es tan bueno como cualquier otro, ¡porque se entra aquí ahora! ¿Qué diferencia hay en la edad, cincuenta y seis o dieciséis? El que tiene dieciséis tiene que entrar ahora mismo, y el que tiene cincuenta y seis tiene que entrar ahora mismo; ambos tienen que entrar ahora mismo. Y los dieciséis años no ayudan mucho, tampoco los cincuenta y seis. Cada uno tiene problemas diferentes, eso lo sé. Cuando un joven de dieciséis años quiere entrar en meditación o en Dios, su problema es diferente al del hombre de cincuenta y seis. ¿Cuál es la diferencia? Si lo analizas, al final la diferencia es cuantitativa, no cualitativa.

El que tiene dieciséis años sólo tiene dieciséis años de pasado; en ese sentido está mejor que el que tiene cincuenta y seis; éste tiene cincuenta y seis años de pasado. Tiene que abandonar una carga mayor, muchas ataduras: cincuenta y seis años de vida, muchas experiencias, muchos conocimientos. El de dieciséis no tiene tanto que abandonar. Él tiene una pequeña carga, menos equipaje, una maleta más pequeña; una maletita de niño. El de cincuenta y seis años tiene mucho equipaje. En este sentido el más joven está en una situación mejor.

Pero hay otra cosa: El más viejo no tiene más futuro. Al de cincuenta y seis, si va a vivir setenta años, sólo le quedan catorce; no más futuro, no más imaginación, no más sueños. No hay mucho espacio. La muerte está llegando. El de dieciséis tiene un largo futuro, mucha imaginación, muchos sueños.

Para el joven el pasado es pequeño pero el futuro es grande; para el viejo el pasado es grande pero el futuro es pequeño. En total es lo mismo: son setenta años, ambos tienen que abandonar setenta años. Para el joven, el pasado son dieciséis años y los años restantes son el futuro: hay que abandonar tanto el futuro como el pasado. Así que al final, en el cómputo final no hay ninguna diferencia.

Anand Tejas, hay toda esperanza para ti. Y al haber hecho la pregunta ya has empezado el trabajo. Te has hecho consciente acerca de tu cura, tu político y tu intelectual; eso está bien. Ser consciente de la enfermedad, saber lo que es, es la mitad del tratamiento.

Y tú te has convertido en *sannyasin*, tú ya has dado un paso hacia lo desconocido. Si vas a estar conmigo, tendrás que decir adiós a tu cura, tu político y tu intelectual. Pero yo tengo confianza en que puedes hacerlo, de no ser así jamás habrías preguntado. Has descubierto que no tiene sentido, que todo lo que has hecho hasta ahora no tiene sentido; lo has sentido. Ese sentimiento es de un valor incalculable.

Así que no diré que simplemente seas paciente y esperes a la próxima vida, no. Yo nunca estoy a favor de los aplazamientos; todo aplazamiento es peligroso y truculento. Si dices: «Lo pospondré; se puede hacer en la próxima vida», estás eludiendo la situación. ¡Todo se puede hacer! Simplemente estás fingiendo. Y éste es un truco para salvarte a ti mismo: «¿Ahora qué se puede hacer? Soy tan viejo...».

Hasta en el lecho de muerte, en el último momento, el cambio puede suceder. Hasta cuando la persona se está muriendo, puede abrir los ojos sólo por un momento... y el cambio puede suceder. Puede abandonar todo el pasado antes de que llegue la muerte y morir completamente fresco. Morir de una forma nueva: morir como un *sannyasin*, morir en profunda meditación. Y morir en profunda meditación no es morir en absoluto, porque es morir con plena consciencia de la inmortalidad.

¡Puede suceder en un simple momento! Así que por favor no pospongas, no digas: «¿Debería mejor vivir el resto de mi vida con paciencia...?» No, abandónalo ahora mismo. ¡No vale nada!; ¿por qué cargar con ello?, ¿por qué esperar? Y si esperas, la próxima vida no va a ser diferente. Por eso digo que no hay esperanza para el cura ni para el político ni para el intelectual. La próxima vida comenzará donde acabe ésta. De nuevo el cura, el político y el intelectual. Tu próxima vida será una continuación de ésta. ¿Cómo va a ser diferente? Será la misma rueda girando otra vez.

Y en este momento yo estoy disponible para ti. ¿Quién sabe?; la próxima vez puede que no esté disponible. En este momento, de alguna manera, a tientas en la oscuridad, has tropezado conmigo. La próxima vez, nunca se sabe... Esta vez has necesitado cincuenta y seis años para llegar a un hombre a través del cual la revolución es posible. ¿Quién sabe?, la próxima vez puede que la carga sea mayor, seguro que será mayor; la carga de la vida pasada y la carga de la vida futura... Puede que te hagan falta setenta años para venir, o encontrar un maestro.

Por eso digo que tampoco hay esperanza para el cura, el político y el intelectual en el futuro. Pero para ti hay todas las esperanzas, porque tú no eres ni un cura ni un intelectual ni un político. ¿Cómo vas a serlo? Éstas son cosas que se van acumulando, pero el núcleo interior permanece siempre libre.

No pienses de ti mismo que eres una rana, ¡sé libre!

Tercera pregunta:

Osho, ¿qué rol debería jugar la caridad en la vida de un sannyasin?

La pregunta no es de un *sannyasin*, es de Philip Martin. La primera cosa, Philip Martin: hazte *sannyasin*. No deberías hacer preguntas acerca de los demás, eso no es de caballeros; deberías preguntar acerca de ti mismo. Hazte *sannyasin* y después pregunta. Pero la pregunta es significativa, así que de todas las maneras voy a contestar. Y tengo el presentimiento de que más tarde o más temprano Philip Martin será *sannyasin*; hasta la pregunta muestra cierta inclinación.

Lo primero: todas las religiones del mundo han enfatizado la caridad (*dhan*) demasiado. Y la cuestión es que el hombre siempre se siente culpable con el dinero. Se ha predicado tanto la caridad para ayudar al hombre a sentirse un poco menos culpable. Te sorprenderías: En el inglés antiguo había una palabra «gilt»* que significaba dinero. ¡En alemán existe la palabra *geld* que significa dinero, y «gold» que significa oro también está muy cerca! Guilt, gilt, geld, gold... de alguna forma parece que la culpabilidad está profundamente ligada al dinero.

Siempre que tienes dinero te sientes culpable. Y es natural, porque hay mucha gente que no tiene dinero; ¿cómo vas a evitar la culpabilidad? Siempre que tienes dinero, sabes que alguien se ha hecho más pobre por ti. Siempre que tienes dinero, sabes que alguien en algún lugar estará muriéndose de hambre, y tu cuenta bancaria sigue creciendo y creciendo. Algún niño no tendrá la medicina que necesita para sobrevivir, alguna mujer no conseguirá medicina, algún pobre hombre morirá por no

*   *N de los T:* La palabra inglesa *guilt* se traduce literalmente como culpa o culpabilidad.

tener comida. ¿Cómo vas a evitar esas cosas? Estarán ahí. Cuanto más dinero tengas, más se manifestarán estas cosas en tu conciencia, y te sentirás culpable.

La caridad es para quitarte la carga de la culpabilidad, así puedes decir: «estoy haciendo algo: voy a abrir un hospital, voy a abrir un colegio, daré este dinero a esta organización caritativa, a esa fundación...» Te sientes un poco más feliz. El mundo ha vivido en la pobreza, el mundo ha vivido en la escasez. El noventa y nueve por ciento de las personas ha vivido una vida pobre, casi muriéndose de hambre, y sólo el uno por ciento ha vivido en la riqueza, con dinero: ellos siempre se han sentido culpables. Para ayudarles la religión desarrolló la idea de la caridad, para librarles de su culpabilidad.

Así que lo primero que me gustaría decir es que la caridad no es una virtud, es tan sólo una ayuda para mantener tu cordura intacta; de otra forma te volverías loco. La caridad no es una virtud, no es un *punya*; no es que hagas algo bueno cuando haces caridad. Es sólo que te arrepientes de todo el mal que has hecho acumulando el dinero. Para mí la caridad no es una gran cualidad, es arrepentimiento, te arrepientes. Has ganado cien *rupias*, das diez a la caridad, es un arrepentimiento. Te sientes un poco mejor, no te sientes *tan* mal; tu ego se siente un poco más protegido. Le puedes decir a Dios: «no sólo he explotado a los demás, también he ayudado a la gente». ¿Pero qué clase de ayuda es ésa? Con una mano arrebatas cien rupias, y con la otra das diez; ¡ni siquiera los intereses!

Éste es un truco inventado por los llamados religiosos, no para ayudar a los pobres, sino a los ricos. Dejémoslo absolutamente claro, ésta es mi actitud: ha sido un truco para ayudar a los ricos, no a los pobres. Si se ayuda a los pobres, es sólo una consecuencia, un resultado, pero esa no era su meta.

¿Qué es lo que yo les digo a mis *sannyasins*? Yo no hablo acerca de la caridad; esa palabra me parece fea. Yo hablo de compartir, y con una cualidad totalmente diferente. Compartir... si tienes, comparte, no porque al compartir ayudaras a los demás, no, sino porque al hacerlo estarás creciendo. Cuanto más compartes, más creces.

Y cuanto más compartes, más tienes, sea lo que sea. No es sólo una cuestión de dinero: si tienes conocimientos, compártelos; si tienes meditación, compártela; si tienes amor, compártelo. *Cualquier* cosa que tengas, compártela, expándela por todas partes; deja que se esparza como la fragancia de una flor en el aire. No tiene nada que ver particularmente con la gente pobre; comparte con cualquiera que esté disponible... y hay diferentes tipos de pobres.

Un hombre rico puede ser pobre por no haber conocido nunca el amor; comparte amor con él. Un hombre pobre puede haber conocido el amor pero no ha conocido una buena comida; comparte comida con él. Un hombre rico puede tener todas las cosas y no tener comprensión; comparte tu comprensión con él; también él es pobre. Hay mil y una formas de pobreza. Lo que sea que tengas, compártelo.

Pero recuerda: no estoy diciendo que esto sea una virtud y que Dios te dará un lugar especial en el paraíso, que serás tratado especialmente, que se crea que eres una persona muy importante, no. Al compartir serás feliz aquí ahora. Un acaparador nunca es un hombre feliz. Un acaparador es fundamentalmente un hombre estreñido. Él sigue acaparando; no se puede relajar, no puede dar. Él sigue acaparando; todo lo que consigue, simplemente lo acapara. Nunca lo disfruta, porque hasta para disfrutarlo tienes que compartirlo, porque todo disfrute es una forma de compartir.

Si realmente quieres compartir tu comida, tendrás que llamar a los amigos. Si *realmente* quieres disfrutar la comida, tendrás que tener invitados; de otra forma no podrás disfrutarla. Si realmente quieres disfrutar bebiendo, ¿cómo vas a disfrutarlo solo en tu habitación? Tendrás que encontrar amigos, otros bebedores; ¡tendrás que compartir!

La alegría siempre es un compartir. La alegría no existe sola.

¿Cómo puedes ser feliz solo, absolutamente solo? ¡Piensa! ¿Cómo puedes ser feliz absolutamente solo? No, la alegría es una relación, es un compañerismo. De hecho hasta esos individuos que se han marchado a las montañas y han vivido una vida solitaria, ellos también han compartido con la existencia. No están solos... ellos comparten con las estrellas, con las montañas, con los pájaros y con los árboles; no están solos.

Simplemente piensa: Mahavira estuvo durante doce años en la jungla, pero él no estaba solo. Yo os digo, con autoridad, que él no estaba solo. Los pájaros venían y jugaban a su alrededor, y los animales venían y se sentaban por allí, y los árboles echaban sus flores sobre él, y venían las estrellas, y el sol se levantaba. Y el día y la noche, el verano y el invierno... y durante todo el año... ¡era un gozo! Es verdad, estaba alejado de los seres humanos; tenía que estarlo, porque los seres humanos le habían causado tanto daño que necesitó alejarse de ellos para poder curarse. Tan sólo para poder eludir a los seres humanos durante cierto tiempo y que ellos no pudieran seguir dañándole. Es por eso por lo que los *sannyasins* se han ido a la soledad, tan sólo para curar sus heridas; si no la gente seguirá clavando sus navajas en tus heridas y las mantendrían abiertas, no te permitirían curarte, no te darían ni una oportunidad de deshacer lo que han hecho.

Mahavira estuvo en silencio durante doce años, de pie, sentado, con las piedras y los árboles, pero no estaba solo, estaba acompañado de toda la existencia. Toda la existencia convergía en él. Al fin llegó el día en que sanó, sus heridas se curaron, y entonces él supo que nadie le podría hacer daño. Él traspasó la línea. Ningún ser humano podría hacerle daño nunca más. Regresó para contárselo a los seres humanos, para *compartir* el gozo que él había alcanzado allí.

Las escrituras jainas hablan del hecho de que él abandonara el mundo. No hablan acerca del hecho de que él regresara al mundo. Eso es sólo la mitad de la historia, no es la historia completa.

Buda se marchó al bosque, pero regresó. ¿Cómo puedes seguir allí cuando lo has conseguido? Tendrás que regresar y compartirlo. Sí, es bueno compartir con los árboles, pero los árboles no pueden comprender mucho. Ellos son mudos. Está bien compartir con los animales, son maravillosos. Pero la belleza de un diálogo humano, es imposible de encontrar en ningún otro lugar; ¡la respuesta, la respuesta humana! Ellos *tuvieron* que regresar al mundo, a los seres humanos, para compartir su gozo, su bendición, su éxtasis.

"Caridad" no es una buena palabra, es una palabra muy pesada. Yo hablo de compartir. Yo les digo a mis *sannyasins*, compartid. En la palabra caridad también hay algo de fealdad; parece que tú estás en un escalón superior y que el otro está más bajo que tú, que el otro es un mendigo; que estás ayudando al otro que está necesitado. Eso no está bien.

Mirar al otro como si estuviera más bajo que tú, como si tú tuvieras y el otro no, no está bien; es inhumano.

Compartir da una perspectiva completamente diferente. La cuestión no es si el otro tiene o no, la cuestión es que tú tienes demasiado, y tienes que compartirlo. Cuando ofreces caridad, esperas que el otro te dé las gracias. Cuando compartes, le das las gracias a él por haberte permitido volcar tus energías, que estaban empezando a ser demasiado para ti. Se estaban haciendo demasiado pesadas, y te sientes agradecido.

El compartir viene de tu abundancia. La caridad es a causa de la pobreza del otro, mientras que el compartir proviene de tu riqueza. Hay una diferencia cualitativa.

No, yo no hablo acerca de la caridad, sino de compartir. ¡Comparte! Lo que sea que tengas, compártelo... y crecerá. Ésa es una ley fundamental: cuanto más dés, más tendrás. Nunca seas mísero dando.

Cuarta pregunta:

Querido Osho, durante las meditaciones mi mente todavía va a mil por hora. Yo nunca he experimentado el silencio, cualquier estado de observación que sucede es muy corto, como destellos. ¿Estoy perdiendo el tiempo?

Tu mente es terriblemente lenta. ¿Tan sólo a mil por hora? ¿Y tú crees que eso es velocidad? Eres terriblemente lento. La mente no conoce la velocidad, va demasiado rápida; es más rápida que la luz. La luz viaja a 300.000 kilómetros por segundo, y la mente es más rápida que eso. Pero no hay de que preocuparse: ¡eso es lo bonito de la mente, esa es su gran cualidad! Mejor que tomarlo negativamente, mejor que luchar contra ella, hazte amigo de la mente.

Tú dices: «durante las meditaciones mi mente todavía va a mil por hora». ¡Deja que vaya! ¡Deja que vaya más de prisa! Tú sé un observador, observa a la mente moverse con toda rapidez, a toda velocidad; ¡disfruta de ello! Disfruta ese juego de la mente.

En sánscrito tenemos una palabra especial para esto, lo llamamos *chidvilas*, el juego de la consciencia. Disfrútalo, este juego de la mente fugándose hacia las estrellas, moviéndose rapidísimo de acá para allá, saltando por toda la existencia. ¿Qué hay de malo en ello? Deja que sea una danza maravillosa, acéptalo.

Yo creo que lo que tú estás haciendo es intentar pararla, y no puedes hacerlo. ¡Nadie puede parar la mente! Sí, la mente se para un día, pero nadie puede pararla. La mente se para, pero no por tus esfuerzos, la mente se para por tu comprensión.

Tú simplemente observa y trata de ver lo que está ocurriendo, por qué va la mente a esa velocidad; no va así sin ninguna razón. Tienes que ser ambicioso... intenta ver *por qué* esa mente va tan de prisa, *a dónde* va tan de prisa. Tienes que ser ambicioso; si pensas en el dinero, entonces intenta entender... La cuestión no es la mente. Empiezas a soñar con el dinero, que has ganado la lotería o esto o aquello, y luego hasta empiezas a planear cómo gastarlo, qué comprar y qué no. O la mente piensa que te has convertido en presidente, en primer ministro, y entonces empiezas a pensar qué hacer, cómo gobernar el país, o el mundo. Simplemente observa la mente, hacia dónde va la mente. Debe haber una profunda semilla en ti. No puedes parar la mente hasta que esa semilla no desaparezca.

La mente simplemente está siguiendo la orden de tu semilla interior. Alguien piensa en el sexo: entonces en algún lugar hay sexualidad reprimida. Observa a dónde va la mente tan de prisa; mira profundamente en ti mismo, descubre el lugar donde se encuentran las semillas.

He oído...

El párroco estaba muy preocupado.

—Escucha —le dijo a su sacristán—, alguien ha robado mi bicicleta.

—¿Dónde ha estado con ella, padre? —inquirió el sacristán con mucho interés.

—Sólo alrededor de la parroquia, haciendo mis visitas.

El sacristán sugirió que el mejor plan sería que el párroco dirigiera su sermón dominical hacia los diez mandamientos.

—Cuando llegue a "no robarás", usted y yo observaremos las caras de los feligreses y pronto lo descubriremos.

Llegó el domingo. El párroco comenzó con un ligero fluir

acerca de los diez mandamientos, luego perdió el hilo, cambió de tema y se lió miserablemente.

–Padre –dijo el sacristán–, yo pensé que usted iba a...

–Ya lo sé, Giles, ya lo sé. Pero verás, cuando llegué a eso de "no cometerás adulterio", de repente recordé dónde había dejado la bicicleta.

Fíjate dónde dejas tu bicicleta. La mente va de prisa por diversas razones. La mente necesita comprensión, consciencia; no intentes pararla. Si intentas pararla, en primer lugar, no lo podrás conseguir. En segundo lugar, si lo puedes conseguir (uno puede conseguirlo si hace esfuerzos perseverantes durante años) si lo *puedes* conseguir, te volverás aburrido, apagado. Ningún *satori* sucederá por eso.

En primer lugar, no lo puedes conseguir, y es bueno que no lo puedas conseguir. Si pudieras conseguirlo, si te las pudieras apañar para conseguirlo, sería algo muy desafortunado; tú te volverías aburrido, perderías inteligencia. Esa velocidad conlleva inteligencia, esa velocidad conlleva una constante agudeza del pensamiento, la lógica, el intelecto. Por favor no trates de pararla. Yo no estoy a favor de los zoquetes, y no estoy aquí para ayudar a nadie a volverse estúpido.

En nombre de la religión mucha gente se ha vuelto estúpida. Casi se han convertido en idiotas, simplemente intentan parar la mente sin comprensión alguna de por qué va a tal velocidad; en primer lugar, ¿por qué? La mente no se puede mover sin ninguna razón. Sin entrar en razones, en las profundas capas del inconsciente, ellos simplemente tratan de pararla. *Pueden* pararla, pero tendrán que pagar un precio, y el precio será que perderán su inteligencia.

Puedes viajar por la India, encontrarás miles de *sannyasins, mahatmas*. Mírales a los ojos: sí, son buena gente; majos pero estúpidos. Si les miras a los ojos no hay inteligencia, no

verás ningún rayo de luz. Son gente no creativa, no han creado
nada, simplemente están ahí sentados. Están vegetando, no son
gente viva; no han ayudado al mundo en ningún sentido. No
han producido ni un cuadro ni un poema ni una canción, porque hasta para producir un poema se necesita inteligencia, se
necesitan ciertas cualidades de la mente.

Yo no sugeriría que parases la mente, mejor será que com-
prendas. Con la comprensión ocurre un milagro. El milagro es
que con comprensión, poco a poco (cuando comprendes las causas y esas causas se examinan profundamente y, a través de ese
profundo examen, esas causas desaparecen) la mente aminora
la velocidad. Pero no se pierde la inteligencia, porque no se fuerza a la mente.

¿Qué vas a hacer si no eliminas las causas con la comprén-
sión? Si vas conduciendo un coche, por ejemplo, y vas apretando el acelerador y al mismo tiempo vas apretando el freno.
Destruirás todo el mecanismo del coche, y hay muchas posibilidades de que tengas un accidente. Esas dos cosas no se pueden hacer a la vez. Si estás apretando el freno, entonces suelta
el acelerador; no lo aprietes más. Si estás apretando el acelerador, entonces no pises el freno. No hagas las dos cosas a la vez,
si no destruirás todo el mecanismo; estás haciendo dos cosas
contradictorias.

¿Te dejas llevar por las ambiciones e intentas parar la mente? Las ambiciones crean la velocidad, así que estás aceleran-
do la velocidad, y poniéndole un freno a la mente: destruirás
todo el sutil mecanismo de la mente. Y la mente es un fenómeno
muy delicado, el más delicado de toda la existencia, así que
no hagas el tonto con ella. No hay necesidad de pararla.

Tú dices: «yo nunca he experimentado el silencio, cualquier
estado de observación que sucede es corto, como destellos».

¡Siéntete feliz! Hasta eso es algo de tremendo valor. Esos
destellos no son destellos ordinarios. ¡No los dés por supues-

tos! Hay millones de personas a las que nunca les han sucedido esos destellos. Vivirán y morirán y nunca llegarán a saber qué es la observación, ni siquiera por un momento. Tú debes estar feliz, eres afortunado.

Pero no te sientes agradecido. Si no te sientes agradecido esos destellos desaparecerán. Siéntete agradecido; crecerán; con gratitud todo crece. Siéntete feliz por haber sido bendecido; crecerán. Con esa positividad las cosas crecerán.

«Y cualquier estado de observación que sucede es muy corto.» ¡Deja que sea corto! Si puede suceder durante un solo instante, si sucede; tú llevarás su sabor. Y con el sabor, poco a poco crearás más y más situaciones en las que sucederá más y más.

«¿Estoy perdiendo el tiempo?» Tú no puedes perder tiempo, porque tú no posees tiempo. Puedes perder algo que posees. El tiempo no lo posees. El tiempo se perderá de todas formas; medites o no, el tiempo se perderá (hagas algo o no hagas nada), el tiempo se va. No puedes ahorrar tiempo así que, ¿cómo vas a perder tiempo? Puedes perder algo que puedas ahorrar. Tú no posees tiempo. ¡Olvídate de él!

Y el mejor uso que puedes hacer del tiempo es tener esos pequeños destellos, porque finalmente llegarás a ver que los únicos momentos que se han salvado han sido los momentos de observación, y todo lo demás se lo ha llevado la corriente. El dinero que has ganado, el prestigio que has ganado, la responsabilidad que has ganado, todo se lo ha llevado la corriente. Sólo en esos pocos momentos en los que has tenido algunos destellos de observación, sólo esos momentos se salvarán. Sólo esos momentos se irán contigo cuando dejes esta vida. Sólo esos momentos podrán ir contigo, porque esos momentos pertenecen a la eternidad, no pertenecen al tiempo.

Pero siéntete feliz de que esté sucediendo. Siempre sucede poco a poco: gota a gota se puede llenar un gran océano. Sucede en gotas, pero en las gotas viene el océano. Tú simplemente recíbelo con gratitud, con celebración, con agradecimiento. Y no intentes parar la mente. Deja que la mente lleve su velocidad... tú observa.

Quinta pregunta:

Querido Osho, ¿cómo se puede transformar la energía sexual en samadhi?

El Tantra y el Yoga tienen cierto mapa del hombre interior. Sería bueno que entendieras ese mapa; te ayudaría, te ayudaría inmensamente.

El Tantra y el Yoga suponen que hay siete centros en la psicología del hombre, en la psicología sutil, no en el cuerpo. De hecho son metáforas, pero son de mucha, mucha utilidad para entender algo del hombre interior. Estos son los siete chakras.

El primero, y más básico, es el *muladhara*. Por eso se llama *muladhara*: *"muladhara"* significa lo más fundamental, lo básico. *Mul* significa lo básico, de las raíces. El *chakra muladhara* es el centro donde ahora mismo disponemos de energía sexual, pero la sociedad ha dañado mucho ese chacra.

Este *chakra muladhara* tienes tres ángulos: el primero es oral, la boca; el segundo es anal, y el tercero es genital. Éstos son los tres ángulos del *muladhara*. El niño empieza su vida con el oral, y debido a un desarrollo erróneo mucha gente permanece en el oral, nunca crece. Es por eso que existe tanto fumar, mascar chicle, comer compulsivamente. Esto es una fijación oral, permanecen en la boca.

Hay muchas sociedades primitivas que no besan. De hecho si el niño se ha criado bien, el besar desaparecerá. Besar demuestra que el hombre ha permanecido oral; si no ¿qué tiene que ver el sexo con los labios? Cuando por primera vez las sociedades primitivas se enteraban de que el hombre civilizado se besaba, se reían, pensaban que era simplemente ridículo: ¡dos personas besándose! Además no parece higiénico, transfiriéndose toda clase de enfermedades, infecciones entre sí. ¿Y qué están haciendo? ¿Y para qué? Pero la humanidad ha permanecido oral.

El niño no está satisfecho oralmente; la madre no le da el pecho tanto como él necesita, los labios se quedan insatisfechos. Así que más tarde el niño fumará cigarrillos, se convertirá en un gran besucón, mascará chicle, o se convertirá en un comedor compulsivo, comiendo constantemente, o esto o lo otro. Si las madres dan el pecho tanto como lo necesiten los niños, entonces no se daña el *muladhara*.

Si eres fumador, prueba con un chupete (y en seguida te sorprenderás); ha ayudado a mucha gente, y yo se lo he aconsejado a mucha gente. Si alguien viene y me pregunta cómo dejar de fumar, yo le digo: «Simplemente usa un chupete, un falso pecho, y déjatelo en la boca. Cuélgatelo al cuello y siempre que tengas ganas de fumar, simplemente ponte el chupete en la boca y disfruta. Y en tres meses te sorprenderás: la necesidad de fumar ha desaparecido».

De alguna forma el pecho todavía nos atrae; por eso el hombre está tan enfocado hacia los pechos femeninos. No parece haber ninguna razón. ¿Por qué? ¿Por qué está el hombre tan interesado en los pechos femeninos? En la pintura, la escultura, el cine, la pornografía, ¡todo parece estar orientado hacia los pechos! Y las mujeres están constantemente intentando ocultar y a la vez mostrar sus pechos; de otra forma el sujetador es una idiotez. Es un truco para ocultar y mostrar a la misma vez; es un truco muy contradictorio. Y ahora en América, donde las cosas más tontas llegan a su extremo, están inyectando productos químicos en los pechos de las mujeres, silicona y otras cosas. Están rellenando los pechos con silicona para hacerlos mas grandes y darles forma, la forma que la humanidad inmadura quiere ver. Esta idea infantil... pero de alguna forma el hombre permanece oral.

Éste es el estado más bajo del *muladhara*.

Luego unos pocos cambian del estado oral al anal y se quedan estancados en el anal, porque el segundo daño se causa al enseñar el uso del retrete. Se fuerza al niño a ir al retrete a ciertas horas. Ahora bien, el niño no puede controlar los movimientos de su intestino; requiere tiempo, requiere años llegar a controlarlo. Así que, ¿qué hacen? Ellos simplemente fuerzan, simplemente cierran su mecanismo anal, y por esto se quedan en la fijación anal.

A eso se debe que exista tanto estreñimiento en el mundo. Solamente el hombre sufre de estreñimiento. Ningún animal sufre de estreñimiento, en su estado salvaje ningún animal sufre de estreñimiento. El estreñimiento es más psicológico; es un daño en el *muladhara*. Y a causa del estreñimiento muchas otras cosas crecen en la mente humana.

Un hombre se convierte en un acaparador; un acaparador de conocimientos, de dinero, de virtud... se convierte en un acaparador y se hace avaro. ¡No puede soltar nada! Todo lo que agarra se lo queda. Y con este énfasis anal, se causa un gran daño al *muladhara*, porque el hombre o la mujer tienen que ir al genital. Si se quedan fijos en el oral o el anal, nunca irán al estado genital. Éste es el truco que la sociedad ha usado hasta ahora para no permitirte ser plenamente sexual.

La fijación anal se hace tan importante que los genitales se vuelven menos importantes. De ahí tanta homosexualidad. La homosexualidad no desaparecerá del mundo hasta que y a no ser que desaparezca la orientación anal. Aprender el uso del retrete es importante y además algo peligroso. Y luego, si alguna persona se hace genital (de alguna forma no se ha quedado fijo en el oral o el anal y se ha hecho genital) entonces hay una gran culpabilidad creada en la humanidad alrededor del sexo. Sexo significa pecado.

La cristiandad ha creído tanto que el sexo es un pecado que siguen simulando, proponiendo e intentando probar una cosa absurda: que Cristo nació de un milagro, que no nació de una relación entre un hombre y una mujer, que María era virgen. El sexo es algo tan malo que, ¿cómo va a tener sexo la madre de Jesús? Está bien para la gente corriente... ¿Pero la madre de Jesús? ¿Entonces cómo puede Jesús, un hombre tan puro, nacer a través del sexo?

He leído...

Había una joven mujer que no parecía estar muy bien, así que la madre la llevó al doctor. Sólo habló la madre; era de esa clase.

—Está embarazada —dijo el doctor.

—Doctor, tengo que decir que es usted tonto. ¡Mi hija ni siquiera ha besado nunca a un hombre! ¿No es así, cariño?

—No, mamá, ni siquiera le he dado la mano a un hombre.

El doctor se levantó de su silla, caminó hasta la ventana y miró hacia el cielo. Hubo un gran silencio, luego la madre preguntó:

—¿Pasa algo ahí fuera, doctor?

—Nada en absoluto, en absoluto. Sólo que la última vez que sucedió esto, apareció una estrella en el oriente, ¡y no quiero perdérmela esta vez!

El sexo ha sido demasiado condenado, no puedes disfrutarlo. Y por eso se queda fijo en alguna parte: oral, anal, genital. No puede subir hacia arriba.

El Tantra dice que el hombre debe ser liberado, desestructurado de esas tres cosas. Por eso el Tantra dice que el primer trabajo debe ser llevado a cabo en el *muladhara*. Gritar, reír, chillar, llorar, sollozar, será de mucha ayuda para la libertad oral. Por eso yo he elegido encuentros, *gestalt*, terapia primal y esa clase de grupos. Todos ayudan a liberar la fijación oral. Y para liberarte de la fijación anal, *pranayam, bastrika,* respiración rápida y caótica, son de gran ayuda, porque golpean directamente el centro anal y hacen que te sea posible liberar y relajar el mecanismo anal. Por eso la meditación dinámica tiene un tremendo valor.

Y luego el centro del sexo: el centro del sexo tiene que ser liberado de la carga de la culpabilidad, la condena. Tienes que empezar a reaprender acerca de él; sólo entonces puede el dañado centro del sexo funcionar de una manera sana. Tienes que empezar a reaprender a disfrutarlo sin ninguna culpabilidad.

Hay mil y un tipos de culpabilidades. En la mente hindú hay un miedo: que como la energía del semen es una gran energía; aunque sólo se pierda una gota, estás perdido. Ésta es una actitud muy encogida; ¡acápáralo! Que no se pierda nada. Pero tú eres tal fuerza dinámica que creas esa energía cada día, y no se pierde nada.

La mente hindú está demasiado obsesionada con *virya*, con la energía del semen; ¡no se puede perder ni una gota! tienen miedo constantemente. Así que cuando hacen el amor, si es que hacen el amor, se sienten muy frustrados, muy deprimidos, porque piensan que han perdido mucha energía. No se ha perdido nada. Tú no tienes una cuota fija de energía; tú eres una dínamo; creas energía todos los días. De hecho cuanto más uses, más tendrás. Funciona como todo el cuerpo: si usas los músculos crecerán, si caminas tus piernas serán fuertes, si corres tendrás más energía para correr. No creas que una persona que nunca ha corrido y se pone a correr de repente tendrá energía; no tendrá energía. Ni siquiera tendrá la musculatura para correr. ¡Usa todo aquello que Dios te ha dado y tendrás más de ello!

Así que hay una locura hindú: acaparar. Eso está en la línea del estreñimiento. Y ahora hay una locura americana que es como la diarrea: simplemente tira, continúa tirando; sin ningún sentido, sin ningún significado. Sigue tirando. Así que hasta un hombre de ochenta años piensa infantilmente. El sexo es bueno, el sexo es bello, pero no es el final. Es el Alfa pero no el Omega. Uno tiene que ir más allá de él, ¡pero ir más allá de él no es condenarlo! Uno tiene que ir a través de él para ir más allá de él.

El Tantra es la actitud más sana acerca del sexo. Dice que el sexo es bueno, sano, natural, pero el sexo tiene más posibilidades además de la reproducción. Y el sexo tiene más posibilidades además de la diversión. El sexo lleva en él algo de lo supremo, de samadhi.

El *chakra* del *muladhara* tiene que ser relajado, relajado de estreñimientos, relajado de diarreas. El *chakra* del *muladhara* tiene que funcionar a su nivel optimo, al cien por cien; entonces es cuando la energía se empieza a mover.

El segundo *chakra* es *svadhishthan*, que es el *hara*, el centro de la muerte. Estos dos centros han sido muy dañados, porque el hombre ha tenido miedo del sexo y de la muerte, así que la muerte ha sido eludida: ¡no hables acerca de la muerte! Olvídate de ella, como si no existiera. Aunque exista algo, no le des atención, no te des por enterado. Sigue pensando que vas a vivir por siempre; ¡elude la muerte!

El Tantra dice: no evites el sexo y no evites la muerte. Por eso se fue Saraha a meditar al crematorio: para no evitar la muerte. Y se fue con la arquera para vivir una vida sana, plena de sexo, de sexo óptimo. En el crematorio, viviendo con una mujer, esos dos centros tienen que relajarse: el sexo y la muerte. Una vez que aceptas la muerte y no le tienes miedo, una vez que aceptas el sexo y no le tienes miedo, tus dos centros más bajos estarán relajados.

Y ésos son los dos centros que han sido dañados por la sociedad, seriamente dañados. Una vez que sean liberados... los otros cinco centros no están dañados. No hay necesidad de dañarlos porque la gente no vive en esos otros cinco centros. Estos dos centros están naturalmente a nuestra disposición. El nacimiento ha ocurrido: el centro del sexo, el *muladhara*. Y la muerte va a ocurrir: *svadhishthan*, el segundo centro. Estas dos cosas están en la vida de todos, así que la sociedad ha destruido ambos centros y trata de manipular al hombre, de dominar al hombre, a través de esas dos cosas.

El Tantra dice: medita mientras haces el amor, medita mientras alguien muere; acude, observa, ve. Siéntate al lado del moribundo. Siente su muerte, participa de ella. Entra en profunda meditación con el moribundo. Y cuando un hombre muere hay una posibilidad de saborear la muerte, porque cuando un hombre muere libera mucha energía desde el *chakra svadhishthan*... la tiene que liberar porque se está muriendo. Toda la energía reprimida en el *chakra svadhishthan* será liberada porque se está muriendo; si no la liberara no se podría morir. Así que cuando un hombre o una mujer estén muriendo, no pierdas la oportunidad. Si estás cerca de un moribundo, siéntate en silencio, medita silenciosamente. Cuando el hombre muera, un repentino estallido de energía lo cubrirá todo, y podrás saborear la muerte. Y eso te dará una gran relajación. Sí, la muerte sucede, pero nadie muere. Sí, la muerte sucede, pero en realidad la muerte nunca sucede.

Mientras hagas el amor, medita para que puedas sentir que algo del *samadhi* entra en la sexualidad. Y mientras medites sobre la muerte, entra profundamente en ello para que puedas ver que algo de lo inmortal entra en la muerte. Esas dos experiencias te ayudarán a ir hacia arriba muy fácilmente. Los otros cinco centros afortunadamente no están destruidos; están perfectamente en armonía, simplemente la energía se tiene que mover a través de ellos. Si se ayuda a esos dos primeros centros, la energía empieza a moverse. Así que deja que el amor y la muerte sean los objetos de tu meditación.

Última pregunta:

Querido Osho, ¿va a estar «Osho» como los anuncios de cocacola por todo el mundo?

¿Por qué no?

9. LA MENTE INMACULADA EN SÍ MISMA

Cuando en invierno
el agua tranquila es agitada por el viento,
toma del hielo la forma
y la textura de la roca.
Cuando los engañados son molestados
por pensamientos interpretativos,
aquello que todavía no tiene patrones
se vuelve muy duro y sólido.

La mente inmaculada en sí misma
jamás podrá ser contaminada
por las impurezas del samsara o el nirvana.
Una joya preciosa hundida en el lodo
no brillará, aunque tenga lustre.

El conocimiento no brilla en la oscuridad,
pero cuando la oscuridad se ilumina,
el sufrimiento desaparece de inmediato.
Los retoños crecen de las semillas
y las hojas de los retoños.

Aquel que piensa de la mente
en términos de una o varias
desecha la luz

y entra en el mundo.
Hacia un fuego rabioso
camina con ojos abiertos;
¿quién podría ser
más digno de compasión?

¡Ah, la belleza de la existencia! ¡Su pura delicia! ¡La alegría, la canción y la danza! Pero no estamos aquí. Parece que existimos, pero somos casi inexistentes, porque hemos perdido el contacto con la existencia, hemos perdido nuestras raíces en ella. Somos como un árbol desarraigado: ya no fluye la savia, el jugo se ha secado. No vendrán más flores, y los frutos... Ni siquiera los pájaros vienen a refugiarse en nosotros.

Estamos muertos, porque todavía no hemos nacido. Hemos tomado el nacimiento físico como nuestro nacimiento, pero ése no es nuestro nacimiento. Existimos como potencialidades, no nos hemos realizado; de ahí el sufrimiento. La realización es maravillosa, el potencial es miserable. ¿Por qué es así? porque el potencial no puede estar tranquilo. El potencial está constantemente intranquilo, *tiene* que estar intranquilo: algo va a suceder. Se siente en el aire, está en el limbo.

Es como una semilla... ¿Cómo va a descansar y estar tranquila una semilla? El descanso y la relajación sólo son conocidos por las flores. La semilla *tiene* que estar en una profunda angustia, la semilla *tiene* que temblar constantemente. El temblor existe... si será capaz de realizarse, si encontrará el suelo adecuado, si encontrará el clima adecuado, si encontrará el cielo adecuado. ¿Sucederá, o simplemente morirá sin haber nacido? La semilla tiembla por dentro. la semilla tiene ansiedad, angustia. La semilla no puede dormir, sufre de insomnio.

El potencial es ambicioso, el potencial anhela el futuro. ¿No lo has observado en tu propio ser?; estás constantemente an-

helando que algo ocurra y nunca ocurre; estás constantemente
ansiando, esperando, deseando, soñando, ¡y no ocurre! Y la vida
sigue fluyendo. La vida se te sigue escurriendo de las manos y
la muerte se va acercando; y tú todavía no te has realizado.
¿Quién sabe qué llegará antes: la realización, la culminación,
el florecimiento, o quizá la muerte? ¿Quién sabe? De ahí el miedo, la angustia, el temblor.

   Soren Kierkegaard dijo que el hombre era un temblor. Es
verdad, el hombre es un temblor porque es una semilla. Frie-
drich Nietzsche dijo que el hombre es un puente. ¡Absolutamente correcto! El hombre no es un lugar de descanso, es un puente
que hay que cruzar. El hombre es una puerta que hay que traspasar. No puedes descansar siendo un hombre. El hombre no
es un ser, el hombre es una flecha en camino... una cuerda tiran-
te entre dos eternidades. El hombre es una tensión. Solamente el
hombre sufre de ansiedad, es el único animal de la tierra que
sufre de ansiedad. ¿Cuál puede ser la causa de esto?

   Solamente el hombre existe como potencialidad. Un perro
está realizado; no hay nada más que pueda ocurrir. Un búfalo está realizado; no hay nada más, ya ha sucedido. Lo que sea
que fuera a ocurrir ya ha ocurrido. No le puedes decir a un búfalo: «tú todavía no eres un búfalo»; eso sería estúpido. Pero
a un hombre le puedes decir: «tú todavía no eres un hombre».
A un hombre le puedes decir: «estás incompleto». A un perro
no le puedes decir: «estás incompleto». Sería estúpido decirlo; todos los perros están plenamente completos.

   El hombre tiene una posibilidad, un futuro. El hombre es
una apertura. Por eso el constante miedo de si lo conseguirás o
no, si lo conseguirás esta vez o no... ¿Cuántas veces hemos fracasado antes? ¿Volveremos a fracasar de nuevo? Es por eso por
lo que no somos felices. ¡La existencia está celebrando: hay
un gran canto, una gran alegría, hay un gran regocijo! Toda la
existencia es siempre una orgía, un carnaval. ¡Toda la existen-

cia es un orgasmo en cada momento! De alguna manera el hombre se ha convertido en un extraño.

El hombre ha olvidado el lenguaje de la inocencia. El hombre ha olvidado cómo relacionarse con la existencia. El hombre ha olvidado cómo relacionarse consigo mismo. Relacionarse con uno mismo significa meditación; relacionarse con la existencia significa oración. El hombre ha olvidado hasta el lenguaje. Es por eso por lo que parecemos extraños, extraños en nuestro propio hogar, extraños para nosotros mismos. No sabemos quiénes somos, no sabemos por qué somos y no sabemos para qué continuamos existiendo. Parece ser una espera sin final... esperando a Godot.

Nadie sabe si Godot ha venido alguna vez o no. De hecho, ¿quién es ese Godot?; nadie sabe ni siquiera eso. Pero uno tiene que esperar algo, así que uno crea alguna idea y la espera. Esa idea es Dios, el cielo o el *nirvana*. Uno tiene que esperar porque de alguna forma uno tiene que llenar su propio ser, si no uno se siente muy vacío. Esperar da un sentido de propósito y una dirección. Te puedes sentir bien: al menos estás esperando. No ha ocurrido todavía, pero va a ocurrir algún día. ¿Qué es lo que va a ocurrir?

Ni siquiera hemos formulado la pregunta correcta; ¿qué decir acerca de la respuesta? ¡ni siquiera hemos formulado la pregunta correcta! Y recuerda, una vez que se formula la pregunta correcta la respuesta no está muy lejos, está a la vuelta de la esquina. De hecho está escondida en la propia pregunta. Si formulas la pregunta correcta, encontrarás la respuesta correcta.

Así que la primera cosa que me gustaría deciros hoy es que estamos perdidos, estamos constantemente perdidos, porque hemos tomado la mente como lenguaje para relacionarnos con la existencia. Y la mente es una forma de separarte de la existencia. Su función te saca de la existencia, no te mete en ella.

Pensar es una barrera. Los pensamientos son como una muralla china que te rodea, y tú te mueves a tientas entre los pensamientos: no puedes tocar la realidad. No es que la realidad esté lejana: Dios está muy cerca de ti, como mucho a una oración de distancia. Pero si estás haciendo algo así como pensar, cavilar, analizar, interpretar o filosofar, entonces empiezas a alejarte más y más. Te alejas cada vez más de la realidad, porque cuantos más pensamientos tengas, más difícil será mirar a través de ellos. Ellos crean una espesa niebla. Crean ceguera.

Éste es uno de los fundamentos del Tantra: que una mente que piensa es una mente perdida, que pensar no es el lenguaje para relacionarse con la realidad. Entonces ¿cuál es el lenguaje para relacionarse con la realidad? No pensar. Las palabras no tienen ningún sentido en la realidad. El silencio tiene sentido. El silencio está preñado, las palabras están muertas. Uno tiene que aprender el lenguaje del silencio.

Y entonces algo exactamente como esto sucede: tú estuviste en el vientre de tu madre... te has olvidado de ello completamente, pero durante nueve meses no os dijisteis ni una sola palabra, pero estabais juntos, en profundo silencio. Tú eras uno con tu madre, no existíais como seres separados. En ese profundo silencio tu madre y tú erais uno. Había una tremenda unidad; no era una unión, era una unidad. No erais dos, así que no era una unión, erais simplemente una unidad. No erais dos.

El día que vuelves al silencio, sucede lo mismo: de nuevo entras en el vientre de la existencia. Te relacionas de nuevo; te relacionas de una forma totalmente nueva. No exactamente totalmente nueva, porque ya la has conocido en el vientre de tu madre, pero la has olvidado. A eso es a lo que me refiero cuando digo que el hombre ha olvidado el lenguaje de cómo relacionarse. Ésta es la manera: igual que te relacionabas con tu madre en su vientre. Cada vibración le llegaba a tu madre, cada vibración de tu madre te llegaba a ti. Había un simple entendimiento; no había ningún malentendido entre tú y tu madre. Los malentendidos vienen sólo cuando entra la mente.

¿Como vas a interpretar mal a alguien si no piensas? ¿Puedes? ¿Puedes interpretarme mal si no piensas en mí? ¿Puedes entenderme mal? ¿Y cómo me vas a entender si piensas? Imposible. En el mismo momento en que piensas, has empezado a interpretar. En el momento en que piensas no me estás mirando a mí, me estás evitando. Te estás escondiendo detrás de tus pensamientos. Tus pensamientos proceden de tu pasado. Yo estoy aquí, presente, yo soy una declaración aquí ahora, y tú traes tu pasado.

Debes haber oído hablar del pulpo... Cuando el pulpo se quiere esconder, arroja tinta negra a su alrededor, una nube de tinta negra. Entonces nadie puede ver al pulpo, simplemente se pierde en la nube de tinta negra creada por él mismo; es una medida de seguridad. Exactamente lo mismo ocurre cuando tú arrojas una nube de pensamientos a tu alrededor; te pierdes en ella. Entonces no puedes relacionarte con nadie, y nadie se puede relacionar contigo. Es imposible relacionarse con una mente; solamente te puedes relacionar con una consciencia. Una consciencia no tiene pasado. Una mente es sola y únicamente pasado.

Así que la primera cosa que dice el Tantra es que tienes que aprender el lenguaje del orgasmo. De nuevo, cuando estás haciendo el amor con un hombre o una mujer, ¿qué sucede? Durante unos segundos (es muy raro, se va haciendo cada vez más raro según el hombre se va haciendo cada vez más civilizado). Durante unos segundos, de nuevo no estás en la mente. Con un shock te sales de la mente, de un salto te sales de la mente, de nuevo te relacionas. De nuevo estás de vuelta en el vientre, en el vientre de tu mujer o tu hombre. Ya no estáis separados. De nuevo hay unidad; no unión.

Cuando empiezas a hacer el amor a una mujer, es el comienzo de una unión. Pero cuando llega el orgasmo no hay unión, hay unidad, la dualidad se ha perdido. ¿Qué ocurre en esa profunda y culminante experiencia?

El Tantra te recuerda una y otra vez, que lo que sea que suceda en esa culminante experiencia es el lenguaje para relacionarse con la existencia. Es el lenguaje de las entrañas, el lenguaje de tu propio ser. Así que o piensas en términos de cuando estabas en el vientre de tu madre, o piensas en términos de cuando de nuevo estás perdido en el vientre de tu amante y durante unos segundos la mente sencillamente no trabaja.

Esos momentos de no mente son tus ventanas al *samadhi,* ventanas al *satori*, ventanas a Dios. Hemos olvidado el lenguaje, y ese lenguaje debe ser aprendido de nuevo. Ése es el lenguaje del amor.

El lenguaje del amor es silencioso. Cuando dos amantes están en verdadera y profunda armonía, en lo que Carl Jung solía llamar sincronía, cuando sus vibraciones están sincronizadas entre sí, cuando ambos vibran en la misma longitud de onda, entonces hay silencio. Entonces a los amantes no les apetece hablar. Sólo los maridos y las esposas hablan, los amantes se quedan en silencio.

De hecho el marido y la esposa no pueden estar en silencio porque hablar es la forma de evitarse entre sí. Si no evitas al otro, si no hablas, la presencia del otro se hace embarazosa. El marido y la esposa inmediatamente liberan su tinta. Con cualquier excusa, pero arrojarán la tinta a su alrededor; se pierden en la nube; entonces no hay problema.

El lenguaje no es una forma de relacionarse, más o menos es una forma de evitar. Cuando estés profundamente enamorado, puede que cojas de la mano a tu pareja, pero estarás en silencio... en completo silencio, ni una ola. En ese lago sin olas de tu consciencia, algo se transporta, se pasa el mensaje. Es un mensaje sin palabras.

El Tantra dice: uno tiene que aprender el lenguaje del amor, el lenguaje del silencio, el lenguaje de la presencia de cada uno, el lenguaje del corazón, el lenguaje de las entrañas.

Hemos aprendido un lenguaje que no es existencial (por supuesto que es útil... por supuesto que cumple cierto propósito), pero en lo concerniente a la elevada exploración de la consciencia es una barrera. En el nivel más bajo está bien. En el mercado por supuesto que necesitas cierto lenguaje, el silencio no serviría. Pero según vayas yendo más profundo y más alto, el lenguaje no te servirá.

Precisamente el otro día estaba hablando de los *chacras*; Hable acerca de dos *chakras*: el *chakra muladhara* y el *chakra svadhishthan. Muladhara* significa base, raíz. Es el centro del sexo, o lo puedes llamar el centro de la vida, el centro del nacimiento. Es del *muladhara* de donde has nacido. Es del *muladhara* de tu madre y el *muladhara* de tu padre de donde has conseguido este cuerpo. El siguiente *chakra* era el svadhishthan: significa la morada del ser; es el *chakra* de la muerte. Es un nombre muy extraño para ponérselo al *chakra* de la muerte: la morada del ser, svadhishthan, donde tú existes realmente. ¿En la muerte? Sí.

Cuando mueres llegas a tu existencia pura, porque sólo muere lo que tú no eres. Muere el cuerpo. El cuerpo nace del *muladhara*. Cuando mueres el cuerpo desaparece, pero tú no. Lo que sea que el *muladhara* haya dado, el *svadhishthan* se lo lleva. Tu padre y tu madre te han dado cierto mecanismo; eso se lo lleva la muerte. ¿Pero tú? Tú existías aún antes de que tu padre y tu madre se conocieran; tú has existido siempre.

Jesús dice: (alguien le preguntó acerca de Abraham, qué pensaba él acerca del profeta Abraham, y él dijo) ¿Abraham? Yo soy, antes de que Abraham fuera. Abraham existió casi dos mil, tres mil años antes de Jesús, y él dijo: ¡yo soy antes de que fuera Abraham! ¿De qué está hablando? En lo concerniente a los cuerpos, ¿cómo puede ser él antes que Abraham? Él no está hablando del cuerpo, él esta hablando del ser, de su ser puro; lo cual es eterno.

Este nombre, *svadhishthan*, es precioso. Es exactamente el mismo centro que en Japón se conoce como *hara*. Es por eso que en Japón suicidio se dice *harakiri*: morir o matarte a ti mismo a través del centro *hara*.

Este *svadhishthan* sólo toma lo que ha sido dado por el *muladhara*, pero no se lleva lo que ha venido desde la eternidad, tu consciencia.

Los hindúes han sido grandes exploradores de la consciencia. Lo llaman *svadhishthan* porque cuando mueres sabes quién eres. Muere en amor y sabrás quién eres. Muere en meditación y sabrás quién eres. Muere al pasado y sabrás quién eres. Muere a la mente y sabrás quién eres. Morir es la única manera de saber.

En la antigüedad en la India al maestro se le llamaba muerte: porque tienes que morir en el maestro. El discípulo tiene que morir en el maestro, sólo entonces llega a saber quién es él.

Estos dos centros han sido muy envenenados por la sociedad; estos centros están fácilmente al alcance de la sociedad. Más allá de estos dos centros hay otros cinco más. El tercero es *manipura*, el cuarto es *anahata*, el quinto es *vishuddha*, el sexto es *agya*, y el séptimo es *sahasrar*.

El tercer centro, *manipura*, es el centro de todos tus sentimientos. Reprimimos nuestras emociones en el *manipura*, que significa diamante. La vida es valiosa por los sentimientos, las emociones, la risa, el llanto, las sonrisas y las lágrimas. La vida es valiosa por todas esas cosas, ellas son la gloria de la vida. Por eso el *chakra* se llama *manipura*, el *chakra* diamante.

Sólo el hombre es capaz de poseer este precioso diamante. Los animales no se pueden reír; naturalmente tampoco pueden llorar. Las lágrimas son una dimensión que sólo está al alcance del hombre. La belleza de las lágrimas, la belleza de la risa, la poesía de las lágrimas y la poesía de la risa sólo están al alcance del hombre. Todos los otros animales existen con dos *chakras*, el *muladhara* y el *svadhishthan*. Ellos nacen y mueren; entre estos dos acontecimientos no hay mucho. Si tú tan sólo vives y mueres, eres un animal, todavía no eres un hombre. Y hay muchos millones de personas que viven sólo con esos dos *chakras*, que nunca van más allá de ellos.

Nos han enseñado a reprimir los sentimientos, nos han enseñado a no ser sentimentales. Nos han enseñado que el sentimentalismo no va a ninguna parte: sé práctico, sé duro; no seas blando, no seas vulnerable, de otra forma te explotarán. ¡Sé duro! O por lo menos muestra que eres duro, aparenta que eres peligroso, que no eres un blando. Crea miedo a tu alrededor. No rías, porque si ríes no puedes crear miedo a tu alrededor. No llores; si lloras mostrarás que tú mismo tienes miedo. No muestres tus limitaciones humanas. Aparenta ser perfecto. Reprime el tercer centro y hazte soldado, no un hombre sino un soldado: un militar, un falso hombre.

En el Tantra se trabaja mucho para relajar este tercer centro. Las emociones tienen que ser liberadas, relajadas. Cuando sientas ganas de llorar tienes que llorar, cuando sientas ganas de reír tienes que reír. Tienes que abandonar esta represión sin sentido; tienes que aprender a expresarte, porque sólo a través de tus sentimientos, tus emociones, tu sensibilidad, llegas a esa vibración a través de la cual es posible la comunicación.

¿No te has dado cuenta? Puedes hablar todo lo que quieras y no significará nada; pero una lágrima cae por tu mejilla... y todo estará dicho. Una lágrima puede decir mucho más; puedes hablar durante horas y no servirá de nada, y una lágrima lo puede decir todo. Puedes decir: «estoy muy feliz, o esto o lo otro...» pero tu cara mostrará justamente lo opuesto. Una pequeña risa, una risa auténticamente real, y no necesitas decir nada, la risa lo dice todo. Cuando ves a tu amigo, tu cara se ilumina, brilla de alegría.

El tercer centro tiene que estar cada vez más disponible. Está en contra del pensamiento, así que si permites que la energía llegue al tercer centro te será más fácil relajarte en tu tensa mente. Se auténtico, sensitivo; toca más, siente más, ríe más, llora más. Y recuerda, no lo puedes hacer más de lo que se necesita, no puedes exagerar. No puedes derramar ni una lágrima más de las que se necesiten, no puedes reírte más de lo que se necesite. Así que no tengas miedo, y no seas tacaño.

El Tantra le permite a la vida todas las emociones.

Éstos son los tres centros más bajos; los más bajos sin ningún animo de evaluar. Éstos son los tres centros más bajos, los peldaños más bajos de la escalera. Luego viene el cuarto centro, el centro del corazón, llamado *anahata*. La palabra es preciosa. *Anahata* significa sonido sin golpe. Significa exactamente lo que las personas del Zen quieren dar a entender cuando dicen: ¿oyes el sonido de una mano dando palmas?; sonido sin golpe. El corazón está justamente en el medio: hay tres centros debajo de él y tres centros encima de él. Y el corazón es la llave para pasar de los más bajos a los más altos, o de los más altos a los más bajos. El corazón es como un cruce de caminos.

Y se ha pasado completamente de largo el corazón. No te han enseñado a ser de corazón. Ni siquiera se te ha permitido entrar en la esfera del corazón, porque esto es muy peligroso. Es el centro del sonido sin sonido. Es el centro no lingüístico, el sonido sin golpe. El lenguaje es el sonido con golpe, tenemos que crearlo con nuestras cuerdas vocales; tiene que ser golpeado, son dos manos dando palmas. El corazón es una mano dando palmas: en el corazón no hay palabras, no tiene palabras.

Hemos evitado el corazón completamente, lo hemos pasado de largo. Nos movemos de tal forma en nuestro ser, como si el corazón no existiera, o como mucho como si fuera tan sólo un mecanismo bombeante para respirar, eso es todo. Yo no es eso. Los pulmones no son el corazón. El corazón está profundamente escondido detrás de los pulmones. Y tampoco es físico, es el lugar de donde surge el amor. Es por eso por lo que el amor no es un sentimiento, el amor sentimental pertenece al tercer centro, no al cuarto.

El amor no es tan sólo sentimental. El amor tiene más profundidad que los sentimientos, el amor tiene más validez que los sentimientos. Los sentimientos son momentáneos. Más o menos se confunde el sentimiento del amor con la experiencia del amor. Un día te enamoras de un hombre o una mujer y al día siguiente se te ha pasado, y a eso tú lo llamas amor. No es amor, es un sentimiento. Te ha gustado la mujer (gustado, recuerda, no amado) ha sido un gusto, igual que te gusta el helado. Ha sido un gusto. Los gustos vienen y se van, los gustos son momentáneos, no pueden durar mucho tiempo, no tienen la capacidad de la duración. Te gusta una mujer, la amas, y se acabó; se acabó el gusto. Igual que te gusta el helado; lo has comido, y ya no miras al helado para nada. Y si alguien viene a darte más helado, dirás: «¡ya estoy harto, no puedo más!».

El gusto no es el amor. Nunca confundas el gusto con el amor, de ser así tu vida será un tronco a la deriva, la corriente te llevará de una persona a otra. La intimidad nunca crecerá.

El cuarto centro, el *anahata*, es muy importante, porque la primera vez que te relacionaste con tu madre fue en el corazón. Fue a través del corazón como te relacionaste con tu madre, no a través de la cabeza. En profundo amor, en profundo orgasmo, de nuevo te relacionas con el corazón, no con la cabeza. En meditación, en oración, ocurre lo mismo: estás relacionado con la existencia a través del corazón, de corazón a corazón. Sí, es un diálogo; corazón a corazón, no cabeza a cabeza. No es lingüístico.

Además el cuarto centro es el centro desde donde surge el

sonido sin sonido. Si te relajas en el centro del corazón, oirás *omkar, aum*. Ése es un gran descubrimiento. Aquellos que han entrado en el corazón, escuchan una oración continua en el interior de sus seres que suena como «aum». ¡Has oído alguna vez algo así como un canturreo que suena por sí sólo? No que tú lo *hagas*...

Es por eso por lo que yo no estoy a favor de los *mantras*. Puedes decir continuamente «Aum, aum, aum», y puedes crear un sustituto mental para el corazón. No va a servir de nada, es un engaño. Y puedes continuar cantando durante años y crear un falso sonido en tu interior como si el corazón estuviera hablando, pero no es así. Para conocer el corazón no tienes que cantar "aum", simplemente tienes que estar en silencio. Un día, de repente, ahí está el *mantra*. Un día, cuando has entrado en silencio, de repente oyes el sonido que no sale de ninguna parte. Está surgiendo de ti desde tu núcleo interior; es el sonido de tu silencio interior. Igual que en una noche silenciosa hay cierto sonido, el sonido del silencio, exactamente igual en un nivel mucho, mucho más profundo, surge en ti un sonido.

Surge, déjame recordártelo una y otra vez. No es que tu lo introduzcas; no es que tú repitas «aum, aum». No, tú no dices ni una sola palabra. Tú estás simplemente quieto, en silencio, y brota como una fuente... De repente empieza a fluir, ahí está. Tú lo oyes; no lo dices, pero lo oyes.

Es a eso a lo que se refieren los mahometanos cuando dicen que Mahoma *oía* el Corán; eso es lo que significa. Eso es exactamente lo que ocurre en el núcleo interior de tu corazón; no es que tú lo digas, tú lo oyes. Mahoma oía el Corán, él lo oía sucediendo dentro. Él estaba realmente asombrado; nunca había oído hablar de nada parecido. Todo aquello le era muy desconocido, muy extraño. La historia cuenta que él se puso enfermo... ¡era tan extraño! Si de repente, sentado en tu habitación, empezaras a escuchar en tu interior un "aum, aum", o algo por el estilo, empezarías a preguntarte: «¿me estoy volviendo loco?». Tú no lo estás diciendo, nadie lo está diciendo; ¿te estarás volviendo loco?

Mahoma estaba sentado en un cerro cuando lo escuchó. Regresó a casa temblando, sudando, con fiebre. Realmente llegó a molestarle... le dijo a su mujer: «¡Trae todas las mantas y cúbreme! Nunca antes había temblado de esta manera; tengo una fiebre altísima».

Pero su mujer podía ver que su cara estaba luminosa: «¿Qué clase de fiebre es esta? Sus ojos queman, ardiendo con algo tremendamente maravilloso. Con él ha entrado una gracia en la casa. Un gran silencio ha descendido sobre la casa». Hasta su esposa empezó a oír algo. Ella le dijo a Mahoma: «No creo que sea una fiebre. Creo que Dios te ha bendecido. ¡No tengas miedo! ¿Qué ha sucedido? ¡Dime!».

Su esposa fue la primera mahometana: se llamaba Kadhija. Fue la primera conversa. Ella dijo: «Yo puedo ver. Dios te ha ocurrido, algo te ha ocurrido, algo fluye desde tu corazón a todas partes. ¡Te has vuelto luminoso! Nunca habías sido así, ha sucedido algo extraordinario. Dime por qué estás tan preocupado y tembloroso. Puede que sea nuevo, pero cuéntamelo».

Y Mahoma se lo contó, con mucho miedo de lo que ella pudiera pensar, pero ella se convirtió. Ella fue la primera mahometana.

Siempre ha ocurrido así. Los hindúes dicen que los Vedas eran recitados por el propio Dios. Simplemente significa que se oían. En la India tenemos una palabra para las escrituras sagradas, la palabra es *shruti*; *"shruti"* significa: lo que ha sido oído.

En este centro del corazón el *chakra anahata*, se oye. Pero tú no has oído nada en tu interior: ni sonido ni *omkar* ni *mantra*. Eso simplemente significa que tú has omitido al corazón. La cascada está ahí, y el sonido del agua corriendo está ahí, pero tú lo has omitido. Tú lo has pasado de largo; has tomado algún otro camino, has tomado un atajo. El atajo simplemente sale del tercer centro, evitando el cuarto. El cuarto es el centro más peligroso porque es el centro del que nace la confianza, del que nace la fe. Y la mente tiene que evitarlo. Si la mente no lo evita, entonces no habría posibilidades de duda. La mente vive de las dudas.

Éste es el cuarto centro. Y el Tantra dice: a través del amor llegarás a conocer este cuarto centro.

El quinto centro se llama *vishuddha*. *"Vishuddha"* significa pureza. Ciertamente después de que el amor haya sucedido hay pureza e inocencia, nunca antes. Sólo el amor purifica, y *sólo* el amor... ninguna otra cosa purifica. Hasta la más fea de las personas se vuelve guapa cuando está enamorada. El amor es néctar: limpia todos los venenos. Por eso el quinto *chakra* se llama *vishuddha*; *"vishuddha"* significa pureza, pureza absoluta. Es el centro de la garganta.

Y el Tantra dice: habla sólo cuando hayas llegado al quinto *chakra* a través del cuarto; habla sólo a través del amor, si no, no hables. Habla sólo a través de la compasión, si no, no hables. ¿Para qué hablar? Si has pasado a través del corazón y allí has oído hablar a Dios, o has oído a Dios como una cascada, si has oído el sonido de Dios, el sonido de una mano dando palmas, entonces puedes hablar. Entonces tu garganta puede transmitir el mensaje, entonces algo se puede volcar incluso en las palabras.

Muy poca gente llega al quinto centro, muy raramente; porque ni siquiera llegan al cuarto, así que ¿cómo van a llegar al quinto? es muy raro. En alguna parte un Cristo, un Buda, un Saraha, llega al quinto. La belleza de sus palabras es tremenda; ¿qué decir de su silencio? Incluso sus palabras están cargadas de silencio. Ellos hablan y a la vez no hablan. Ellos cuentan y cuentan lo inenarrable, lo inefable, lo inexpresable.

Tú también usas la garganta, pero eso no es *vishuddha*. El *chakra* está completamente muerto. Cuando ese *chakra* empieza, tus palabras llevan miel. Entonces tus palabras tienen una fragancia, entonces tus palabras tienen una música, una danza. Entonces todo lo que dices es poesía, todo lo que pronuncias es puro gozo.

Y el sexto *chakra* es *agya*: "*agya*" significa orden. Con el sexto *chakra* estás en orden, nunca antes. Con el sexto *chakra* tú te conviertes en el maestro, nunca antes. Antes eres un esclavo. Con el sexto *chakra*, todo lo que digas sucederá, todo lo que desees sucederá. Con el sexto *chakra* tendrás voluntad, nunca antes; antes, la voluntad no existe. Pero hay una paradoja en esto.

Con el cuarto *chakra* desaparece el ego. Con el quinto *chakra* desaparecerán todas las impurezas y tendrás voluntad; así que no puedes hacer daño con tu voluntad. De hecho ya no es tu voluntad, es la voluntad de Dios, porque el ego desaparece en el cuarto *chakra* y todas las impurezas desaparecen en el quinto. Ahora eres el ser más puro, simplemente un vehículo, un instrumento, un mensajero. Ahora tienes voluntad porque no eres; ahora la voluntad de Dios es tu voluntad.

Muy raramente llega una persona al sexto *chakra*, porque en cierto sentido, es el último. En el mundo éste es el último. Más allá de éste está el séptimo, pero entonces entras en un mundo totalmente diferente, una realidad aparte. Este sexto *chakra* es la última línea limítrofe, la aduana.

El séptimo *chakra* es *sahasrar*: "*sahasrar*" significa el loto de mil pétalos. Cuando tu energía se mueve al séptimo *chakra*, *sahasrar*, te conviertes en una flor de loto. Ahora no necesitas ir a por miel a ninguna otra flor, ahora otras abejas empiezan a venir a ti. Tu *sahasrar* se ha abierto, tu loto está en pleno florecimiento. Este loto es el *nirvana*.

El más bajo es el *muladhara*. Del más bajo nace la vida, la vida del cuerpo y los sentidos. Con el séptimo nace la vida; la vida eterna, no la del cuerpo y los sentidos. Ésta es la psicología tántrica. No es una filosofía de libros de medicina. Por favor, no la busques en los libros de medicina, no está ahí. Es una metáfora, es una forma de hablar. Es un mapa para hacer comprensibles las cosas. Si vas por este camino, nunca llegarás a esa niebla de pensamientos. Si evitas el cuarto *chakra*, entonces te irás a la cabeza. Ahora bien, estar en la cabeza significa no estar enamorado; estar en los pensamientos significa no estar en la confianza; estar pensando significa no estar viendo.

Ahora los *sutras*:

> *Cuando en invierno el agua tranquila es agitada por el viento,*
> *toma la forma del hielo y la textura de la roca.*
> *Cuando los engañados son molestados*
> *por pensamientos interpretativos,*
> *aquello que todavía no tiene patrones*
> *se vuelve muy duro y sólido.*

Saraha dice: ...*en invierno*... Escucha cada palabra, medita cada palabra.

> *...en invierno el agua tranquila es agitada por el viento,*
> *toma la forma del hielo y la textura de la roca.*

Un lago silencioso sin ninguna ola es una metáfora que describe la mente. Un lago silencioso sin ninguna ola, ninguna onda, sin agitar, sin viento soplando... eso es una metáfora de la consciencia. El lago es líquido, fluido, silencioso; no es duro, no es como la roca. Es suave como las rosas, es vulnerable. Puede fluir en cualquier dirección, no está bloqueado. Tiene flujo, tiene vida y tiene dinamismo, pero nada se perturba; el lago es silencioso, tranquilo. Éste es el estado de la consciencia.

En invierno... «invierno» invierno quiere decir cuando los deseos han llegado. ¿Por qué llamarlo entonces invierno? Cuando los deseos surgen en ti, tú estás en una fría tierra desértica, porque nunca se cumplen. Los deseos son un desierto. Ellos te engañan, no se cumplen. Nunca llegan a fructificar; es una tierra desértica y muy fría, fría como la muerte. Ninguna vida fluye a través de los deseos. Los deseos bloquean la vida, no ayudan a la vida.

Por eso Saraha dice: *Cuando en invierno*... cuando los deseos han surgido en ti, ése es el clima del invierno... *el agua tranquila es agitada por el viento*... y llegan los pensamientos, mil un pensamientos desde todas las direcciones, ése es el símbolo del viento. Llegan los vientos, llegan vientos tormentosos; tú estas en un estado de deseo, lleno de codicia, de ambición, de anhelo, y surgen los deseos.

De hecho, los deseos invitan a los pensamientos. A no ser que desees, los pensamientos no pueden venir. Simplemente empieza a desear y verás cómo los pensamientos empiezan a llegar. Hace tan sólo un momento no había ni un pensamiento, entonces pasa un coche y surge el deseo: te gustaría tener ese coche. Ahora, de repente, hay mil y un pensamientos. Los deseos invitan al pensamiento. Así que, cuando hay deseo, los pensamientos llegarán desde todas las direcciones, el viento sopla sobre el lago de la consciencia. Y el deseo es frío, y los pensamientos siguen agitando el lago.

> *Cuando en invierno el agua es agitada por el viento,*
> *toma la forma del hielo y la textura de la roca.*

Entonces el lago comienza a helarse. Empieza a volverse sólido, como la roca; pierde fluidez, se congela. Esto es a lo que el Tantra llama la mente.

Medita acerca de esto. La mente y la consciencia no son dos cosas sino dos estados, dos fases del mismo fenómeno. La consciencia es líquida, fluida; la mente es como la roca, como el hielo. La consciencia es como el agua. La consciencia es como el agua, la mente es como el hielo; son la misma cosa. El agua se puede convertir en hielo, y el hielo se puede fundir de nuevo; a través del amor, a través del calor, se puede derretir y volver a convertirse en agua.

Y la tercera fase es cuando el agua se evapora, se hace invisible y desaparece; eso es *nirvana*, cesación. Ahora no la puedes ni ver. El agua es líquida, pero se puede ver: cuando se evapora simplemente desaparece, entra en lo inmanifesto. Éstos son los tres estados del agua y también los tres estados de la mente. Mente significa hielo, conciencia significa agua líquida, nirvana significa evaporación.

Cuando los engañados son molestados
por pensamientos interpretativos,
aquello que todavía no tiene patrones
se vuelve muy duro y sólido.

El lago ni tiene patrones, puedes echar agua en cualquier recipiente, tomará la forma del recipiente. Pero no puedes echar hielo en cualquier recipiente: se resistirá, luchará.

A mí vienen dos tipos de persona: uno, el que viene como agua...

Su rendición es simple, muy inocente, infantil; él no se resiste. El trabajo empieza inmediatamente, no hay necesidad de perder el tiempo. Luego, el que viene con una gran resistencia, con miedo; él se está protegiendo a sí mismo, blindándose a sí mismo. Entonces él es como el hielo, es muy difícil darle liquidez. Él lucha contra todos los esfuerzos por hacerle líquido. Tiene miedo a perder su identidad. Perderá su solidez, eso es verdad, pero no la identidad. Sí, perderá la identidad que tiene la solidez, pero esa solidez sólo está trayendo miseria y nada más.

Cuando eres sólido estás muerto como una roca. Nada puede florecer en ti, y tú no puedes fluir. Cuando eres fluido tienes jugo. Cuando eres fluido tienes energía. Cuando eres fluido tienes dinamismo. Cuando eres fluido eres creativo. Cuando eres fluido eres parte de Dios. Cuando te has congelado ya no formas parte de este gran flujo, ya no formas parte de este gran océano; te has convertido en una pequeña isla, congelada, muerta.

Cuando los engañados son molestados
por pensamientos interpretativos,
aquello que todavía no tiene patrones
se vuelve muy duro y sólido.

Estáte atento. Entra más y más en ese estado sin patrones, sin estructuras. Sé sin carácter, eso es lo que el Tantra dice. Es difícil hasta de entender, porque a través de los siglos nos han enseñado a tener carácter. Carácter significa estructura rígida, carácter significa pasado, carácter significa disciplina forzada. Carácter significa que ya no eres libre, tú sólo sigues ciertas reglas. Nunca traspasas esas reglas, tienes solidez. Un hombre de carácter es un hombre sólido.

El Tantra dice: abandona el carácter, sé fluido, más fluido, vive momento a momento. No significa irresponsabilidad; significa mayor responsabilidad porque significa una mayor consciencia. Cuando puedes vivir a través de un carácter no necesitas ser consciente, el carácter se ocupa de ello. Cuando vives a través de un carácter puedes quedarte dormido muy fácilmente. No hay necesidad de estar despierto; el carácter continuará de una forma mecánica. Pero cuando no tienes ningún carácter, cuando no tienes ninguna estructura rígida a tu alrededor, tienes que estar alerta a cada momento. Cada momento tienes que ver qué estás haciendo. Cada momento tienes que responder a una nueva situación.

Un hombre de carácter es un hombre muerto. Tiene un pasado, pero no futuro. Un hombre que no tiene carácter... y yo no estoy usando la palabra con el mismo sentido que cuando tú le dices a alguien que no tiene carácter. Cuando le dices que no tiene carácter no estás usando la palabra correctamente, porque a quienquiera que le digas que no tiene carácter *tiene* un carácter. Puede que sea contrario a la sociedad, pero tiene un carácter; también puedes contar con él.

El santo tiene un carácter, al igual que el pecador: ambos tienen caracteres. Tú dices que el pecador no tiene carácter porque quieres condenar su carácter; pero aparte de eso tiene un carácter. Puedes contar con él: dale la oportunidad y robará; él tiene un carácter. Dale la oportunidad y puedes estar seguro de que robará. Dale la oportunidad y hará algo malo; él tiene un carácter. En el momento que sale de la cárcel empieza a pensar, «¿Qué hacer ahora?». De nuevo vuelve a la cárcel, de nuevo sale... Ninguna cárcel ha curado nunca a nadie. De hecho, encarcelar a una persona, aprisionar a una persona, la hace aún más lista, eso es todo. Puede que no te sea tan fácil arrestarle la próxima vez, pero nada más; le das más astucia. Pero él tiene un carácter.

¿No te das cuenta?: el borracho tiene un carácter, y un carácter muy, pero que muy testarudo. Él piensa mil y una veces en dejar de beber, y de nuevo le vence el carácter y él es derrotado. El pecador tiene un carácter, al igual que el santo.

A lo que el Tantra se refiere cuando dice sin carácter es libertad del carácter. Tanto el carácter del santo como el del pecador te hacen sólido como las rocas, como el hielo. Tú no tienes ninguna libertad, no puedes moverte fácilmente. Si surge una situación nueva, tú no puedes responder de una forma nueva. Tienes un carácter, ¿cómo vas a responder de una forma nueva? Tienes que responder de la forma antigua. Eres un experto en lo antiguo, lo conocido, lo muy practicado. El carácter se convierte en una coartada: no necesitas vivir.

El Tantra dice: no tengas carácter, sé sin carácter. La ausencia de carácter es la libertad.

Saraha le dijo al rey: señor, yo no tengo ningún carácter. ¿Quiere usted regresarme a mi solidez de erudito, de sabio de la corte? ¿Quiere regresarme a mi pasado? Yo lo he abandonado. Yo soy una persona sin carácter. ¡Míreme! Ahora yo no sigo ninguna regla, sigo a mi consciencia. Míreme: yo no tengo ninguna disciplina, sólo tengo mi consciencia. Mi único refugio es mi consciencia. Yo vivo desde ella. Yo no tengo conciencia alguna; mi consciencia es mi único refugio.

La conciencia es carácter, la conciencia es un truco de la sociedad. La sociedad crea una conciencia en ti para que no necesites tener consciencia alguna. Te hace seguir las reglas; te premia si las sigues, te castiga si no las sigues. Te convierte en un robot. Una vez que ha creado el mecanismo de la conciencia en ti, puede despreocuparse de ti. Ya puede confiar en ti, ahora serás esclavo el resto de tu vida. Te ha puesto una conciencia, como si Delgado te hubiera puesto un electrodo; es un electrodo sutil, pero te ha matado. Tú ya no eres un flujo, ya no eres un dinamismo.

Saraha le dice al rey: yo estoy sin estructurar, señor. Me he salido de todos los patrones. Yo ya no tengo ninguna identidad. Yo vivo en el momento.

La mente inmaculada en sí misma nunca puede ser
contaminada por las impurezas del samsara o el nirvana.
Una joya preciosa hundida en el lodo
no brillará, aunque tenga lustre.

Dice Saraha: *La mente inmaculada...* Cuando la mente no tiene pensamientos, es cuando la mente es pura consciencia. Cuando la mente es un lago silencioso sin ninguna ola, sin pensamientos interpretativos, sin pensamientos analíticos, cuando la mente no está filosofando sino que simplemente es...

El Tantra dice: ¡cuando camines, camina; cuando te sientes, siéntate; cuando seas, sé! Existe sin pensar. Deja que la vida fluya a través de ti sin ningún bloqueo de los pensamientos. Deja que la vida fluya a través de ti sin ningún miedo. No hay nada que temer; no tienes nada que perder. No hay nada de que tener miedo, porque la muerte solamente se llevará lo que te ha dado el nacimiento. Y de todas formas se lo llevará, así que no hay nada que temer.

Deja que la vida fluya a través de ti.

La mente inmaculada en sí misma jamás puede ser
contaminada por las impurezas del samsara o el nirvana.

Y Saraha dice: ¿usted cree que me he vuelto impuro, así que ha venido a ayudarme a regresar al mundo de la gente pura? Yo estoy ahora en un estado de mente inmaculado. Ya no soy hielo sólido. Ya nada puede contaminarme, porque ningún pensamiento puede crear una ola en mí: yo no tengo deseo.

Es por eso (un comentario tremendo) por lo que él dice... *contaminada por las impurezas del samsara o el nirvana.* No, no es posible, ¡ni siquiera el *nirvana* puede contaminarme! ¿Qué decir del *samsara*? Esta mujer arquera no puede contaminarme, tampoco este crematorio ni mis locas actividades; nada puede contaminarme. Yo estoy más allá de toda contaminación. Yo ya no estoy en un estado donde la contaminación sea posible. ¡Ni siquiera el *nirvana* puede contaminarme!

¿A qué se refiere cuando dice ni siquiera el *nirvana*, ni siquiera las impurezas del *nirvana*? Saraha está diciendo: Yo no deseo el mundo, ni siquiera deseo el nirvana.

Desear es ser impuro. El deseo es impuro, lo que desees es irrelevante. Puedes desear dinero; es impuro. Puedes desear a Dios; es impuro. Puedes desear el *nirvana*; es impuro. El deseo es impuro; el objeto no importa, lo que desees no tiene ninguna importancia. El deseo... en el momento que llega el deseo, llegan los pensamientos. Una vez que ha llegado el clima del frío invierno, el deseo, el viento empieza a soplar. Si empiezas a pensar cómo alcanzar el *nirvana*, cómo iluminarte, estarás invitando a los pensamientos; tu lago se agitará. De nuevo volverás a congelarte en piezas; te volverás sólido, como la roca, muerto. Perderás la fluidez; y la fluidez es vida, la fluidez es Dios, la fluidez es el *nirvana*.

Así que Saraha dice: nada me puede contaminar, no te preocupes por mí. Yo he llegado a un punto, he alcanzado un punto, donde la impureza es imposible.

> *Una joya preciosa hundida en el lodo*
> *no brillará, aunque tenga lustre.*

Puedes tirarme al lodo, al sucio lodo, pero ahora el lodo no me puede manchar. He alcanzado esa preciosa joya, ahora yo me he convertido en una joya preciosa; ¡He entendido quién soy! Ahora puedes tirar la joya en cualquier lodazal, en cualquier suciedad; puede que no brille, pero no puede perder su preciosidad, todavía tendrá lustre. Todavía será la misma joya preciosa.

Llega un momento en el que te miras a ti mismo y ves tu consciencia transcendental: entonces nada te puede contaminar.

La verdad no es una experiencia, la verdad es experienciar. La verdad no es un objeto de la consciencia, la verdad es consciencia. La verdad no está en el exterior, la verdad es tu interioridad.

Dice Soren Kierkegaard: la verdad es subjetividad. Si la verdad es como un objeto, puedes conseguirlo y perderlo; pero si la verdad eres tú, ¿cómo vas a perderla? Una vez que la has conocido, la has conocido; entonces no hay vuelta atrás. Si la verdad fuera alguna experiencia, se podría contaminar, pero la verdad es experienciar, es tu más profunda consciencia. Eres tú. Es tu ser.

> *El conocimiento no brilla en la oscuridad,*
> *pero cuando se ilumina la oscuridad,*
> *el sufrimiento desaparece de inmediato.*

Dice Saraha: *El conocimiento no luce en la oscuridad*... en la oscuridad de la mente, en la oscuridad de un ser estructurado, en la oscuridad del ego, en la oscuridad de los pensamientos, de mil y un pensamientos; en la oscuridad que tú creas a tu alrededor como los pulpos. Debido a esa oscuridad que tú vas creando, tu joya interior no brilla; si no, es una lámpara de luz. Cuando dejas de crear esta tinta a tu alrededor, esta nube negra a tu alrededor, entonces hay iluminación.

Y... *el sufrimiento desaparece de inmediato.* Éste es el mensaje del Tantra, un gran mensaje, un mensaje liberador. Otras religiones dicen que tendrás que esperar. El cristianismo lo dice, el islam lo dice, el judaísmo lo dice, tendrás que esperar al día del juicio final, cuando todo será juzgado (el mal o el bien que hayas hecho) y entonces serás premiado o castigado en concordancia. Tienes que esperar al futuro, al día del juicio final.

Hindúes, jainas y otros dicen que tienes que equilibrar tus malos actos con tus buenos actos; que se tiene que abandonar el mal *karma* y evolucionar el buen *karma*. También para eso tendrás que esperar. Llevará tiempo. Has estado haciendo millones de cosas durante millones de vidas, buenas y malas: separarlas, equilibrarlas, va a ser casi imposible.

El día del juicio final de los cristianos, judíos y mahometanos es más fácil: por lo menos no tendrás que calcular todo lo que has hecho. Dios se ocupara, él juzgará; ésa es su tarea.

Pero el jainismo y el hinduismo dicen que tú tienes que buscar tus *karmas* malos, abandonar el malo y reemplazarlo con el bueno; también eso parece que llevará millones de vidas.

El Tantra es liberador. El Tantra dice: *...el sufrimiento desaparece de inmediato*. En el momento en que te miras a ti mismo... ese simple momento de visión interior, el sufrimiento desaparece, porque el sufrimiento en realidad nunca había existido. Era una pesadilla. No es porque hayas acumulado mal *karma* por lo que estés sufriendo; el Tantra dice que estás sufriendo porque estás soñando. No has hecho nada, ni malo ni bueno.

¡Esto es inmensamente bello! El Tantra dice que tú no has hecho nada, Dios es el hacedor. El Todo es el hacedor, ¿cómo puedes tú hacer algo? Si has sido un santo, fue su voluntad; si has sido un pecador, fue su voluntad. Tú no has hecho nada. ¿Cómo vas a hacer *tú*? Tú no estás separado de él, ¿cómo puedes hacer? Tú no tienes ninguna voluntad separada; es su voluntad, es la voluntad universal.

Así que el Tantra dice que tú no tienes que hacer nada, ni bueno ni malo. Hay que darse cuenta de esto, eso es todo; tienes que ver tu consciencia más profunda. Es pura, eternamente pura, impoluta por el *samsara* o el *nirvana*.

Una vez que has tenido esa visión de tu consciencia pura, cesa todo sufrimiento; ¡inmediatamente, ya! no tarda ni un segundo.

> *Los retoños crecen de la semilla*
> *y las hojas de los retoños.*

Y luego las cosas empiezan a cambiar. Luego se abre la semilla. La semilla, dice el Tantra, es el ego, la semilla abierta es la ausencia del ego. Pon la semilla en la tierra... no puede crecer a no ser que desaparezca, a no ser que se abra, muere. El ego es como un huevo: esconde tras él la probabilidad de crecimiento.

La semilla, una vez que se ha abierto, pierde el ego. Entonces vienen los retoños. Los retoños son no-pensamientos, no-deseos, no-mente. Luego vienen las hojas: las hojas son el saber, la experiencia, la iluminación, el *satori*, el *samadhi*. Entonces vienen las flores: las flores son *satchidanand*: el ser, la consciencia, la verdad. Y luego los frutos: los frutos son el *nirvana*, la total desaparición en la existencia. Una vez que la semilla está abierta, le sigue todo lo demás. Lo único que hay que hacer es poner la semilla en la tierra, permitirle que desaparezca.

El maestro es la tierra y el discípulo es la semilla.

El último *sutra*:

> *Aquel que piensa en la mente en términos de una o varias*
> *desecha la luz y entra en el mundo.*
> *Hacia un fuego rabioso camina con los ojos abiertos;*
> *¿quién podría ser más digno de compasión?*

Aquel que piensa de la mente en términos de una o varias... Pensar siempre es divisivo, divide. Pensar es como un prisma; sí, la mente es como un prisma. Un rayo de blanco puro entra en un prisma y se divide en siete colores, nace un arco iris. El mundo es un arco iris. A través de la mente, a través del prisma de la mente, un simple rayo de luz, un simple rayo de verdad entra y se convierte en un arco iris, algo que es falso. El mundo es una cosa falsa.

La mente divide. No puede ver el todo, siempre piensa en términos de dualidad. La mente es dual. O la mente es dialéctica: piensa en términos de tesis y antítesis. En el momento que hablas de amor, el odio está presente. En el momento que hablas de compasión, la ira está presente. En el momento que hablas de avaricia, lo opuesto está presente, la caridad está presente. Habla acerca de la caridad y la avaricia estará presente, van juntas. Vienen en un paquete, no están separadas. La mente crea eso constantemente.

Si dices «hermoso», también has dicho «feo». ¿Cómo vas a hablar de la hermosura si no sabes lo que es la fealdad? Has hecho una división. Al decir «divino» divides, también dices «profano». Si dices «Dios» también has propuesto al diablo. ¿Cómo puedes decir Dios si no hay un diablo? Van juntos.

La mente divide, y la realidad es una, indivisiblemente una. Entonces, ¿qué hacer? Hay que poner la mente a un lado. No mires a través del prisma. Retira el prisma y deja que la luz blanca, la unidad de la existencia penetre en tu ser.

Aquel que piensa de la mente en términos de una o varias,
desecha la luz y entra en el mundo.

Si piensas de una o varias, dual o no dual, si piensas en conceptos, has entrado en el mundo, has desechado la luz. Sólo hay dos posibilidades: o desechar la mente o desechar la luz. Es tu elección.

Un hombre fue a ver a Ramakrishna. Él adoraba a Ramakrishna, se postraba a sus pies una y otra vez, y decía:

–Tú eres sencillamente maravilloso; has renunciado al mundo. ¡Eres un gran hombre! ¡A cuánto has renunciado!

Ramakrishna escuchaba, se reía y decía:

–¡Espera! vas demasiado lejos, la verdad es justamente lo opuesto.

El hombre decía:

–¿Qué quieres decir?

Ramakrishna decía:

–Yo no he renunciado a nada. *Tú* has renunciado. ¡Tú eres el gran hombre!

El hombre decía:

—¿Me estás tomando el pelo? ¿Yo he renunciado? Yo soy un hombre mundano, yo soy indulgente con las cosas, tengo mil y un deseos. Yo soy muy ambicioso, estoy muy enfocado al dinero. ¿Cómo se puede decir que yo soy un gran hombre? No, no, ¡tienes que estar bromeando!

Y Ramakrishna decía:

—No. Había dos posibilidades ante mí y había dos posibilidades ante ti. Tú has elegido el mundo y renunciado a Dios; yo he elegido a Dios y renunciado al mundo. ¿Quién es realmente el que ha renunciado? Tú has renunciado a lo más grande, lo más valioso, y has escogido lo banal. Y yo he renunciado a lo banal y he escogido lo valioso. Si fueran un gran diamante y una piedra, tu habrías renunciado al diamante y escogido la piedra; yo habría escogido el diamante y renunciado a la piedra; ¿y tú dices que soy un gran hombre, un gran hombre de renunciación? ¿Te has vuelto loco? Yo soy indulgente con Dios. Yo he elegido lo precioso.

Sí, yo también estoy de acuerdo con Ramakrishna, Mahavira, Buda, Jesús, Mahoma, Saraha, ellos no renunciaron. Ellos han sido indulgentes, ellos han sido *realmente* indulgentes. Ellos han disfrutado *verdaderamente*, han celebrado la existencia. Nosotros, que vamos tras las piedras corrientes, somos los grandes renunciadores.

Sólo hay dos posibilidades: O renunciar a la mente y elegir la luz, o renunciar a luz y elegir la mente; depende de ti.

Aquel que piensa de la mente en términos de una o varias desecha la luz y entra en el mundo.
Hacia un fuego rabioso camina con los ojos abiertos;
¿quién podría ser más digno de compasión?

Saraha dice: señor, usted ha venido a ayudarme. Piensa que es compasivo conmigo. Ciertamente todo su reino pensará de esta forma, el rey ha ido a los crematorios: ¡qué grande es su compasión por Saraha! ¿Usted cree que ha venido por compasión? ¡Me hace reír! De hecho soy yo quien siente compasión por usted, y no al revés. Soy yo quien siente pena por usted. ¡Usted es un tonto!

Hacia un fuego rabioso camina con los ojos abiertos...

Tus ojos parecen estar abiertos, pero no están abiertos. ¡Estás ciego! No sabes lo que estás haciendo... Viviendo en el mundo, ¿crees que estás disfrutando? Solamente estás en un fuego rabioso.

Sucedió exactamente lo mismo cuando Buda dejó su palacio y traspaso la frontera de su reino, y le dijo al conductor: Ahora regresa tú. Yo voy a la jungla; he renunciado.

El viejo conductor dijo:

–Señor, yo soy muy viejo, tengo más años que su padre; escuche mi consejo. ¡Está haciendo algo completamente estúpido! Abandonar este maravilloso reino, este palacio, una preciosa esposa, todos los lujos que podría desear cualquier ser humano; ¿a dónde va y para qué?

Buda volvió la mirada al palacio de mármol y dijo:

–Yo sólo veo allí fuego y nada más, un fuego rabioso. El mundo entero está en llamas. Y no estoy renunciando a ello porque no hay nada a lo que renunciar. Yo simplemente estoy intentando escapar del fuego. No, yo no veo ningún palacio ni ningún placer allí.

Saraha le dice al rey:

Camina hacia un fuego rabioso con los ojos abierto;
¿quién podría ser más digno de compasión?

¿Piensa usted, señor, que ha venido a ayudarme por compasión? No, la situación es justamente la inversa: yo siento compasión por usted. Usted vive en un fuego rabioso. ¡Estése atento! ¡Estése alerta! ¡Despierte! Y salga de él lo antes posible, porque todo lo que es bello, todo lo que es verdadero, todo lo que es bueno, es conocido y experimentado sólo por la no-mente.

El Tantra es un proceso de crear una no-mente en ti.

La no-mente es la puerta del *nirvana*.

10. HINGLE DE JIBBITY DANGELY JI

Hingle de je, bipity jang dang;
do run nun, de jung bung.

¿Es útil la oración?

Históricamente, un montón de hombres
han necesitado dos clases de mujeres,
mientras que pocas mujeres parecen
necesitar más de un hombre a la vez...

La zanahoria y el burro.

Ahora soy desgraciado
con un grado de consciencia.
¿Qué es lo nuevo?

¿Que debería hacer
cuando tú me desconciertas?

¿Qué es el samsara?

Primera pregunta; es de Prabha:

Querido Osho: *Hingle de je, bipity jang dang; do run de nun, de jun bung. Hingle de jibbity dangely ji.*

¡Eso es maravilloso Prabha! ¡Eso es precioso, es fenomenal, muchacho! Te estoy volviendo cuerdo. Tan sólo un paso más... y la iluminación.

Segunda pregunta:

Querido Osho, ¿es útil la oración? Si es así, enséñame a rezar. Me refiero a la oración para recibir el amor de Dios, para sentir su gracia.

Primero, la oración no es útil, para nada. La oración no tiene utilidad. No es una mercancía. No la puedes usar, no es un objeto. No es un medio para ninguna otra cosa; ¿cómo vas a usarla?

Yo puedo entender la mente del que pregunta. Las llamadas religiones han enseñado a la gente que la oración es un medio para llegar a Dios. ¡No lo es! La oración *es* Dios. No es un medio para ninguna otra cosa: la oración es un fin en sí misma. Cuando vives la oración, eres divino. No es que la oración te guíe a lo divino; en la oración tú descubres tu divinidad.

La oración no es un medio. Es el fin en sí misma.

Pero esta falacia ha persistido en la mente del hombre a través de los siglos. El amor también es un medio, al igual que la oración o la meditación: todo aquello que es imposible reducir se ha reducido a un medio, y es por eso por lo que se ha perdido la belleza.

El amor es inútil, al igual que la oración o la meditación.

Cuando preguntas «¿es útil la oración?» No entiendes lo que significa la palabra oración. Eres egoísta, quieres a Dios, quieres agarrar a Dios. Entonces encuentras modos y medios para agarrar, ¡y a Dios no se le puede agarrar!

No puedes poseer a Dios. No puedes contener a Dios. No puedes interpretar a Dios. No puedes experimentar a Dios. Entonces, ¿qué podemos hacer respecto a Dios? Sólo una cosa: puedes ser Dios. No se puede hacer nada más respecto a él, porque tú *eres* Dios. Lo reconozcas o no, te des cuenta o no, tú eres Dios. Y sólo puede hacerse lo que ya está ahí; y sólo puede hacerse lo que ya ha ocurrido. No se puede añadir nada nuevo... sólo revelación, sólo descubrimiento.

Así que la primera cosa: la oración no es una utilidad. En el momento en que utilizas la oración la afeas. Utilizar la oración es sacrilegio. Y quienquiera que sea que te haya dicho que utilices la oración, no sólo ha sido irreligioso sino antirreligioso. No se da cuenta de lo que está diciendo. Está diciendo tonterías.

Vive la oración, no porque sea útil, sino porque es un gozo. Vive la oración, no porque a través de ella llegarás a alguna parte, sino que a través de ella tú eres, ¡a través de ella tú empiezas a ser! A través de ella tú estás presente; sin ella estás ausente. No es una meta en alguna parte del futuro; es un descubrimiento de la presencia que ya está ahí, que ya es así.

Y no pienses en términos materiales, si no la oración entra a formar parte de la economía, no de la religión. Si es un medio, entonces forma parte de la economía. Todos los medios forman parte de la economía, los fines están más allá de la economía. A la religión le concierne el fin, no los medios. A la religión no le concierne en absoluto llegar a alguna parte. A la religión le concierne sólo una cosa: ¡saber dónde estamos!

Celebrar este momento es oración. Estar aquí ahora es oración. Escuchar a esos pájaros es oración. Sentir la presencia de la gente a tu alrededor es oración. Tocar un árbol con amor es oración. Mirar a un niño, con profundo respeto, con reverencia por la vida, es oración.

Así que la primera cosa... no preguntes «¿es útil la oración?».

Y luego la segunda cosa que dices: «Si es así, enséñame a rezar».

Si empiezas por «si», no se puede enseñar a rezar. El propio comienzo con «si» es el comienzo de la duda. «Si» no forma parte de una mente devocional. La oración necesita confianza; no hay si. Es así. Es *absolutamente* así.

Cuando puedes confiar en lo desconocido, lo invisible, lo inmanifiesto, entonces hay oración. Si empiezas por «si», entonces la oración será como mucho una hipótesis. Entonces la oración será una teoría, y la oración no es una teoría. La oración no es un objeto ni una teoría; la oración es una experiencia. No puedes empezar por «si». Empiezas mal desde el principio, has dado un paso en la dirección equivocada.

Abandona los «si» y estarás en oración. Abandona todos los «si». No vivas la vida a través de cosas hipotéticas: «si es así, si existe Dios, entonces rezaré». ¿Pero cómo vas a rezar si Dios es sólo un "si"? Si Dios es sólo "como si", entonces tu oración también será sólo como si. Será un gesto vacío. Te arrodillarás, dirás unas cuantas palabras, pero tu corazón no estará allí. El corazón nunca está con los "si".

La ciencia trabaja a través de los "si". La religión no trabaja a través de los "si".

Estás pidiendo: «si existe el amor, entonces enséñame a amar». ¿*Si* hay amor? Entonces nada se ha movido en tu corazón. Entonces la primavera no ha venido y esa brisa llamada amor no te ha tocado. Debes haber oído a otra persona hablando de amor. Tienes que haberlo leído en algún libro, tienes que haber estado leyendo poesía romántica. Te ha llegado la palabra amor pero no has experimentado el amor ni por un sólo momento. Por eso pides: «si existe el amor, entonces enséñanos a amar»; pero con "si" no se puede enseñar a amar.

¿Nunca has experimentado algún momento de amor, de oración, de bendición? Yo nunca me he cruzado con ningún ser humano tan pobre. ¿Nunca has escuchado el silencio de la noche? ¿Ni siquiera te ha emocionado, te ha tocado? ¿No te has transformado? ¿No has visto nunca el sol saliendo sobre el horizonte? ¿Nunca has sentido una gran interrelación con el sol naciente? ¿No has sentido más vida en ti, viniendo de todas partes? Quizá por un momento... ¿Nunca le has dado la mano a un ser humano y algo ha comenzado a fluir desde ti hacia él y desde él hacia ti? ¿Nunca has experimentado cuando dos espacios humanos se superponen y fluyen entre sí? ¿Nunca has visto una rosa y olido su fragancia, y de repente has sido transportado a otro mundo?

Esos son momentos de oración. No empieces con "si". Reúne todos los momentos de tu vida que han sido maravillosos, todos ellos fueron momentos de oración. Basa en esos momentos tu templo de oración. Deja que ésos sean los cimientos, no los "si"; si los ladrillos son los "si", son falsos. Construye los cimientos con certezas, con certezas absolutas; entonces, y *sólo* entonces, tendrás una posibilidad de entrar algún día en el mundo de la oración. Es un gran mundo; tiene un comienzo, pero no tiene final. Es oceánico.

Así que por favor no digas: «si es así». ¡*Es* así! Y si tú todavía no lo has sentido así, entonces busca y encuentra en tu vida certezas acerca de la belleza, acerca del amor, acerca de las experiencias que van más allá de la mente. Recoge todas esas certezas.

Normalmente la costumbre de la mente es no recogerlas, porque van en contra de la mente lógica. Así que nunca tomamos nota de ellas. Ocurren, le ocurren a todo el mundo. Déjame repetirlo: nadie es tan pobre, le ocurren hasta al hombre más pobre. El hombre está hecho de tal forma, el hombre es de una forma tal... que tienen que ocurrir. Pero no tomamos nota de ellas porque son momentos peligrosos porque, si son reales, ¿entonces qué le ocurrirá a nuestras mentes lógicas? Son momentos muy ilógicos.

Ahora oyes cantar a un pájaro y algo dentro ti empieza a cantar (esto es muy ilógico; No puedes entender cómo está ocurriendo o por qué está ocurriendo, por qué tiene que ser así). La mente se siente perdida. El único camino que le queda a la mente es no tomar nota de ellos, ¡olvidarse de ellos! Es sólo un capricho, puede que en algún momento excéntrico, quizás te hayas vuelto temporalmente loco. La mente interpreta esas cosas así... «No fue nada, tan sólo un estado de ánimo. Estabas emotivo, estabas siendo muy sentimental, eso es todo; no fue una experiencia auténtica».

Ésta es la forma de negarlo. Una vez que empiezas a negar, no tienes ningún momento en el que basar tu vida de oración. De ahí la formulación: «si es así...».

Mi primera sugerencia es: entra en tu vida, recuerda todos esos momentos. Tienes que haber sido un niño y recogido conchas en la playa mientras el sol caía sobre ti, y el viento era salado y penetrante, y tú sentías una gran felicidad. Ningún rey ha sido jamás tan feliz; estabas casi en la cima del mundo, eras un emperador. Recuerda... ése es el ladrillo correcto sobre el que basarse.

Tú eras un niño corriendo tras una mariposa; ése era un momento de oración. Por primera vez te enamoraste de un hombre o una mujer, y tu corazón estaba movido y agitado, y empezaste a soñar de una nueva forma... Ése era un momento de oración, tu primer amor, tu primera amistad.

Reúne de tu pasado algunas certezas acerca de algo que vaya mas allá de la mente, que la mente no pueda interpretar, que la mente no pueda diseccionar, que sea simplemente transcendental para la mente. Recoge esos momentos transcendentales (aunque sean unos pocos, serán suficientes) pero entonces no habrá "si". Entonces te moverás con certeza, entonces no será una hipótesis. Entonces habrá confianza. Si te podía ocurrir cuando eras un niño, ¿por qué no te puede pasar ahora? ¿Por qué? Reúne todos esos momentos de maravilla en los que te emocionaste.

Precisamente el otro día estaba leyendo acerca de un hombre, un hombre muy sencillo y además un hombre de mucha edad. Un filósofo y pensador inglés, el doctor Johnson, estaba pasando una temporada con este anciano. Una mañana, cuando tomaban el té, el anciano dijo:

–Doctor Johnson, puede que le sorprenda saber que, cuando yo era joven, también quise ser filósofo.

–¿Qué ocurrió entonces? –preguntó el doctor Johnson– ¿Por qué no llegó a ser filósofo?

–La alegría surgía una y otra vez en mi vida –dijo el hombre riéndose–. A causa de esa alegría no pude hacerme filósofo. ¡Una y otra vez intenté reprimirla tenazmente!

Me gusta esta respuesta. Esos momentos de alegría son momentos de oración. Un filósofo no puede rezar, un pensador no puede rezar, porque todos los pensamientos empiezan con un "si", todos los pensamientos empiezan con dudas. Y la oración empieza con la confianza.

Por eso Jesús dice: sólo aquellos que sean como niños podrán entrar en el reino de mi Dios; aquéllos cuyos ojos están llenos de asombro, aquéllos para los que cada momento sea un momento de sorpresa; aquéllos cuyos corazones estén abiertos a la emoción, sólo ellos.

Así que primero abandona el "si", y reúne algunas certezas. Esa es la primera lección sobre la oración.

La segunda cosa que dices: «...enséñame a rezar». No hay un sistema. La oración no es una técnica. La meditación puede ser enseñada; es una técnica, es un método. La oración no es un método, ¡es un romance amoroso! Puedes rezar, pero la oración no puede ser enseñada.

Sucedió una vez que algunos de los discípulos de Jesús le preguntaron: «maestro enséñanos a rezar, enséñanos cómo». ¿Y qué hizo Jesús, lo sabes? Él actuó de la misma forma que un maestro zen hubiera actuado: ¡simplemente se dejó caer al suelo, de rodillas, y empezó a rezar! Se quedaron perplejos, miraban... deben de haberse encogido de hombros: Le hemos pedido que nos enseñe y, ¿qué es lo que está haciendo?: está rezando. ¿Pero cómo nos va a ayudar que él se ponga a rezar? Más tarde debieron preguntárselo a Jesús y él les dijo: «Pero esa es la única forma; ¡no hay técnicas!».

Jesús rezó; ¿qué otra cosa podía hacer? Si hubieran estado un poco más alerta se habrían sentado en silencio al lado de Jesús, dándole la mano o tocando su túnica... ¡en un contacto más elevado! Algo habría ocurrido entonces.

No puedo enseñaros a rezar, pero yo soy oración. Yo no necesito ponerme de rodillas para rezar, yo soy oración. Simplemente embébete en mi ser, bébeme hasta donde puedas mi presencia, y te enseñará lo que es la oración. ¡Cada mañana os estoy mostrando qué es oración! En cada momento que tú vienes a mí te estoy enseñando lo que es la oración. Yo estoy en oración. Simplemente estáte un poco abierto. Tan sólo abre tus puertas, deja que mi brisa pase a través de ti. Es una infección. La oración es una infección.

Yo no puedo enseñarte cómo rezar, pero yo puedo hacer de ti un devoto. Ponte más en armonía con mi presencia. Y no mantengas esas preguntas dentro de tu mente porque ellas serán las barreras. Simplemente sé vulnerable... y ocurrirá. Un día, de repente verás al corazón cantando y danzando dentro de ti, una nueva energía, como si un rayo de luz hubiera entrado en tu ser en una noche oscura.

¡Eso es oración! No se puede hacer, solamente puedes permitir que ocurra. La meditación puede hacerse, la oración no. En este sentido la meditación es más científica, puede ser enseñada, pero, ¿la oración? La oración no es en absoluto científica, es una cuestión del corazón. Siénteme, y sentirás lo que es la oración. Tócame, y tocarás la oración. Escúchame y estarás escuchando palabras que están llenas de oración.

Y entonces, algunas veces, sentado en silencio, deja que haya un diálogo, un diálogo con la existencia. Tú puedes llamar a la existencia Dios o padre o madre; todo vale. Pero no sigas ningún ritual. No repitas la oración cristiana, ni repitas la oración hindú, ni repitas el *Gayatri mantra* ni repitas el *namokar*. No repitas ningún *mantra*, indio, tibetano, chino... ¡no lo repitas! Crea tu propio *mantra*, no seas un loro. ¿No le puedes decir a Dios nada por ti mismo? Y no lo ensayes, no lo prepares. ¿No puedes encarar a Dios directamente como un niño encara a su padre o a su madre? ¿No puedes decirle nada? ¿No puedes decirle hola?

Deja que la oración ocurra, no la prepares. Una oración preparada es una oración falsa, y una oración repetida es sólo algo mecánico. Puedes repetir la oración cristiana; la tienes bien aprendida, te ha sido inculcada. Puedes repetirla por la noche y dormirte, pero no te hará más consciente, ¡porque no ha sido hecha como si fuera una respuesta!

He oído...

Un gran matemático que solía rezar cada noche utilizando una sola palabra: miraba al cielo y decía: «Ídem». ¿Qué sentido tiene repetir cada día lo mismo que ayer? ¿Qué haces cuando repites la misma oración una y otra vez?... ¡"ídem" es mejor! ¿Por qué molestar a Dios cada día con la misma repetición? Si tienes que decir algo, dilo. Si no tienes nada que decir, simplemente di: «hoy no tengo nada que decir».

O simplemente quédate en silencio (¿qué necesidad hay de decir nada?) pero sé sincero. Al menos entre tú y el todo, que haya sinceridad; esto es la oración. Abre tu corazón.

He oído que Moisés pasaba por un bosque y se cruzó con un hombre, un pastor, un hombre pobre, pobre y desaliñado cuyas vestimentas eran simples harapos. Y él rezaba; era la hora de rezar y él rezaba.

Moisés, sólo por curiosidad, se quedó detrás de él y escuchó. Y no podía creerse la oración que estaba oyendo:

–Dios, cuando me muera, déjame entrar en tu paraíso; yo te cuidaré. Si tienes piojos, yo te los quitaré. –El pastor tenía piojos, por eso lo decía–: Si tienes piojos yo te los quitaré. Te daré un buen baño, y cocinaré para ti, además soy un buen cocinero. Y cuidaré de tus ovejas. Y ordeñaré la leche –y esto y aquello –...¡Y hasta podría darte un buen masaje!»

Esto ya era demasiado. Cuando llegó a los piojos fue el colmo. Moisés le zarandeó y le dijo:

–¿Qué tonterías estás diciendo? ¡Quitar los piojos! ¿Acaso Dios tiene piojos?

El pobre hombre se perturbó. Y dijo:

–No lo sé con seguridad porque nunca le he visto. Lo único que sé es lo que sé de mí mismo; y yo tengo piojos.

Moisés dijo:

–¡Basta! ¡Jamás vuelvas a rezar así! ¡Eso es sacrílego, e irás al infierno!

El hombre empezó a temblar y a sudar. Dijo:

–Pero esto es lo que he estado haciendo durante toda mi vida: lo que me viene a la mente, lo digo. Y yo no sé... Enséñame tú la forma de hacerlo.

Y Moisés le enseñó la forma correcta de rezar, y el pobre pastor volvió con sus ovejas. Y entonces de repente Dios mandó un rayo sobre el bosque, porque estaba muy enfadado. Le dijo a Moisés:

–¡Estás loco! Te he mandado al mundo para que me acerques la gente y tú la estás alejando de mí. Un amante... él era un amante. Él era uno de los mejores orando, y tú le has destrozado el corazón, has roto su confianza. ¡Ve, pídele perdón y retira tu oración!

Y Moisés fue, se postró a los pies del pastor y le dijo: –¡Perdóname! Estaba equivocado, tú tienes razón. Dios te aprueba; retiro mi oración.

Así es exactamente como debería de ser, deja que tu oración crezca, déjala que ocurra. Sí, siempre que te apetezca tener una conversación con Dios, espera esos momentos. Y no necesitas repetirte todos los días; no lo necesitas. Cuando el sentimiento venga, deja que salga de tus sentimientos. No lo conviertas en un ritual.

Algunas veces cuando te estás bañando, tomando una ducha, y de repente sientes la necesidad de rezar, deja que se realice. Es absolutamente correcto; tu baño es un buen lugar, no se necesita ir a ninguna iglesia. En el momento en que surge la necesidad, tu baño es la iglesia. Deja que la oración se manifieste, charla un rato, y te sorprenderá lo hermoso que es. Cuando la oración sale del corazón, se escucha y se responde.

A veces, haciendo el amor con tu mujer, de repente surge la necesidad de rezar; ¡reza en ese momento! No se puede encontrar un momento mejor; estás cerca de Dios, estás cerca de la energía de la vida. Cuando te inunda el orgasmo... ¡reza! Pero espera, no lo conviertas en un ritual. Ésta es la actitud del Tantra: deja que las cosas sean espontáneas.

Y la última cosa que dices: «me refiero a la oración para recibir el amor de Dios, para sentir su gracia».

De nuevo tu pregunta es errónea: «me refiero a la oración para recibir el amor de Dios». ¡Eres avaricioso! La oración es el amor de Dios. Sí, Dios te devuelve el amor multiplicado por mil, pero éste no es el deseo. Esto es una consecuencia; no el resultado, sino la consecuencia. Sí, el amor te inundará. Si das un paso hacia Dios, él da mil pasos hacia ti. Tú le das una gota, le ofreces una gota de tu amor, y todo su océano se pone a tu disposición. Sí, esto ocurre, pero éste no debería ser el deseo; el deseo es erróneo. Si simplemente quieres el amor de Dios, y rezas para eso, entonces tu oración es un trato. Entonces es un negocio, ¡y cuidado con los negocios!

En una pequeña escuela en algún lugar de los Estados Unidos, el maestro le preguntó a los niños:

–¿Quién ha sido el hombre más importante de la humanidad?

Por supuesto el americano dijo: «Abraham Lincoln», el indio dijo: «Mahatma Gandhi», y el inglés dijo: «Winston Churchill».

Entonces el niño judío se levantó y dijo: «Jesús», y ganó él, él se llevó el premio.

Pero el maestro le preguntó:

–Tú eres judío, ¿por qué has contestado que Jesús?

El contestó:

–En realidad yo creo que el mejor es Moisés, pero los negocios son los negocios.

No conviertas la oración en un negocio. Déjala ser una pura ofrenda. Ofrécela de corazón, no pidas nada a cambio. Entonces recibes mucho... mil veces más, un millón de veces más, Dios viene a ti. Pero recuerda siempre, es una consecuencia, no un resultado.

Tercera pregunta:

Querido Osho, has mencionado la idea de Jung de que los hombres necesitan dos tipos de mujeres. Históricamente, un montón de hombres parece que así lo sienten, mientras que muy pocas mujeres parecen tener la necesidad de tener más

de un hombre al mismo tiempo. ¿Puede haber algo de verdad
en esta idea de la psicología masculina? Si es así, ¿por qué?

La pregunta es de Anand Prem. Lo primero: ella dice: «histó-ricamente, un montón de hombres parece que así lo sien-ten...». La historia es solamente un absurdo. Además la historia la han creado los hombres, ninguna mujer ha escrito histo-ria. La historia está enfocada hacia el hombre, dominada por el hombre, dirigida por el hombre. Es una historia falsa.

El hombre ha tratado de condicionar a la mujer de tal for-ma que el pudiera dominarla fácilmente y ella no pudiera rebe-larse. Los esclavos siempre tienen que ser hipnotizados de for-ma tal que no puedan rebelarse. El hombre ha condicionado la mente de la mujer de manera que ella piense como el hombre quiere que piense.

Tú dices: «históricamente, un montón de hombres parece que así lo sienten»... porque los hombres son más libres, ellos son los maestros. Las mujeres han vivido como esclavas; han aceptado la esclavitud. Tú tienes que abandonar esta esclavi-tud completamente, tienes que salirte de ella.

Precisamente la otra noche estaba leyendo que en el siglo sexto hubo un gran concilio de todos los grandes dirigentes cristianos para decidir si la mujer tenía alma o no. Afortunada-mente llegaron a la conclusión de que las mujeres tenían alma, pero tan sólo ganaron por un voto. No es que fuera una gran victoria. ¡Mayoría por un voto!; tan sólo un voto menos e his-tóricamente las mujeres no hubierais tenido alma. No es que este alma sea una gran cosa.

El hombre ha destrozado completamente la psicología de las mujeres. Y lo que sea que veas no es realmente la psicolo-gía de las mujeres: es una psicología hecha por los hombres, es una psicología de las mujeres creada por los hombres. Cuanto más libre seas, más igual te sentirás; porque los hombres y las mujeres en realidad no son tan diferentes como se les ha hecho creer. ¡Son diferentes! Su biología es diferente, y ciertamente su psicología es diferente, pero no son desiguales. Sus similitudes son mayores que sus diferencias.

Simplemente piensa, un hombre que come todos los días lo mismo, acaba aburriéndose; y una mujer, ¿acabará ella hartándose o no? También ella acabará hartándose. ¿Qué diferencia hay entre los dos? El aburrimiento es tan natural para el hombre como para la mujer. Y a menos que una relación sexual se desarrolle hacia una amistad espiritual, será aburrida.

Que te quede muy claro: una relación sexual por sí misma no puede ser algo duradero, porque en lo concerniente al sexo es algo momentáneo. Una vez que has hecho el amor con una mujer, has acabado con ella, ya no te interesa más. A no ser que entre vosotros surja algo más que una relación sexual, algo más elevado, que se cree algún contacto espiritual... Puede hacerse a través del sexo, *debería* de hacerse, de otra forma la relación sexual es sólo física. Si algo espiritual, algo así como un matrimonio espiritual ocurre, entonces no habrá ningún problema. Entonces podréis permanecer unidos, y entonces, seas hombre o mujer, no pensarás en ninguna otra mujer u hombre. Se acabó; has encontrado tu alma gemela.

Pero si la relación es solamente física, entonces el cuerpo se cansa, se aburre. El cuerpo necesita una emoción, necesita lo nuevo, necesita sensaciones. El cuerpo siempre desea algo nuevo...

Una enfermera militar, después de Salisbury Plain, llegó a media noche a su destino, un campamento remoto. El sargento de guardia la mostró dónde dejar la ambulancia y le preguntó:

–¿Dónde dormirá esta noche?

La muchacha le explicó que el único sitio que tenía era la ambulancia. Era una fría noche y el sargento, después de pensarlo un momento le dijo:

–Si quieres, puedes dormir en mi catre, yo dormiré en el suelo.

La oferta fue aceptada agradecidamente. Después de haberse acostado la muchacha empezó a sentir pena por el sargento viéndole dormir en el duro y frío suelo, y asomándose dijo:

–Esto no está bien; ¿por qué no subes aquí y te acurrucas conmigo?

Hecho esto, el sargento dijo:

–Bueno, ¿cómo quieres que durmamos, como solteros o como casados?

La enfermera sonrió y dijo:

–Podría ser bonito dormir como casados, ¿no crees?

–Bueno, yo no tengo manías, dormiremos como casados –dijo él dándose la vuelta y poniéndose a dormir.

El matrimonio aburre. Por eso se ven tantas caras aburridas por todo el mundo: el matrimonio es un tremendo aburrimiento. A no ser que algo espiritual ocurra en él, lo cual es raro, los hombres empiezan a buscar fuera de él. Las mujeres también lo buscarían, pero ellas no han sido libres. Por eso se encuentran más mujeres que se prostituyen que hombres. Sí, creo que hay algunos en Londres... pero no hay casi hombres que se prostituyan. ¿Por qué?

La prostitución es una consecuencia del matrimonio y, a no ser que el matrimonio desaparezca, la prostitución continuará. Es una consecuencia, y sólo se irá con el matrimonio. Todos vuestros llamados *mahatmas* han intentado erradicar la prostitución; ¡y son ellos mismos los que imponen el matrimonio! No se dan cuenta de lo absurdo que es esto, ¡la prostitución existe debido al matrimonio! En los animales no existe la prostitución porque no hay matrimonio. ¿Has visto alguna vez algún animal prostituyéndose? ¡No! No tienen esos problemas; ¿para qué va a existir la prostitución?

Esta cosa tan fea existe debido a otra cosa igualmente fea: el matrimonio. Pero no hay tantos hombres que se prostituyan como mujeres, porque las mujeres no han sido libres; han sido reprimidas completamente. Ni siquiera se las ha permitido gozar sexualmente. Se supone que ni deberían tener placer sexual. Se supone que sólo las mujeres malas pueden tenerlo, no las buenas; no las damas, sólo las mujeres. Se supone que las damas no deberían tenerlo, ellas están por encima de eso.

Ésta no es la verdadera historia; ésta es una historia manipulada, manejada. Si insistes en una idea durante miles de años, se vuelve casi real. No es verdadera psicología; para conocer la verdadera psicología tendrás que darle a la mujer plena libertad, y entonces verás. Te sorprenderás; están mucho más adelantadas que los hombres.

Lo puedes observar: el hombre casi siempre viste la misma ropa gris... ¿Las mujeres?; cada día necesitan un nuevo *sari*. Yo observo su mente. Si se les da plena libertad, ¡estarán mucho más adelantadas que el hombre! Los hombres pueden seguir así... puedes verlo, sus ropas no son tan coloridas, y en lo que concierne al hombre, la moda no existe. ¿Qué moda? El mismo traje gris, la misma corbata; su ropero no es muy extenso. ¿Y las mujeres? ¡Todo el mercado es para ellas! Ellas son las verdaderas consumidoras.

El hombre es el productor; la mujer la consumidora. El noventa por ciento de las cosas que existen en el mercado son para ellas. ¿Por qué? Desean más cosas nuevas; quieren experiencias nuevas, más excitaciones nuevas, quizá porque su sexualidad haya estado reprimida se haya producido una desviación en su energía. Al no poder tener un marido nuevo, un *sari* nuevo es un buen sustituto, un nuevo coche es un buen sustituto, una nueva casa es un buen sustituto. Ellas ponen su energía en algún otro lugar, pero ésta no es la realidad.

Las mujeres han sido tan corrompidas y destruidas que es

difícil decidir cuál es su verdadera psicología. No escuches la historia. La historia una fea recopilación, es la recopilación de una larga esclavitud; al menos las mujeres *no* deberían escuchar la historia. Deberían de quemar todos los libros de historia, deberían decir que la historia tiene que ser reescrita.

Te sorprenderá saber que cuando impones cierta idea, la mente empieza a funcionar de esa manera. La mente empieza a imitar ideas. La hipnosis en la que ha vivido la mujer ha sido muy larga.

Pero yo no estoy diciendo que la sociedad debería comportarse como los animales. Lo que estoy diciendo es que el sexo debería ser como un trampolín. Si tu relación solamente se define por el sexo y no hay nada más en ella, entonces el matrimonio creará la prostitución. Pero si tu matrimonio es más profundo que el cuerpo, entonces no hay necesidad de ella.

Cada ser humano, hombre o mujer, es un espacio tan infinito... Puedes explorarlo y explorarlo, y no tiene fin. Cada ser humano, hombre o mujer, cada día está tan vivo y tan nuevo; le salen hojas nuevas, le brotan flores nuevas, nuevos climas, nuevos humores. Si amas, si realmente intimas, nunca encontrarás la misma mujer de antes contigo, y nunca encontrarás al mismo hombre. La vida es un dinamismo tremendo...

¡Pero tú no amas! Estás estancado en el cuerpo. No miras dentro, no miras al cielo interior que cambia constantemente... ¿Qué más cambio necesitas? Pero tú no miras eso. Desde luego el cuerpo es el mismo, entonces pierde excitación. Cuando se pierde la excitación, la vida se vuelve aburrida. Cuando te aburres empiezas a buscar ayuda, porque te vuelves neurótico. Tu vida es un rollo. Vas al psicoanalista (en el pasado solías ir al sacerdote, ahora vas al psicoanalista), pides ayuda, algo va mal. No disfrutas la vida, no hay ilusión; empiezas a pensar en el suicidio. Si seguís la excitación, os hacéis criminales; si estáis con la sociedad, con el orden establecido, os volvéis aburridos. Es un gran dilema; ¡no se os permite ir a ningún sitio! Acabáis aplastados y muertos entre estos dos cuernos. O vivir con el orden establecido, entonces tu vida será aburrida; o ir en contra del orden establecido, y pero entonces parecerás un criminal, y empezarás a sentirte culpable.

Las mujeres tienes que llegar a la libertad absoluta. Y con la libertad de las mujeres, el hombre también será libre; porque no puedes ser realmente libre si mantienes a alguien esclavo. El amo es un esclavo del esclavo. El hombre no es realmente libre, porque no puede serlo. A la mitad de la humanidad se la fuerza a permanecer siendo esclava; ¿cómo va a poder el hombre ser libre? Su libertad es sólo aparente, sólo superficial. Con la libertad de las mujeres, el hombre también será libre.

Y con libertad hay una posibilidad de entrar en una relación más profunda. Y si eso no ocurre, entonces no hay necesidad de seguir aburrido; no hay ninguna necesidad de seguir aferrándose el uno al otro.

Un hombre que durante algún tiempo no se sentía bien había ido a ver a su médico y le pidió que le hiciera un chequeo. El médico le auscultó y le dijo:

—O deja de beber, de fumar y de tener sexo, o morirá en doce meses.

Después de un tiempo el hombre volvió y dijo:

—Mire, soy tan desgraciado que estaría mejor muerto. Por favor, ¿podría fumar un poco?

—Bueno, pero no más de cinco cigarrillos con filtro al día —dijo el médico, que era un hombre muy brusco.

El hombre regresó unas semanas más tarde:

—Mire usted, yo echo de menos mi cervecita. Por favor...

—De acuerdo, dos cervezas al día y nada de licores.

Pasó el tiempo, y el paciente fue a ver al médico por tercera vez... Al ver al hombre, el médico le dijo:

—Sí, sí, pero solamente con su esposa; ¡sin excitarse!

La vida necesita emoción. Si no puedes permitirle tener emoción espiritual, necesitará emoción física. Si le das una emoción más elevada, las inferiores desaparecerán, no se las necesita. Si no le das una emoción más elevada, la más baja será la única de que dispongas.

El hombre ha intentado mantenerse a sí mismo abierto. Jung es truculento, y lo que Jung dice es el viejo cuento. Es lo que el hombre siempre ha dicho, que un hombre necesita al menos dos mujeres: una del tipo maternal, la esposa; otra, la amante, la inspiración. Si el hombre necesita dos mujeres, entonces las mujeres también necesitan dos hombres: el tipo paternal y el don Juan.

Pero lo que estoy intentando decir es que aún en el siglo veinte hombres como Freud y Jung siguen siendo tan machistas como siempre, sin mucha diferencia. Las mujeres tienen que pensar por sí mismas; el hombre no puede ayudarlas. Ellas tienen que llegar a su propio entendimiento, y ahora tienen esa oportunidad.

Pero la pregunta de Anand Prem no es básicamente sobre las mujeres, sino acerca de su propia mente. Ella es del tipo de las que se aferran, y este aferrarse también se debe al condicionamiento histórico. La mujer se aferra demasiado porque tiene miedo a la inseguridad, a la situación económica, a esto y a aquello. Ella tiene mucho miedo; ¡se la ha hecho miedosa! Ése es el truco del hombre, hacer que la mujer tenga miedo. Cuando la mujer tiene miedo puede ser dominada fácilmente. Tú no puedes dominar a nadie que no tenga miedo, así que ¡crea miedo!

Primero el hombre crea miedo en la mujer con el tema de la virginidad. Crea el gran miedo de que la virginidad es algo muy valioso. A través de los siglos ha creado este miedo, así que todas las muchachas tienen miedo... Si pierden su virginidad lo pierden todo. A causa de este miedo ella no se puede relacionar con la gente, no puede tener amigos, no puede ser libre. No puede tener algunas experiencias antes de decidir a quién elegir. El miedo es que tiene que ser virgen.

Fíjate en la distinción: No se le ha dicho a los muchachos: «tienes que ser virgen». Se les dice: «los chicos son chicos». ¿Y las chicas no son chicas? ¡Las chicas también son chicas! ¿Por qué los chicos son chicos? No se les exige virginidad a los chicos, se les da libertad.

A través de la virginidad... un gran condicionamiento... y una vez que una mujer tiene demasiado miedo a perder su virginidad... Tú piensa: cuando llega a los veinte años, ha estado veinte años protegiendo su virginidad, veinte años de condicionamiento; se volverá frígida. ¡Y entonces nunca disfrutará! Entonces nunca será capaz de fluir en el amor, nunca tendrá un orgasmo. A través de los siglos, millones de mujeres no han tenido ni un orgasmo; no saben lo que es. Simplemente sufren, son sólo medios para el hombre. Esto es una gran degradación.

Pero si la virginidad es demasiado importante y han pasado veinte años de condicionamiento en los que una tiene que ser virgen y estar siempre en guardia, después le será muy difícil abandonar este hábito. ¿Cómo vas a poder dejarlo de repente después de veinte años de condicionamiento? Luego viene la luna de miel y en tan sólo un día tienes que abandonarlo. ¿Cómo vas a dejarlo? Sólo puedes simularlo. Pero en el fondo piensas que tu marido es un criminal, una bestia, un ser monstruoso, porque está haciendo algo que tú sabes que es pecado. Tú nunca le has permitido a ningún otro hombre... el amor es un pecado, ¡y este hombre te está haciendo esto!

Ninguna mujer es capaz de perdonar jamás a su marido. De hecho, particularmente en la India, ninguna mujer respeta al marido, no puede... Le muestra respeto pero no puede respetarle. En lo más profundo le odia porque éste es el hombre que

la está arrastrando al pecado. ¿Cómo vas a respetar a tu marido cuando él es un pecador? Sin él eras virgen; con él tú has
caído. Por eso la sociedad pone tanto empeño en enseñar: «respeta al marido», porque la sociedad naturalmente sabe que la
mujer no será capaz de respetarle, así que el respeto tiene que
ser impuesto... ¡Respeta al marido!... Porque si las cosas van
naturalmente, ella *odiará* a ese hombre. Ése es el hombre que
está forjando su infierno.

Y de este pecado nacen los niños; ¿cómo vas a amar a tus
hijos? Nacidos del pecado, también les odiarás a ellos, en lo
profundo de tu inconsciente. Su propia presencia te recordará
una y otra vez el pecado que has cometido.

Toda la sociedad ha sufrido a causa de esta tontería. El
amor es una virtud, no un pecado. Y ser capaz de amar más
significa ser más virtuoso; ser más capaz de gozar del amor es
la cualidad básica del hombre religioso. Éstas son mis defini-
ciones.

Anand Prem es una persona que se aferra mucho, y ella
cree que lo que es verdad para ella lo es para todas las otras
mujeres. En algún sentido tiene razón, porque todas han sido
condicionadas de la misma manera, pero no es verdad. No es
la verdad para las demás mujeres ni lo es para ti, Anand Prem.

Sed capaces de ser individuos: y tendréis el sabor de la libertad. Nunca se piensa de una mujer como un individuo. Cuando es pequeña es hija, cuando es joven es esposa, cuando ve va
haciendo mayor es madre, un poco más mayor y se hace abuela, pero nunca es ella misma. A veces hija, a veces esposa, a veces madre, a veces abuela, pero nunca ella misma, ¡siempre en
relación a alguien!

La individualidad es necesaria como elemento básico. ¡Una
mujer es una mujer! Ser hija es secundario, ser esposa es secundario, ser madre es secundario. Una mujer es una mujer, ser
mujer es lo primario. Y cuando las mujeres se conviertan en

individuos, tendremos un mundo completamente diferente, más hermoso, más gozoso.

Por el momento sólo hay aburrimiento y celos, nada más. Tú te aburres con la mujer y la mujer se aburre contigo; tú tienes celos y ella tiene celos. ¿Por qué aparecen estos celos como una sombra del aburrimiento? Los produce el aburrimiento. Mucha gente viene a mí queriendo dejar de ser celosa, pero no entiende por qué se producen los celos, no entiende su mecanismo.

Escucha: cuando te aburres con una mujer, en tu interior tú también sabes que ella se aburre contigo. ¡Es natural! Si ella se aburre contigo, entonces ella debe de estar buscando algún otro hombre en cualquier lugar (el lechero, el cartero, el chófer, cualquiera que esté a mano), buscándolo en cualquier otro lugar. Tú sabes que cuando estás aburrido empiezas a buscar otras mujeres, así que tú lo sabes; es una tendencia natural. Y surgen los celos. Te pones celoso (ella debe de estar buscando), y entonces empiezas a buscar formas de averiguar si ella está buscando o no. Y naturalmente, ¿cómo va ella a evitarlo? Hay muchos hombres, y ella se ha aburrido de ti. Es su vida; toda su vida está en juego.

La mujer está celosa; ella sabe que el marido se ha aburrido. Ya no está tan encantado como solía estar; ya no vuelve a casa lleno de alegría. Ahora simplemente la tolera. De hecho él está más interesado en el periódico que en ella. Él se irrita por nada... cualquier cosa le enfada y se vuelve brusco. Ella sabe que él está aburrido, ella ya no le interesa.

De repente, ella sabe con seguridad, su instinto lo sabe, que él debe estar interesándose por alguna otra. Los celos. Entonces si algún día él vuelve a casa feliz, a ella le preocupa: debe de haber estado con alguna otra mujer. Si no es así ¿por qué se le ve tan feliz? Si él se va de vacaciones o en algún viaje de negocios, ella se queda preocupada. Y si empieza a salir a menu-